중세 이야기

일러두기

1. 인명, 지명 등의 표기는 외래어표기법에 따랐으나 일부는 통용되는 방식으로 표기했다.
   특히 중세의 인명과 지명은 나라마다 다른 경우가 많기 때문에
   처음에 한 번 여러 나라 명칭을 괄호 안에 밝힌 뒤에 다음부터는 자주 쓰이는 명칭으로 통일했다.
2. 저자 주는 * 표시를 했다.
3. 본문에 실린 『데카메론』 인용문은 한형곤 번역본(범우사, 2000)에서 가져왔으며,
   해당 출판사로부터 사용 허락을 받았다.

지식서재

차례

제2부

중세 전성기

1000~1300

제3부
중세 말기
1300~1492

들어가며

유럽 중세의 문화사

이것은 유럽의 중세 역사를 다룬 책이다. 다만 이른바 '역사'책에서 자주 만나는 것처럼 사건들을 시간 순서에 따라 무미건조하게 나열하는 것은 처음부터 나의 의도가 아니었다. 대학에서 문학을 전공한 나는 초중고 시절부터 역사를 좋아하고 잘하기는 했지만, 앞뒤 자른 숫자 또는 연도를 암기하는 일은 심각한 약점의 하나였다. 뜻 모르는 한자 말도 전혀 암기하지 못했다. 그런데도 역사 성적은 좋은 편이었고, 필요한 연도는 곧잘 암기하기도 했다. 물론 자주 틀렸지만. 나중에 보니 나는 역사 시간에 읽거나 들은 내용을 재미있는 이야기로 바꾸는 능력을 가지고 있었다.

역사책에서 가장 자주 다루어지는 권력자들의 일과 전쟁은 나의 주요 관심사가 아니었다. 왕이나 왕조의 이름을 단순히 암기하는 것은 심각하게 못하는 일 중의 하나였다. 그럼 무엇을 좋아했던가? 역사의 이야기 자체를 좋아했고, 시대를 구분하는 어떤 특징적인 사건이나 특히 예술과 문화 현상과 연결되는 재미있는 내용들을 좋아했었다. 흔히 "문화사"라 불리는 영역이다.

문화사는 언뜻 소프트한 영역처럼 보이지만 실은 다루기가 매우 어렵고 까다로운 분야다. 인문학의 각 영역을 어느 정도 총괄하는 지식과 안목이 없이는 주제를 잡는 것조차 쉽지 않다. 그러다 보니 역사책에서도 자주 만날 수 없다. 그러니까 내게 가장 흥미롭고 소프트한 역사의 이야기는 보통의 역사책에서 만나기가 어려웠다. 좋은 역사책도 이 부분은 그냥 건드리다 말고 지나가곤 했다.

그사이 긴 시간을 두고 수많은 서양의 인문학 책들과 문학작품을 읽고 또 번역하고 강의도 했다. 처음에는 작품 자체의 이야기들에 주로 빠져들었지만, 시간이 흐를수록 그 역사적 배경에 대한 관심이 점점 더 커졌다. 고대 그리스 작품들을 읽으면서 고대 그리스 역사를, 중세 문학작품을 읽으면서 중세 역사를 탐색하지 않을 수 없었다. 어디에도 체계적으로 설명되지 않은 역사적 배경들을 오랜 세월 찾아다녔다.

그리고 보라! 역사를 배경으로 다시 읽는 문학과 예술작품은 비로소 뚜렷한 윤곽을 얻고, 처음에 생각했던 것과는 상당히 다른 광채를 지니고 나타났다! 그리고 그 시대의 작품을 통해 역사를 바라보면 역사는 비로소 현실감과 입체성을 지니고 되살아났다. 그렇게 인문학의 각 영역이 눈앞에서 융합되기 시작했다. 문학·역사·철학과 예술이 천천히 서로 뒤섞이며 입체적으로 살아났다.

내가 그 긴 서양사의 모든 부분과 그 많은 예술작품과 학문의 영역을 모조리 통합했다는 말이 아니다. 다른 시대, 다른 대륙에서 일어난 일들이니 이해하는 데 크나큰 한계가 있지만 그런데도 내가 관심을 가진 한도 안에서 그런 식으로 바라보기 시작했다는 말이다. 그리고 성인成人을 대상으로 한 인문학 강좌에서 이렇게 바라본 지식을 전달했고, 많은 분들이 거기에 공감하고 좋아하는 것을 경험했다. 그렇게 '유럽의 문화'를 고대, 중세, 근대, 현대 시리즈로 나누어 몇 차례 강의했다. 그런 경험과 자료들이 이 책을 쓸 때 가장 중요한 바탕이 되었다. 또한 '북유럽 신화' 강의를 가장 자주 했기에 그와 연관성이 큰 '유럽의 중세'를 맨 먼저 주제로 잡아서 이 책을 썼다.

역사의 주인공과 무대가 바뀌다

'중세'라는 낱말은 중간의 시대라는 뜻을 연상시키고 실제로도 그런 뜻이다. 하지만 진짜 유럽 대륙의 역사, 또는 유럽의 역사는 중세에 비로소 시작된다. 그러니까 중간이 아니라 시작이라는 말이다.

그렇다면 저 고대 그리스와 로마는 어떻게 되는가? 물론 우리는 고대가 유럽 역사의 시작이라고 배웠고, 그 말도 맞다. 하지만 지도를 펼쳐놓고 고대 로마 제국의 영토를 한 번만 자세히 들여다보면 거기에 유럽 대륙 전체가 등장하지 않는다는 것을 금방 알 수 있다. 지중해가 지도의 중심부에 있다. 지중해를 빙 둘러싸고 유럽 대륙의 남부, 소아시아반도와 레반트 지역(아시아), 북부 아프리카 등지가 고대 로마 제국의 영토다. 고대 그리스 식민지들도 마찬가지다. 저 흑해 연안까지 그 영역에 속한 적이 있지만, 유럽의 북부는 등장하지 않는다. 고대 역사에서 북부는 그냥 변두리, 또는 야만족의 역사일 뿐이다.

중세가 시작되면서 이런 사정은 완전히 바뀐다. 북쪽과 동쪽에서 몰려온 야만적인 게르만족은 남부 유럽에 피어났던 서로마 제국의 찬란한 문화를 멋대로 파괴하고 자기들이 그 땅을 차지해 버렸다. 이들 야만인들은 동로마 제국을 정복하지 못하고 유럽의 서쪽과 북부 아프리카 일부만 차지했다. 그나마 오래지 않아 아프리카에서는 도로 힘을 잃는다. 대신 북부 유럽을 포함하는 유럽 대륙의 서쪽이 이제 본격적으로 역사의 주요 무대가 된다. 중세 초기에 프랑크 왕국이 가장 대표적인 세력이고, 스칸디나비아반도 사람들도 천천히 동참한다.

이렇게 중세 시대에 비로소 유럽 대륙 전체가 유럽 역사의 무대가 되고, 남유럽 사람들만이 아닌 알프스 이북의 북유럽 사람들, 곧 게르만 사람들이 역사의 주인공으로 등장한다. 아프리카, 아시아와의 관계는 이어지지만, 이제야 본격적인 전체 유럽의 역사가 펼쳐지는 것이다. 처음에는 고대의 찬란한 문화를 그대로 간직한 동로마 제국이 훨씬 강력한 힘을 가졌지만, 시간이 흐르는 동안 이런 세력 판도가 서서히 바뀌면서 서유럽이 오히려 더욱 강성해지고, 동유럽의 힘은 차츰 쇠퇴한다. 이것은 중세 역사 1,000년 동안 천천히 진행된 여러 과정들 중의 하나였다.

신앙의 시대 신들의 전쟁

유럽 역사에서 주인공과 무대가 슬쩍 바뀌면서 유럽 대륙 전체로 확장되었다. 하지만 이런 변화 속에서도 고대와 중세를 하나의 유럽 역사로 묶어주는 핵심 이념이 존재했으니 바로 기독교다. 게르만 지도자들은 고대 로마 제국의 국교이던 기독교를 받아들여 앞장서서 기독교로 개종했다. 이를 중세 초기의 가장 중요한 사건으로 꼽을 수 있다. 남쪽 지역을 차지한 게르만 종족의 왕들과 지도자들부터 개종을 시작해서 기독교는 점차 북쪽으로 전파되었다. 기원후 1000년에 아이슬란드가 기독교를 국교로 받아들였다. 약 500년에 걸쳐 유럽의 기독교화가 꾸준히 진행된 것이다.

따라서 11세기에는 유럽 전체가 이미 기독교로 개종한 상태였지만, 아직 옛날 게르만 사람들이 섬기던 종교의 잔재가 여기저기 남아있었고, 기독교 내부의 문제도 남아있었다. 가장 큰 문제는 동로마 제국에 전해지는 동방 기독교(=그리스정교)와 로마를 중심으로 한 서방 기독교(=로마 가톨릭) 사이의 정통성 논쟁, 그리고 교황과 황제 사이의 우위 다툼이었다. 그런 다툼의 와중에도 몇몇 교황들과 성직자들은 가톨릭교회 내부의 혼란을 수습하고 이론과 의식儀式을 정비했다. 11세기에 이 모든 일이 한꺼번에 이루어졌다. 그러니까 동방 교회와 서방 교회가 분리되고, 가톨릭교회 내부의 개혁이 이루어지면서 확고한 체계도 잡혔다.

그것 말고도 7세기에 이슬람 종교가 아랍 세계에서 새로 출발한 것도 유럽의 역사에 중대한 영향을 미쳤다. 맨 먼저 이것은 양측에 영토 다툼을 만들어냈다. 아랍-이슬람 세력은 북부 아프리카는 물론 8세기 초에는 유럽 대륙의 한쪽에 아예 자리를 잡았고(1492년까지 780년 동안), 11세기 말에는 유럽의 연합 군사력이 동양의 성지聖地를 탈환하러 나서면서 십자군 전쟁이 벌어졌다.

그래서 중세는 여러 종교들이 서로 다툼을 벌이고 또한 기독교 세력 내부에서도 온갖 다툼이 계속되던, 그야말로 여러 의미에서 종교 전쟁이 벌어지던 시대였다. 우리는 이것을 요즘의 경박한 방식으로 "신들의 전쟁"이라고 부를 수 있을 것이다. 신들이야 물론 전쟁을 하지 않지만, 각기 자기의 신을 내세운 인간들이 죽도록 전쟁을 해댔기 때문인데, 중세는 그야말로 신들의 전쟁이 펼쳐지던 시대였다. 이교 신들과의 싸움, 동방 기독교와 서방 기독교의 대립, 가톨릭교회 내부의 개혁, 이단, 그리고 교황과 황제, 교황과 교황의 싸움 등 상상을 초월하는 싸움들이 벌어졌다.

종교적 열성과 판타지 특성

이런 신들의 전쟁은 중세 내내 계속되지만, 서유럽 전체가 기력을 상당히 회복하고 무슬림 세력을 향해 본때를 보이려고 본격적으로 단체로 일어서는 것이 십자군 전쟁이다. 11세기 말에 시작되어 12세기 내내 이런저런 이유로 계속되다가 13세기에는 이미 십자군의 막장 행태까지 나타났다.

그리고 12세기 중반부터는 이런 각종 모험 이야기들이 반영된 중세의 온갖 기사knight 문학작품이 꽃피어 난다. 드디어 중세의 문화적 전성기가 나타난 것이다. 신앙의 시대이자 신앙을 위해 전쟁을 하던 시대인 중세는 종교적인 측면에서도 환상과 신비가 중요한 역할을 했다. 수많은 종교적 전설들과 성인聖人 열전, 기적 이야기들이 사람들의 입에 오르내리고, 사람들은 열성적으로 그것을 믿었다. 후세가 비웃으며 "미신"이라 부를 만한 종교적인 관행도 많았다. 문맹률이 매우 높고 정보도 부족하던 시대, 대부분의 사람들이 종교적 열성에 빠져있고 과학적 사유는 아직 제대로 시작되지도 않았으니, 그야말로 온갖 미신과 상상력이 종교와 문학의 영역에도 멋대로 끼어들던 시대였다.

역사상 실제로 일어난 일들만 해도 오늘날에는 전혀 가능하지 않아 보이는 일들이 많던 시대에(노르만 기사들의 정복 이야기 등) 그 자체로 이미 환상적인 사건에다가 정말로 환상적인 요소들이 가미된 이야기들이 나타났다. 중세의 특징에 속하는 '판타지(환상) 특성'이 이야기와 수많은 문학작품에도 등장한 것이다. 주로 12~13세기에 걸쳐 만들어진 중세의 문학작품들은 아주 재미있는 모험 이야기들을 많이 다루고 있으며, 이런 이야기에는 판타지 요소들이 꽤 많다. 당시의 문학작품들은 완전히 새로 시작된 것이 아니고 부족하게나마 고대 그리스와 로마 문학의 영향을 받은 작가들의 작품이니, 일부는 상당한 수준에 이르렀다. 중세가 미개하다는 생각은 일부는 맞지만 완전히 맞지는 않다.

이들 중세 문학작품을 발굴하고 번역하여 보급한 것은 19세기 유럽 낭만주의 문학운동(주로 독일과 영국)의 업적이다. 그리고 이런 낭만주의 문학운동의 영향 아래서 20세기에 이른바 '판타지 문학'과 이어서 각종 '판타지물物'이 등장하고 또 널리 유행했다. 이는 아직도 유행 중이다. 판타지물의 본류와 출발 지점을 우리는 중세에서 찾아볼 수 있다.

환상에서 벗어나 현실로 돌아오다: 합리화 과정인 '르네상스'

하지만 인간의 정신은 한동안 환상계에 빠져서 즐거워할 수는 있어도 언제까지나 거기 파묻혀 있을 수는 없다. 당연히 환상에서 현실로, 신 중심 사유에서 인간 중심 사유로 돌아오는 과정, 곧 합리화 과정을 지향하게 된다. 사람들의 눈길과 사유는 점차 합리성과 이성을 기반으로 하는 현실적 인간의 영역으로 돌아오지 않을 수 없는데, 이것이 중세 말기에 나타나는 '르네상스' 현상이다. 이탈리아, 그중에서도 피렌체라는 작은 도시가 중심이 되어 거대한 변혁기이자 문화적 전성기인 르네상스가 출발하고 진행되었다.

출발과 동시에 곧바로 중세 이전 고대의 사유와 유산이 이들 초기 르네상스 지식인들의 안내자로 등장했다. 단테의 『신곡』에서 고대 로마의 시인 베르길리우스가 안내자로 등장한다는 것에서 이미 단적으로 드러나는 일이다. 찬란하던 고대의 문화가 독특한 방식으로 또한 거대한 규모로 이 시대에 "부활"하고 있다.

사람들이 세계를 바라보는 눈길과 언어가 동시에 바뀌면서 시작되는 그 출발 지점은 실로 흥미롭다. 먼저 위대한 언어 천재인 작가들이 등장하고 이어서 미술 천재들이 그 뒤를 이어 나타난다. 두 가지 모두 시대 변화의 방향성을 이미 포함한 것들이었다. 다만 우리 책에서는 다른 항목들도 그렇듯이, 르네상스 전체의 내용을 극히 간략하게 줄여서 일부만을 다룬다. 중세라는 전체 맥락에서 필요하다고 생각되는 부분을 그것도 일부만 간추린 것이다.

르네상스가 시작할 때에는 중세의 많은 요소가 아직 그대로 남아있었지만, 그 마지막 국면인 미술적 전성기인 16세기는 이미 중세가 끝나고 근대가 시작된 다음이었다. 르네상스와 그 직후 시대에 수많은 발명과 기술적 혁신들과 과학적 사유들이 나타났다. 그런 거대한 혁신들이 이후의 세계 역사에서 유럽이 특별한 위치를 차지하는 근거가 된다.

중세가 끝날 때 유럽인들의 눈길은 지중해를 거의 완전히 벗어나 대서양 연안을 출발점으로 삼아 세계로 향했다. 그리고 유럽 내부에서는 종교개혁이라는 정신 혁명을 위한 조건들이 무르익고 있었다. 지중해를 중심으로 했던 고대 세계가 무너진 지점에서 출발한 중세는 대서양을 기반으로 삼고 눈길을 세계로 돌리는 시점에서 끝난다. 흥미롭지 않은가? 바라보는 눈길의 변화라는 게 무엇을 뜻하는지 아주 분명하게 이해할 수 있다.

감사 인사

이렇듯 흥미진진한 시대 관찰은 물론 필자가 평생에 걸쳐 공부하고 번역하고 강의하며 수집한 각종 자료들과 경험에 바탕을 둔 것이다. 하지만 그렇다 해도 안내자도 없이 이런 거대한 관찰을 할 수는 없다. 다행히도 번역 작업을 하면서 내게는 가장 위대한 스승의 한 사람인 야코프 부르크하르트Jacob Burckhardt를 만났다. 그는 19세기 최고의 문화사가로서, 도이치 언어권이 배출한 최고 지식인의 한 사람이며 '르네상스'라는 개념을 정리한 역사가이기도 하다. 스위스 바젤 대학교에서 이루어진 그의 강의에는 그곳에서 교수로 재임하던 젊은 철학자 니체도 열렬한 수강생으로 참석했었다.

나는 부르크하르트의 책 『이탈리아 르네상스의 문화』(1999, 개정판 2002)와 『세계 역사의 관찰』(2008)을 번역했다. 절대로 한달음, 한 호흡에 읽히지 않는 이 난해한 책들은 그사이 나의 내면에서 긴 숙성 과정을 거쳤다. 시간이 흐를수록 이 역작들에 담긴 위대한 사유와 관찰들이 내 안에서 익어가는 것을 느꼈다. 특히 『세계 역사의 관찰』에서 다룬 역사의 세 잠재력, 곧 국가, 종교, 문화의 관계에 대한 성찰은 중세라는 한정된 시대에 넣고 관찰하니 비로소 비교적 선명하게 윤곽을 드러냈다.

이 책을 쓰는 내내 부르크하르트라는 위대한 스승을 만난 것이 내 일과 삶에서 얼마나 큰 행운이었던가를 실감하면서 그것을 표현하고 싶었다.

나머지는 긴 시간에 걸쳐 이어진 힘들고 고독한 작업이었다. 비슷한 모범이 없는 상태에서 주제를 정하는 것부터 그것을 표현하는 방식에 이르기까지 일일이 심사숙고하고 시행착오와 수정을 거쳐야만 했다. 아직도 수정할 부분이 남아있으리라 생각되지만, 그것은 이 책이 쇄를 거듭한다면 독자 여러분의 도움을 받아 더 개선할 생각이다. 그런데도 시간이 흐르면서 작업의 기쁨도 함께 커가는 것을 느꼈다.

코로나 19로 고립된 고단한 시기에 이런 낯선 작업을 하며 함께 고생한 편집자와 출판사에 감사드린다.

그동안 꾸준히 이런저런 나의 책을 읽으신 독자들과, 또한 여기저기서 내 강의를 들으신 많은 수강생 여러분께도 이 자리를 빌려 진심으로 감사드리고 싶다. 여러분의 호기심과 열렬한 응원이야말로 강의를 계속하고 또 이런 책을 쓰게 만든 진짜 추진력이자 기쁨의 원천이기 때문이다.

2021년 2월

안인희

제1부

중세초기
476~1000

01

고대, 찬란한 시대를 만들다

고대 그리스

유럽의 고대는 찬란했다. 그리스 문명은 이른바 '비옥한 초승달Fertile Crescent' 지역의 가장자리에서 시작되었다. 인류의 4대 문명 발상지에 속하는 (호전적인) 메소포타미아 문명과 (평화로운) 나일 문명이 만나는 동부 지중해의 크레타Creta섬이 바로 고대 유럽 문명의 시작 지점이다 (기원전 3000년경). 서로 이질적인 두 문명권이 만나는 곳이니, 고대 크레타 문명은 처음부터 매우 역동적이고 이동과 왕래가 빈번하고 활기에 넘쳤다. 고대 세계의 이동은 뱃길을 통해 생각보다 쉽게 이루어졌다.

크레타 문명은 그리스 본토로 전해졌다. 그리스 세계는 험난하여 왕래하기 힘든 내륙으로 들어가지 않고, 해안선과 섬들을 따라 작은 도시국가인 폴리스Polis들을 만들어내며 지중해 서쪽까지 점차 세력을 넓혔다.

작은 폴리스들의 집합체인 고대 그리스 세계(서양)는 초대형 통일국가인 페르시아 제국(동양)의 침입을 막아내면서(기원전 490~기원전 480) 동양과는 다른 유럽 정체성을 지켜냈다. 이로써 동부 지중해에서 유럽

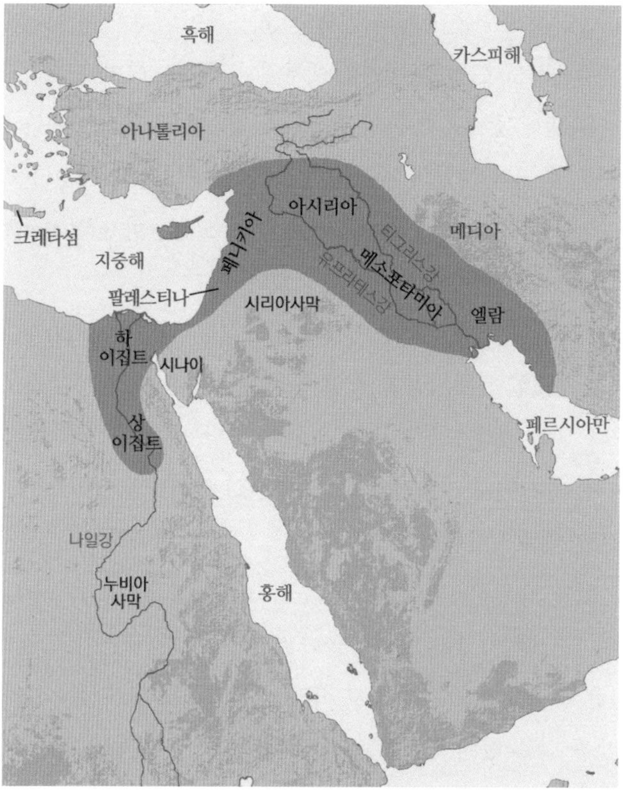

빨간색 부분이 '비옥한 초승달' 지역이다. '비옥한 반달' 지역이라고 불리기도 한다. 이 지역 가장자리인 크레타섬에서 고대 유럽 문명의 시작인 그리스 문명이 시작되었다.

세계와 이른바 동양 세계의 구분이 명확해졌다. 이때 페르시아군이 완전히 파괴해 버린 도시국가 아테네를 재건하면서 고대 그리스의 찬란한 문명이 꽃피어 난다. 수많은 신전들과 조각상들이 세워지면서 전성기를 맞이했다. 공화정, 왕정, 소수통치 방식 등 각종 정치적 실험도 이 시기에 이미 행해지고 있었다. 그리스 사람들은 그에 대한 수많은 사색들도 여러 종류의 글에 기록해서 남겼다.

고대 그리스 문명은 토목과 건축 등 하드웨어 부분만이 아니라 정신적인 부분에서도 드높은 성과를 이루었다. 메소포타미아 지역에서 나온 문자를 받아들여서, 인간의 정신이 지닌 고단하고도 고귀한 질문들을 다루는 종교와 문학의 깊고 높은 세계를 거침없이 펼쳤다. 복잡하고 논리적인 사유의 놀이라는 특성을 지닌 고급문화가 일찌감치 지중해를 중심으로 펼쳐지고 또한 기록되었다.

오늘날까지도 고대 그리스인들의 종교심을 반영한 그리스 신화와, 잔인하고 심오한 문학작품은 서양 문화가 성취한 최고 봉우리 하나를 보여준다. 또한 그리스 철학은 서양 철학의 방향을 일찌감치 거의 결정하다시피 했다. 어디 그뿐인가? 신들의 집인 신전들과 그리스 조각가들이 남긴 섬세하고 아름다운 조각작품은 인류가 이룩한 최고 경지를 보여주고 있다. 수많은 벽화들이 사라졌지만, 꽃병 등 도자기에 남은 수천 점의 그림들은 그리스 사람들이 성취한 회화의 높이도 알려준다. 음악만은 흔적을 남기지 못하고 사라졌다. 그래도 남아있는, 고대 정신과 사색을 담고 있는 작품들은 이루 말할 수 없이 높은 문화 수준을 후세에 증언해 준다.

고대 로마 공화국(기원전 509~기원전 27)

그리스의 도시국가들이 처음에 주로 에게해와 흑해를 중심으로 멀리 퍼져 나가며 세력을 넓히고 있을 때, 이탈리아반도에서도 작은 도시국가 하나가 시작되고 있었다(기원전 753). 로마는 지리적으로 특별히 유리하지 않은 곳에서 오랜 기간 근근이 자기들의 세력을 유지하고 확장하던 작은 도시국가였다.

기원전 5세기에 문화적 절정에 이르렀던 그리스의 폴리스들은 분열되어 서로 싸우다 차츰 힘을 잃기 시작했다. 그 틈을 비집고 범凡그리스 세계에 속하는 마케도니아 출신의 젊은 알렉산드로스 대왕이 동양과 서양을 합치겠노라는 원대한 이상을 좇아 페르시아를 정복한 것은 물론, 인도까지 진출하여 거대한 제국을 만들어냈다. 하지만 그는 젊어서 죽고(기원전 323), 그가 남긴 세계 중에서 오늘날 이집트의 알렉산드리아를 수도로 한 왕국 하나가 지중해 세계의 문명 중심지가 되었다. 고대의 이 프톨레마이오스 왕국은 지중해 동부 아프리카해안에 자리 잡은 그리스 제국의 일부였다.

로마 공화국은 기원전 272년에 이탈리아반도 전체를 장악했다. 로마는 세력이 커지자 당대 문명의 중심지인 지중해의 패권을 차지하려는 야망을 지니게 되었다. 이탈리아반도를 차지한 로마 공화국이 지중해로 진출하려면 먼저 바다로 나갈 견고한 교두보가 필요했다. 지중해 지도를 펴놓고 가만히 살펴보라. 이탈리아반도에 자리 잡은 나라가 지중해로 진출해 세력을 키우자면 당연히 장화 모양 반도의 발 앞축에 자리 잡은 시칠리아Sicilia섬을 장악하는 것이 가장 먼저 할 일이다.

거대한 섬인 시칠리아는 옛날 그리스 전성기부터 그리스 폴리스들의 식민도시들이 여럿이나 자리 잡았던 곳이다. 하지만 그리스 세력이 이미 힘을 잃은 기원전 272년 무렵 이곳 시칠리아에는 카르타고를 모국母國으로 하는 식민도시들이 주요 세력을 형성하고 있었다. 카르타고 자체가 식민도시로서, 그 모국은 당시 지중해 전체의 무역을 장악하고 있던 동양의 페니키아다. 서부 지중해의 강자인 카르타고는 다시 시칠리아에 식민도시들을 만들었던 것이다.

로마가 지중해로 진출하자면 시칠리아를 장악해야 하고, 그것은 곧 카르타고를 물리쳐야 한다는 의미였다. 고대 세계의 중요한 사건 중 하나인 이들 두 세력의 격돌이 바로 카르타고 전쟁, 또는 포에니 전쟁Punic Wars(기원전 264~기원전 146)이다. 100년 이상에 걸쳐 서부 지중해의 패권을 두고 시칠리아와 로마 및 카르타고에서 벌어진 이 전쟁은,

살구색 부분이 포에니 전쟁(기원전 264) 이전의 로마 영토이고, 빨간색 부분은 로마 제국이 가장 번성했을 때 영토다. 로마가 지중해로 진출하기 위하여 먼저 장악한 곳이 시칠리아섬이다.

내용을 따져보면 서양과 동양이 세력을 다툰 거대한 사건이었다. 카르타고가 레반트 지역(=동양)의 페니키아 도시 티로스를 기반으로 했기 때문이다. 다른 말로 하면 카르타고의 통치자들과 주요 인사들이 페니키아 사람들이었다는 뜻이다. 동시에 이는 지중해 세계에서 동양과 서양의 활발한 교류를 보여주는 예이기도 하다.

로마 공화국과 카르타고 사이에서 1, 2, 3차에 걸쳐 벌어진 포에니 전쟁에서 로마가 승리했다. 승자 로마는 카르타고 자체를 완전히 파괴해 버렸다.

이로써 고대의 로마 공화국은 지중해 진출을 위한 견고한 발판을 마련했다. 기원전 146년의 일이었다. 강력한 군사력을 가졌을 뿐 아니라

스토아 철학으로 정신무장까지 한 로마 장군들은 지중해 세계를 차례로 정복해 나갔다. 또한 고대 그리스 세계를 이어받은 마지막 대국 프톨레마이오스 왕국의 수도 알렉산드리아마저 정복하면서 그리스 정복까지 마쳤다. 이때 프톨레마이오스 왕가의 마지막 여왕 클레오파트라가 죽었다(기원전 30). 로마는 그리스 세계를 군사력으로 정복했지만 찬란한 그리스 정신과 문명을 존경하고 숭배하면서 받아들였다.

로마 제국

로마 공화국은 오래 소망하던 대로 지중해 세계를 장악했다. 당시 그들에게 세계, 또는 문명 세계란 지중해를 둘러싼 세계를 뜻했다. 로마는 지중해를 둘러싼 유럽, 아시아, 아프리카의 연안을 모조리 장악해서 지중해를 그야말로 자기들의 거대한 안마당으로 만들어버렸다.

이 시기에 로마 공화국은 한계에 직면해 있었다. 공화국의 수도 로마는 포에니 전쟁 중에도 벌써 평민과 귀족층의 대립으로 병들어 가고 있었다. 거대한 영토 이곳저곳에 대토지를 소유한 귀족 대표들(원로원)이 평민 대표들(평민회)과 합의를 이루어 국가 중대사를 결정하는 공화국 시스템은 이미 한계에 이르렀다. 극단적인 빈부 격차가 점점 더 심각한 문제가 되고 있었다. 고대 그리스 폴리스들도 서로 분산되어 자기들끼리 다투다가 몰락해 버리지 않았나. 이렇듯 거대해진 영토는 강력한 단일 통치 체제를 필요로 했다. 카이사르가 일찍이 제국의 꿈을 지녔으나 공화파에 의해 암살당했다(기원전 44).

하지만 시대의 물살을 거스를 수는 없었다. 알렉산드리아를 정복한 옥타비아누스(후에 아우구스투스Augustus)가 로마 제국의 초대 황제로 등장하면서(기원전 27) 로마는 공화국에서 제국으로 바뀌었다. 오랜 빈부 격차와 내전으로 혼탁하던 로마 공화국은 제국으로 바뀌고 얼마

지나지 않아 약 100년에 걸쳐 번영과 전성기를 누린다. 바로 5현제賢帝 시대다. 하지만 어떤 권력도 시간이 흐르면 타락하는 것이 역사의 필연이던가.

초기의 황제들은 아들이 없는 경우가 꽤 있어 뛰어난 젊은이를 양자로 들여 후계 황제로 삼았지만, 이런 관습은 오래가지 못했다. 철학자-황제인 마르쿠스 아우렐리우스가 죽고 인성에 문제가 있던 그의 아들 코모두스가 황제가 되면서 제국의 황금기는 지나갔다(영화 〈글래디에이터〉 참고. 단, 영화 이야기가 모두 사실은 아니다).

기독교의 출발

로마가 공화국에서 제국으로 바뀌고 얼마 지나지 않았을 때, 유럽에서 동양이라 부르는 곳에 위치한 저 작은 나라 이스라엘에서 예수가 태어났다. 동부 지중해에 면한 이 나라는 당시 거대한 로마 제국의 속국이었다. 목수의 아들로 태어난 예수의 소탈하고 지혜로운 가르침은 삶이 고단한 하층민의 마음에 깊은 위로가 되었다. 하지만 오랜 전통을 지닌 민족 종교인 유대교 지도자들은 예수를 위험인물로 판단하고 로마 법정에 고소하여 그를 십자가에 매달아 처형했다. 그런데도 그의 뒤를 따르던 제자들은 그의 가르침을 계속 전파했다.

이때 소아시아의 타르수스에서 태어난 이스라엘 사람으로 당대 지식인에 속하던 바울로가 제자들이 전하는 예수의 가르침에 귀를 기울이게 되었다. 그는 이스라엘 사람이기는 하지만 로마 시민권을 가졌고, 라틴어는 물론 당대 교양 계층의 언어이던 고대 그리스어에도 능통했다. 사도 바울로가 예수의 가르침을 받아들이고 이론적인 부분을 보강하면서 기독교의 교리가 차츰 형태를 갖추게 된다.

기독교의 교리를 담은 『신약 성서』는 예수의 생애를 다룬 복음서

4편과, 제자(=사도)들의 전도 여행을 담은 사도행전, 이어서 사도 바울로가 쓴 편지들, 다른 제자들이 쓴 편지, 요한이 보았다는 종말에 대한 환상의 기록 등으로 구성되어 있다. 성서의 핵심이 정해진 것은 1세기 말경의 일이고, 원전은 고대 그리스어로 작성되었다. 유대인의 종교와 역사를 기록한 『구약 성서』는 히브리어로 되어있다.

예수의 수석 제자인 사도 베드로와, 예수의 죽음 뒤에 합류해서 이론을 확립한 사도 바울로는 모두 이스라엘을 떠나 당대 세계의 중심지인 로마로 진출해서 그곳에서 예수의 가르침을 계속 전파했다. 귀족과 평민 사이의 불평등과 다툼이 오랫동안 이어져 온 로마에서 예수의 가르침은 뜻밖에도 비옥한 토양을 만났다. 삶이 고단한 사람들이 먼저 죽은 예수의 가르침을 받아들이기 시작했다. 베드로와 바울로는 그 가르침에 든든한 지적 토대를 더하면서 열성적으로 신앙을 전파했다. 처음에 로마의 기존 종교와 다툼이 없지는 않았으나 시간이 얼마 흐르지 않아 예수의 가르침, 곧 기독교는 로마 제국에서 정식 종교로 인정받는다.

로마 제국과 기독교

4세기에 콘스탄티누스 황제Constantinus I는 스스로 기독교도가 되었다. 위대한 장군 출신인 이 황제는 로마 제국의 수도를 콘스탄티노플Constantinople(오늘날의 이스탄불)로 옮김으로써 로마 제국이 동서로 나뉘는 단초를 만든 인물이다. 그 이전인 313년에 그는 밀라노 칙령을 통해 로마 제국에서 기독교를 공식 종교의 하나로 승인했다. 그로부터 수십 년 뒤에 기독교는 로마 제국의 국교國教가 되었다.

그것은 로마 제국의 황제가 기독교의 수장이라는 뜻이었다. 다만 바울로와 베드로가 로마에서 죽은 뒤로 기독교의 중심지는 로마였다. 황제는 콘스탄티노플에 있고, 기독교의 중심지는 로마이니, 곧 기독교의 수장과 기독교의 중심지가 서로 나뉘어 있었다.

시간이 흐르면서 로마 제국은 동로마 제국과 서로마 제국, 둘로 나뉘었다. 이것은 자연스럽게 기독교 내부의 분열로도 이어졌다. 장기적으로 기독교는 그리스정교와 로마가톨릭으로 나뉘게 된다. 동유럽에 자리 잡은 콘스탄티노플보다 서유럽에 자리 잡은 로마가 다른 서유럽 국가들과 더욱 긴밀한 관계를 가졌다. 자연히 서로마 제국의 흥망성쇠가 유럽 역사에서 더 직접적인 중요성을 지닌다. 또한 로마가톨릭이 서유럽 국가들의 종교가 되었다.

기원전 750년 무렵에 시작된 작은 도시국가 로마 왕국, 이어서 공화국은 지중해 세계를 장악한 뒤 거대 로마 제국이 되었다가, 다시 동로마 제국과 서로마 제국으로 나뉘고, 476년에 서로마 제국이 먼저 멸망했다. 대략 1200년 이상의 세월에 걸친 그야말로 흥미진진한 흥망성쇠를 거친 끝에 유럽 고대의 대형 문명국인 로마 제국이 무너졌다. 동로마 제국은 1453년까지 남아 또 다른 역사를 겪는다. 우리는 서로

고대 연표

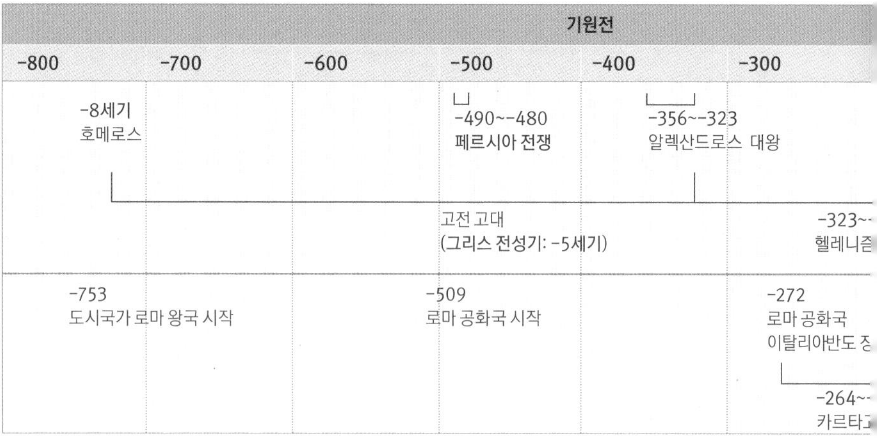

마 제국이 멸망한 다음의 동로마 제국을 흔히 비잔틴 제국Byzantine Empire(또는 비잔티움 제국)이라 부른다. 그러니까 동로마 제국과 비잔틴 제국은 같은 나라다.

유럽 역사가들은 서로마 제국이 멸망한 시점인 476년을 유럽 중세의 시작 지점으로 꼽는다. 이 순간 지중해를 중심으로 번성하던 찬란한 고대 유럽의 역사가 끝나고, 저 북방에서 내려온 야만적인 게르만 종족이 유럽의 통치자로 올라서면서 서유럽에서는 그야말로 싱싱하지만 상당히 혼란스럽고 야만적인 시간이 시작된다.

우리는 이 책에서 바로 이 중세 시대를 다룬다. 유럽인들의 눈에는 찬란하고 자랑스러운 시대가 가고 암흑기처럼 보이기도 한 시대였다. 하지만 중세는 1,000년이나 계속되는 시대를 가리키는 것이니, 자세히 들여다보면 이 시대에 온갖 재미있는 사건들이 벌어졌다. '중세 암흑시대'라는 말로는 절대로 다 담아낼 수 없는, 매우 역동적으로 발전하던 시대였다. 지중해 세계를 넘어 오늘날 우리가 생각하는 진짜 '유럽'이 등장한 시대이기도 했다.

	기원후				
-100	0	100	200	300	400
-30 프톨레마이오스 왕국 멸망					
-27 로마 제국 시작	0 예수 탄생(기독교 시작)			313 로마 제국 기독교 공인	476 서로마 제국 멸망

02

중세가
시작되다

계속성

중세Middle Ages라는 말은 '중간 시대'라는 뜻을 품고 있다. 언뜻 자명한 듯 들리지만 실은 뜻이 모호하다. 모든 시대는 '중간 시대'이니 말이다. 유럽의 중세는 오늘날 대체로 서로마 제국이 붕괴한 시점(476)부터 콜럼버스의 신대륙 발견(1492)까지의 기간을 가리킨다. 물론 중세가 끝나는 지점은 학자에 따라 달라진다. (프랑스의 중세 전문가 자크 르 고프Jacques Le Goff는 유럽의 중세가 18세기 말에야 끝난다고 본다.) 어쨌든 중세는 유럽 역사에서 1,000년이 넘는 긴 시간을 나타낸다.

그렇다면 이 중간기는 무엇과 무엇의 중간을 가리키는 말일까? 속뜻을 밝히자면 다음과 같다. '위대한 고대ancient greatness'와 '위대한 현대modern greatness(=근대+현대)'의 중간에 끼어있는 "별 볼 일 없는 시대"라는 말이다. 중세 '암흑시대'라는 말이 이런 속뜻을 잘 나타낸다. 맨 처음으로 중세를 암흑시대라고 부른 사람들은 중세 말기에 등장하는 이탈리아 르네상스Renaissance의 인문주의자들이었고, 이어서 18세기의 계몽주의자들도 같은 말을 했다. 그러니까 어느 정도 근거 있는 말

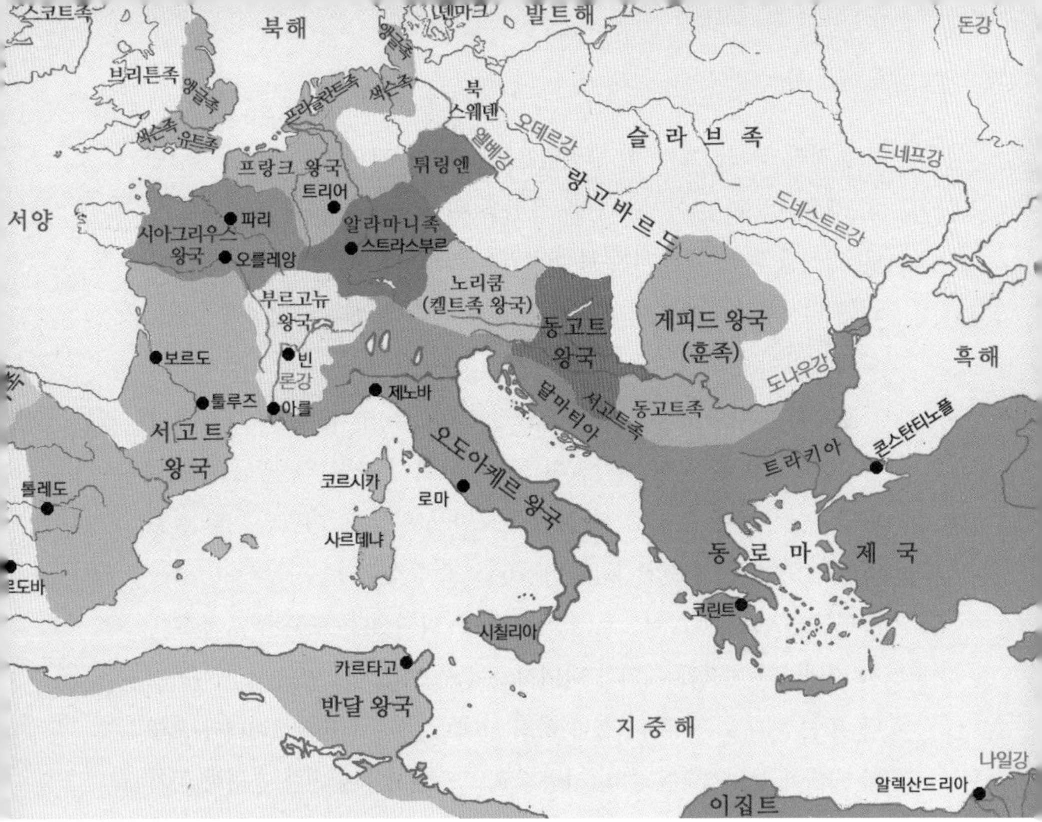

서로마 제국이 멸망하고 중세가 시작된 476년경 유럽 상황.

이기는 하다. (하지만 19세기의 낭만주의 문인들은 중세가 지닌 아름다움과 낭만을 사랑하여 되살려 내려고 애썼다.)

그렇다면 중세 시대에 유럽사는 단절되었다는 말인가? 단절도 있다. 위대한 로마 제국이 멸망하고 그와 더불어 찬란한 시절이 끝났으니 단절임이 분명하다. 또한 콜럼버스의 신대륙 발견과 더불어 유럽인들의 눈길이 지중해를 벗어나 세계로 향하게 되었으니 그 또한 새로운 시작의 느낌이 강하다. 콜럼버스가 신대륙을 발견한 다음 아주 빠른 시간 만에 유럽 국가들이 전 세계의 모든 신대륙과, 유럽을 포함하는 구대륙(아프리카, 유라시아)까지 지구상의 거의 모든 땅을 지배하게 되었기 때문이다.

하지만 중세는 단순히 단절만은 아니다. 인간의 삶과 역사는 당연히 계속되었고, 이어지는 현대 유럽을 위한 수많은 사회적 장치와 사유, 가치관 등이 이 시기에 형성되었다. 그러니까 중세라고 말하면서 우리는 역사를 관찰하기에 편리한 분절과 더불어, 계속과 형성의 측면도 함께 보아야 한다.

물론 고대에서 중세로 넘어가는 길에 역사의 주역이 바뀌기는 했다. 그동안 그리스와 로마 사람들이 문명인으로서 유럽 역사의 주역이었다면, 이제 새로 펼쳐지는 중세에는 로마 사람들이 "야만인"이라 불렀던 유럽 북방의 게르만 사람들이 주역으로 등장했다.

이들은 야만인 방식으로 로마 제국을 파괴했다. 또한 옛날에 로마가 지배하던 지중해 지역과 나머지 유럽을 여럿으로 쪼개서 지배하거나, 또는 제대로 지배하지도 못하고 그대로 버려두었다. 그러니까 고대의 거대한 통일제국은 이미 사라지고, 그렇다고 뒷날처럼 분명한 국가 형태를 제대로 갖추지도 못한 채로, 야만적인 종족들이 부족장을 중심으로 여기저기서 제멋대로의 지배를 시작했던 것이다. 이것이 중세 초기 유럽의 현실이었다.

문화사가인 야코프 부르크하르트Jacob Burckhardt는 "로마 제국이 없었다면 유럽 문명의 계속성은 없었을 것"이라고 말한 바 있다. 새로 등장한 유럽의 주인공인 게르만 사람들이 로마인들이 남긴 중요한 문화유산을 받아들이지 않았다면 유럽 문명의 계속성은 없었을 것이고, 그렇게 진짜로 문명의 단절이 일어났다면 오늘날과 같은 유럽 문화의 정체성을 논하기 어려웠을 것이다. 그렇다면 게르만 사람들은 로마 제국에서 무엇을 받아들였다는 말인가? 두 가지 핵심적 가치를 받아들였으니, 곧 ① 기독교와 ② 그리스 로마 정신이었다.

기독교와 고대 정신

오늘날에도 유럽 문화의 정체성은 이 두 가지, 곧 기독교와 고대 그리스 로마 정신에 토대를 두고 있다. 이는 유럽 전역과 일부는 러시아에도 해당한다. 물론 광대한 러시아는 유럽의 속성만이 아니라 아시아의 특성도 많이 지닌다. 또한 다른 대륙에서 이주한 주민들이 늘어나면서 유럽이 꼭 기독교의 특성만 지닌다고 말하기가 점점 더 어려워지고 있기는 하다.

이슬람 세계와 서로 경계를 맞대고서 오늘날까지 여러 갈등을 빚고 있는 기독교는 크게 보면 유럽 문명의 핵심 기둥 하나에 해당한다. 재미있는 것은 기독교 자체는 중동 지역에서 시작한 것이고, 유럽인의 표

역사에서 국가, 종교, 문화의 역할

문화사가 야코프 부르크하르트는 『세계 역사의 관찰Weltgeschichtliche Betrachtungen』(1905)에서 역사의 '세 잠재력'으로 국가, 종교, 문화를 꼽는다. 이들은 예부터 인류의 삶에서 토대이자 틀을 이루어온 것들이다. 그에 따르면 국가와 종교는 고정된 힘이고 문화는 움직이는 힘이다. 중세를 관찰하면서 이 세 잠재력 사이의 관계를 비교적 뚜렷하게 성찰할 수 있다. 처음에 국가가 사라지자 종교의 힘이 우세해진다. 이어서 고정된 힘인 국가와 종교가 서로를 견제하면서 우위를 놓고 다투는 모습이 중세 내내 나타난다. 교황과 황제 사이의 협력과 동시에 우위 다툼이 얼마나 치열했던가. 긴 세월에 걸쳐 이 두 세력이 마구 뒤엉켜 혼란을 겪던 이탈리아에서 마침내 위대한 문화적 전성기인 르네상스가 등장한다. 잠깐이지만 움직이는 힘인 문화가 매우 강력한 힘을 얻는다.

"문화는 국가와 종교에 대한 비판이며, 국가와 종교에서 형식과 내용이 일치하지 않는 시간을 보여주는 시계다."

현대로 하자면 "동양의 종교"라는 사실이다. 이런 기독교는 서로마 제국이 멸망한 다음 제대로 된 국가가 없던 기간에, 서유럽의 종교였을 뿐만 아니라 행정과 일상생활까지 떠받치는 중요한 기둥 노릇을 했다.

또 다른 유산인 고대 문화는 중세 초기의 기독교 지배에 파묻혀 한동안 거의 잊히다시피 했다. 아니면 주로 기독교 전통 안에 보존된 고대만이 남아있었다. 그런 탓에 고대 문화는 중세 말기에 유럽이 다시 본격적인 문화의 꽃을 피우기 시작하는 르네상스 시대에, 새롭게 "발견"되고 "부활"되어야 했다. 특히 이탈리아 사람들은 유럽에서 맨 먼저 옛날 로마 문화와 더불어 로마가 그토록 숭상하던 그리스 문화까지도 새롭게 발견하고 공부하고 회복했다. 덕분에 르네상스 시대와 그 뒤로 한동안 이탈리아는 '유럽의 선생님' 노릇을 할 수 있었다.

르네상스는 중세에서 근대로 이어지는 일종의 다리 역할을 했는데, 종교에 과도하게 눌려 있던 문화의 힘을 회복하면서 유럽사에서 또 한 번 문화적 절정을 이룩한 기간이었다. 이 기간에 기독교와 나란히 사람들의 마음에서 중요한 역할을 하는 것이 바로 기독교가 나오기 이전 이교 시대 그리스와 로마의 문화와 정신이었다. 오늘날에도 유럽에서 주요 관광지가 가장 많은 이탈리아를 여행하는 사람들은 시간이 흐를수록 이 사실을 뼈저리게 깨닫게 된다. 로마가톨릭의 중심지인 로마에서 기독교 이전 이교 시대의 로마에 대한 지식도 필요하다는 사실을 절실히 느끼는 것이다. 그런 지식이 없으면 너무 많은 아름다운 것들의 내용을 이해할 수 없다.

이 두 가지 핵심 유산, 곧 기독교와 그리스 문화는 로마 제국을 통해 중세로 전해졌다. 야만족인 게르만 사람들은 먼저 기독교를 받아들였다. 그리고 이 종교야말로 좋고 나쁘고를 떠나 유럽 정신의 정체성을 이룬다. 덕분에 유럽 정신은 고대부터 현대까지 단절되지 않은 계속성을 유지하게 된다. 고대 그리스 로마의 문화는 중세에도 늘 바탕에 깔려 있다가 르네상스 시대에 본격적으로 다시 등장한다.

중세의 구분: 초기, 전성기, 말기

단절과 계속성을 함께 지닌 "중간에 낀 시대인 중세"는 1,000년 이상의 기간에 걸쳐 있다. 한눈에 관찰하기가 어려울 뿐만 아니라, 또한 그렇게 한다면 매우 불공평한 일이기도 하다. 조금이라도 체계적으로 관찰하려면 이 기나긴 시간을 특성에 따라 나누어 관찰할 필요가 있다. 그래서 흔히 중세 초기, 중기 또는 전성기, 말기로 나눈다.

편의상 우리는 중세 초기를 대략 1000년까지, 전성기(중기)를 1000~1300년, 중세 말기를 1300~1492년이라고 나누기로 한다. (중세 초기와 전성기를 가르는 시점은 학자에 따라 달라진다. 조지 홈스George Holmes는 900년을, 모리스 비숍Morris Bishop은 1000년을 기점으로 삼고 있다. 두 가지 모두 가능한 분류다. 다만 우리 책은 11세기 노르만 기사들의 활약을 중점적으로 다루기 때문에, 이들 바이킹 출신 기사들이 본격적으로 활동을 펼치기 시작하는 1000년을 초기와 전성기를 나누는 기점으로 삼았다.) 이 중에서 중세의 특성을 가장 두드러지게 나타내는 기간이 바로 전성기 중세 시대다. 기독교의 권력이 절정에 달하지만, 동시에 중세 기사들의 활동도 가장 활발하던 시대, 그리고 그들의 활동을 문학작품으로 만들어내던 중세의 문화적 전성기이기도 하다.

중세 초기는 고대의 찬란한 문화를 잃어버리고 갑자기 주역으로 등장한 야만인 게르만 사람들이 어리둥절한 상태로 유럽에 엄청난 혼란을 불러일으키던 시기였다. 많은 게르만 사람들이 무지한 탓에 과거에서 내려온 소중한 문화유산을 파괴했다. 특히 반달족의 파괴는 악명이 자자한 것이라, 오늘날까지도 문화 파괴를 '반달리즘Vandalism'이라고 부른다.

유럽이 체계도 갖추지 못한 크고 작은 나라들을 이룬 채 정신을 못 차리는 동안, 중동에서 새로 일어난 이슬람 종교는 아랍 세계와 아프리카를 정복하고, 순식간에 유럽 대륙으로도 밀려 들어왔다. 생긴 지 100년도 안되는 무슬림(=이슬람교도) 아랍인들이 이베리아반도(오늘날의 에스파냐와 포르투갈)를 거의 정복해 버렸다. 711년의 일이다.

이베리아반도에서 피레네산맥을 넘어 파죽지세로 북쪽으로 올라가던 아랍 세력을 막아낸 사람이 카를 대제(독일에서는 카를 대제, 프랑스에서는 샤를마뉴Charlemagne, 라틴어로는 카롤루스 대제)의 할아버지 카를 마르텔이다. 800년에 그의 손자 카를 대제가 황제가 되면서 서유럽은 조금 정신을 차리게 된다(이 시기를 카를 대제 시대의 르네상스라는 뜻으로 카롤링 왕조 르네상스라 한다). 이것이 중세 초기를 구획하는 가장 중요한 사건이다. 711년 이후로 에스파냐는 남은 중세 모든 기간에 걸쳐 무슬림 세력에게서 잃어버린 영토를 회복하느라 있는 힘을 다한다. 에스파냐가 영토를 회복하는 1492년을 우리는 중세의 끝으로 꼽는다. 이는 물론 콜럼버스의 신대륙 발견을 가리키는 연도이기도 하다.

중세 전성기를 거친 다음 1300년을 기점으로 나타나는 중세 말기는 중세라기보다는 이미 근대로 넘어가는 과도기라 부르는 쪽이 더 알맞을 것이다. 이런 과도기적 진행은 이탈리아 르네상스와 더불어 이루어진 일이다. 르네상스는 짧은 기간이 아니라, (연구자에 따라 달라지기는

중세 연표

	중세 초기				
450	500	600	700	800	900
476 서로마 제국 멸망		622 이슬람교 시작	711 이슬람교도 유럽 진출	800 카를 대제 대관식	

하지만) 미켈란젤로가 죽는 16세기 중반 정도까지 대략 250년 동안 계속된 이탈리아의 거대한 문화적 발전 과정을 총칭하는 표현이다. 이런 발전 과정의 일부는 알프스 북부로도 넘어간다. 그쪽에서도 르네상스와 비슷한 발전들이 있었지만, 북부 르네상스(또는 북유럽 르네상스)는 상대적으로 기간이 짧고 이탈리아 르네상스만큼 성격이 뚜렷하지도 않다. 어쨌든 이탈리아 르네상스는 현대 유럽의 모태라고 부를 만한 대단한 변혁기였다.

중세 말기에 유럽 세계는 역내 교역(가까운 나라들끼리의 교역)을 더욱 활발히 하는 동시에 눈길을 차츰 유럽 바깥으로 향하기 시작했다. 그것은 1492년 콜럼버스의 신대륙 발견과 더불어 완전히 새로운 의미를 얻게 된다. 1492년은 이래저래 세계사에서 중요한 의미를 갖는 해다. 유럽 세계는 눈길을 지중해에서 대서양으로 돌렸고, 많은 사람들이 신대륙을 향해 항해를 떠나기 시작했다.

유럽인들이 생각하는 세계는 이제 이전처럼 지중해 주변과 대서양 연안의 유럽 대륙만을 뜻하는 것이 아니었다. 유럽인들은 바다를 통해 서쪽으로 나아갔다. 또 아프리카 대륙을 따라 남하해서 동쪽으로도 계속 눈길을 돌렸다. 이렇게 양쪽으로 진출한 유럽 세력은 어디선가 만나게 된다. 드디어 극동 지역의 문화도 유럽인들에게 알려지게 되었다. 이제 유럽만이 아니라 전 세계가 중세와는 완전히 다른 역사를 시작하

중세 전성기		중세 말기 (르네상스)		
1100	1200	1300	1400	1500
		1302~1550 르네상스		1492 콜럼버스 신대륙 발견

게 된다. 그렇기에 콜럼버스의 신대륙* 발견은 중요한 의미를 얻는다.

* 신대륙이라는 용어는 약간의 문제를 포함한다. 콜럼버스가 '발견'한 것이 글자 그대로의 새로운 대륙이 아니기 때문이다. 하지만 당시 유럽인들은 자기들에게 '새로운' 대륙이라는 뜻으로 그렇게 불렀다. 우리 책에서는 이 용어를 그대로 사용하기로 한다.

03

야만적인 게르만 사람들, 새 주인공으로 등장하다

'북방 오랑캐'인 게르만 사람들

고대 로마 제국 사람들은 자기들이 문화인임을 분명히 의식하고 자랑스럽게 여겼다. 로마 제국은 지중해를 자기 집 안마당처럼 둘러싼 영토를 지녔다.

유럽 대륙의 북쪽에는 제국의 힘이 미치지 못하는 광대한 영토가 남아있었다. 야만인들이 사는 땅이었다. 이 땅을 가리켜 로마인들은 "게르마니아Germania"라 부르고, 그곳에 사는 야만인들을 "게르만 사람들"이라 불렀다. 그러니까 로마인들의 입장에서 보자면 게르만 사람들이란 '북방 오랑캐'를 총칭하는 이름이었다.

따라서 게르만 사람들이란 단일한 민족을 가리키는 말이 아니었다. 로마 제국 영토의 바깥 북쪽에 사는 이방인들, 무지한 오랑캐를 가리켰다. 이들 오랑캐는 물론 모두가 같은 언어를 쓰는 것도 아니었고, 종족이 같은 것도 아니었다. 게다가 이들은 로마 제국처럼 기독교를 받아들이지도 않았다. 이들 옛날 게르만 사람들이 믿던 종교와, 그 종교에 등장하는 신들의 이야기가 오늘날 우리가 말하는 '북유럽 신화'다.

따스한 남쪽 지중해로부터 멀리 떨어져 추운 북방에 사는 게르만족은 척박한 자연환경으로 인해 재난이라도 닥치면 더 나은 삶의 터전을 찾아 남쪽으로 밀려 내려오곤 했다. 이 종족들을 가리키는 이름은 매우 많다. 킴브리, 튜턴, 고트, 부르군트, 랑고바르드, 프랑크 등등.

게르만 종족은 동유럽과 중앙아시아에도 살고 있었는데, 그곳에서 중국 한나라에 밀린 흉노의 후손 훈족과도 접촉했다.

게르만족 이동(375~568)과 게르만 사람들의 개종

동유럽에 정착한 동고트족이 375년에 훈족에게 밀려 서쪽으로 이동하면서 연속적인 대규모 민족 이동이 시작되었다. 훈족에 밀린 게르만 종족들이 서쪽으로 이동하면서 차츰 힘이 약해지고 있던 서로마 제국의 영토로도 밀려 들어갔다. 따라서 게르만족 이동이란, 훈족과 게르만족이 서로 갈등하며 서쪽으로 이동하고, 그러면서 로마 제국의 군인들과 뒤섞이거나 다툼을 벌이던 시대를 가리킨다. 그 중간에 서로마 제국이 무너지고(476) 게르만 종족들이 옛날 서로마 제국의 영토를 차지했다.

물론 이들은 로마 제국의 원주민에 비해 수가 적고 문화적으로도 열등했으니, 비록 통치권을 차지했다고는 해도 로마 세력과 재빨리 뒤섞였다. 그중에서도 가장 중요한 사건이 바로 게르만족 지도자들이 로마 제국의 종교인 기독교로 개종했다는 점이다. 특히 중요한 게르만 세

게르만족이 세운 프랑크 왕국의 왕 클로비스가 아타나시우스파(정통파)로 개종하기 위해 세례를 받고 있다. 게르만족은 로마 종교를 받아들이면서 대개 정통파인 아타나시우스파를 받아들였지만, 일부는 아리우스파(이단)를 받아들였다. 양 진영은 종교전쟁을 벌이기도 했다. 생 질의 거장Master of Saint Giles, <클로비스의 세례The Baptism of Clovis>, 1500년경, 런던, 내셔널 갤러리The National Gallery.

력들은 정통 교파인 아타나시우스Athanasius파 기독교로 개종했다. 그래서 서로마 제국 영토에서 통치자는 로마인에서 게르만 사람으로 바뀌었지만 종교는 그대로 남았다.

이단 판정을 받은 아리우스Arius파를 받아들인 게르만족도 있었는데, 시간이 흐르면서 아타나시우스파와 아리우스파를 받아들인 게르만 종족들이 서로 종교전쟁을 벌이기도 했다. 특히 프랑크 왕국의 왕이 된(481) 클로비스Clovis는 왕이 되고 나서 아타나시우스파 기독교로 개종했다. (그의 이름은 나중에 '루이Louis'로 바뀌었고, 덕분에 프랑스 역사에 등장하는 19명의 루이 왕들 중에서 최초의 루이가 되었다.) 클로비스는 랭스Reims에서 레미기우스 주교Remigius of Reims에게 세례를 받았다. 세례식을 베풀 때 주교는 왕에게 이렇게 말했다고 한다.

그대 머리를 숙여라, 자부심 강한 프랑크 사람아.
지금까지 그대가 불태우던 것을 경배하고,
그대가 경배하던 것을 불태워라.

이들 게르만 사람들은 로마 제국에서 종교 말고도 언어, 숭배 방식, 여러 행정기관들, 법, 통일제국이라는 이념도 물려받았다. 그러니까 새로운 게르만 통치자들은 고대 문명의 많은 것들을 서툴게나마 받아들인 것이다. 대신 그들은 이미 피로에 젖어있던 남유럽 사회에 힘과 행동의 이상理想을 가져왔다.

이것 말고도 게르만 사람들은 토가toga와 짧은 치마를 입던 로마 제국에 바지를 가져왔다. 호밀빵과 버터, 포도주 담는 통과 목욕통, 안장, 바퀴 달린 쟁기 등도 게르만 사람들이 가져온 것이었다. 남쪽과 북쪽의 문화와 생활습관은 서로 섞이고, 혼인 등을 통해 이들 사이의 혈통과 출신의 차이가 서서히 사라졌다.

유럽의 역사에서 이렇게 종족과 문화와 종교와 언어가 계속(한 번만이 아니라 여러 번이나) 뒤섞이므로 문화를 말할 때 '민족 문화'란 말은 별 의미가 없다. 대체 '민족'이란 게 뭐냐는 의문도 있다. 혈통이나 민족만으로 문화를 논할 수 없다는 것은 이미 자명한 일이 되었다. 따라서 최근 연구자들은 주로 언어를 기준으로 문화를 가르고 있다. '프랑스 문화'란 '프랑스어 문화'를 뜻하는 것으로 본다.

유럽의 언어들

① 로망스어: 고대 로마의 언어인 라틴어에서 파생한 언어.
이탈리아어, 프랑스어, 에스파냐어, 포르투갈어, 루마니아어.
중남미는 라틴어에서 파생한 에스파냐어와 포르투갈어를 사용함.
그래서 '라틴' 아메리카라 불림.
② 게르만어: 게르만 사람들이 쓰던 언어.
도이치어, 스웨덴어, 노르웨이어, 덴마크어, 아이슬란드어, 네덜란드어.
③ 슬라브어: 러시아어, 폴란드어, 체코어, 슬로바키아어 등.
④ 핀란드어와 헝가리어: 인도게르만어가 아닌 우랄어 계통.

04

이슬람 세력, 유럽으로 진출하다

유일신을 믿는 종교 이슬람의 시작(622)

원래 상인이던 무함마드Muhammad(570~632)는 40세가 되었을 때 명상 생활에 들었다가 환상을 보았다. 천사가 나타나 그가 신의 말을 전하는 예언자라고 일러주었다. 이후에도 그는 여러 차례 신의 계시를 받았다. 이어서 그는 유일신인 '알라'신을 향한 믿음을 설파하기 시작했다. 하지만 그의 고향인 메카Mecca 사람들은 다신교도들이라 그의 가르침을 받아들이려 하지 않았다. 무함마드는 12년 동안 메카에서 설교를 계속했지만 지배층과 갈등을 겪으면서 여러 위기에 처하자 고향을 떠났다.

그는 야스리브Yathrib(오늘날의 메디나)라는 오아시스 도시로 이주했다. 그곳 사람들은 적대적인 두 종족 사이의 전쟁을 끝내줄 중개자를 찾고 있었다. 이방인인 무함마드가 이들 사이의 싸움을 끝낼 수 있었고, 오래 싸우던 사람들은 다시 하나의 공동체를 이루었다. 이슬람교도들은 무함마드가 야스리브로 출발한 날짜인 서력 622년 7월 16일을 이슬람교의 기원으로 삼는다(히즈라Hijrah 또는 헤지라Hegira).

무함마드가 설교한 이슬람 종교는 유일신 알라를 섬기지만 기독교에서처럼 성령이나 성자가 없어 삼위일체라는 복잡한 개념이 없다. 무함마드는 신이 아니고 알라의 말씀을 전한 예언자다. 그러니까 이슬람은 기독교와 똑같이 유일신을 섬기지만 기독교에 비해 교리가 훨씬 덜 복잡하다. 이슬람교도들은 성서에 나오는 위대한 예언자들인 아브라함과 모세, 심지어 예수도 올바른 신앙을 전파하도록 신이 파견한 예언자들이라 여기고 받아들였다. 사람이 살다가 죽으면 신의 심판을 받으며 알라의 계율을 따른 자들은 천국으로 가고 불신자와 거짓 신자들은 지옥으로 떨어진다.

무함마드는 알라신이 보내주신 가장 중요한 마지막 예언자다. 이슬람은 단순한 종교 이상으로, 일상생활에서 지켜야 할 규칙이기도 하다. 예를 들어 빚을 어떻게 갚나? 식사 후에 손은 어떻게 씻나? 도둑은 어떤 벌을 받아야 하나? 이런 모든 질문들에 대해 무함마드는 22년 동안이나 알라의 답을 전해주었다. 그는 알라신의 계시를 받을 때마다 경련을 일으키곤 했다고 한다.

야스리브의 주민들은 무함마드의 가르침을 따르는 이슬람교도가 되었고 무함마드는 그들의 지도자가 되었다. 이 오아시스 도시는 메디나Medina, 곧 '예언자의 도시'라는 이름으로 개명되었다. 하지만 무함마드는 예배의 방향을 예루살렘이 아니라 고향인 메카로 바꾸면서 메카를 정복할 의지를 드러냈다. 630년에 그는 군사적 승리를 거두고 메카로 입성할 수 있었고, 그곳 주민들이 신전 안에 모시던 많은 우상들을 없앴다. 예언자는 육면체 형태 건물인 카바Kaaba 신전을 알라신께 바쳤다. 그 뒤로 카바는 이슬람의 가장 중요한 성소가 되었고, 이슬람교도는 평생 한 번이라도 이곳으로 순례를 하려고 노력한다. 무함마드는 메카에 있던 유대인들을 쫓아내고는 패배한 사람들에게도 은총을 베풀었기에 메카 사람들은 모두 이슬람교도가 되었다.

예언자는 632년에 죽었지만 그의 가르침은 남았다. 수많은 추종자들은 온갖 양피지나 가죽, 또는 뼛조각에도 무함마드가 전한 신의 말씀을 기록하곤 했다. 그들은 이 말씀들을 모아 한 권의 책으로 만들었고 이것이 바로 이슬람 성서 『코란』이다. 무함마드가 죽은 다음 신자들은 크게 두 진영으로 나뉘어 시아파Shi'a와 수니파Sunni를 이루었다. 이는 오늘날까지 지속되는 이슬람의 주요 종파들이다.

이 종교는 총 6가지에 대한 믿음을 포괄한다. ① 유일신, ② 천사, ③ 성서 즉 『코란』, ④ 예언자, ⑤ 최후의 심판, ⑥ 예정된 운명 등이다.

이슬람 세력의 팽창과 유럽 대륙으로의 진출(711)

이슬람 원년인 622년 이후로 불과 몇십 년 만에 이슬람-아랍 군대는 비잔틴 제국과 페르시아 사산 왕조에 대해 결정적인 승리를 거두었다. 아랍 사람들은 점령 지역의 문화를 습득하고 변화시키고, 또한 고대 그리스 로마의 문화까지 습득하면서 이슬람 문화의 초기 번영기를 꽃피웠다. 이것은 뒷날 기독교 유럽에도 영향을 미치게 된다.

이슬람은 강력한 칼리프(=이슬람 황제) 우마르 1세Umar I(634년 즉위) 치하에서 빠른 속도로 세력을 확장하여 7세기 중반에는 벌써 이라크, 시리아, 팔레스티나, 이집트와 이란의 대부분을 지배하게 되었다. 처음에는 이들 지역에 살고 있는 다른 종교를 가진 사람들, 즉 기독교도, 유대교도, 조로아스터교도 등은 특별한 세금만 내면 자기들의 종교를 계속 유지할 수 있었다. 하지만 시간이 흐르면서 이슬람 아닌 사람들에 대한 차별이 심해지고, 이것은 결국 개종을 강요하는 일이 되었다.

711년에 아랍의 우마이야 왕조Umayyads의 칼리프가 지휘하는 아랍인과 북아프리카 베르베르 종족이 혼합된 아랍 군대가 지브롤터Gibraltar에 도착했다. 이들은 서西고트 군대를 꺾고 유럽의 이베리아반

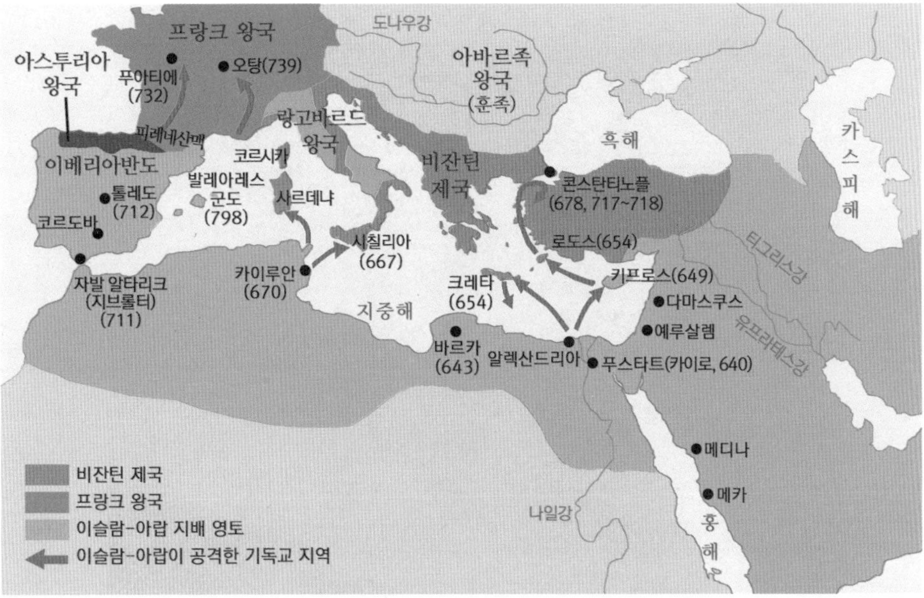

7~8세기 이슬람-아랍 세력의 진출. 붉은색 부분이 비잔틴 제국이다. 이탈리아 남부, 시칠리아, 사르데냐, 코르시카 등은 비잔틴 제국 소속이고, 연붉은색은 랑고바르드(=롬바르디아) 왕국, 녹색이 이슬람-아랍 세력이다. 특히 이베리아반도에 주목하라. 괄호 안 숫자는 이슬람-아랍이 기독교 지역을 공격한 연도다.

도로 들어가서 파죽지세로 반도의 대부분을 점령해 버렸다. 하지만 서고트 일족은 718년에 오늘날 에스파냐 북부 지역에서 독립을 되찾아 작은 왕국들을 세웠다.

그럼에도 이슬람 군대는 피레네산맥을 넘어 프랑크 왕국의 남부를 점령하고 약탈을 계속했다. 이들을 막아내서 피레네산맥 남쪽 에스파냐로 도로 밀어낸 인물이 카를 대제의 할아버지 카를 마르텔이다. 이 사람이 아니었다면 중세에 프랑스와 독일 지역(당시는 두 나라 모두 프랑크 왕국)까지 이슬람 세력에 점령당했을지도 모른다.

750년에 아랍 세계에서 아바스 왕조Abbasids가 우마이야 왕조를 물리치고 패권을 장악했다(750~1258). 이때 아바스 왕조를 피해 도망친

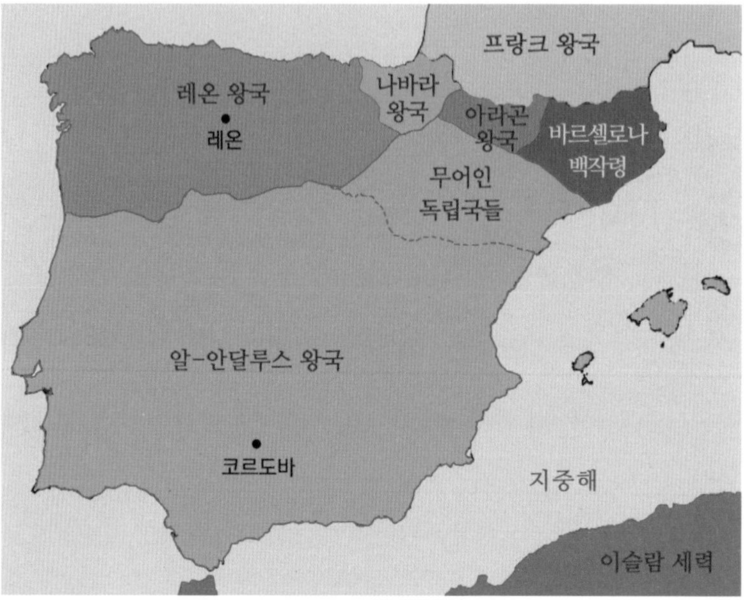

이베리아반도(에스파냐와 포르투갈)에 자리 잡은 이슬람-아랍 세력인 알-안달루스 왕국과 무어인 독립국들. 이후 이슬람-아랍 세력은 780년간 지배를 이어가면서 에스파냐에 흥미로운 문화적 자취들을 남겼다.

우마이야 왕조의 왕자 한 사람이 베르베르 군대를 이끌고 안달루시아에 도착했다. 그는 에스파냐의 코르도바를 수도로 하는 유럽 대륙 내 아랍 국가 알-안달루스Al-Andalus에 주둔해 있던 아바스 태수를 물리치고 756년에 스스로 이곳의 통치자(에미르Emir)가 되었다. 이로써 에스파냐를 본거지로 삼는 서西우마이야 왕조가 다스리는 '알-안달루스' 왕국의 토대가 마련되었다.

그 뒤로 북부 에스파냐를 본거지로 하는 기독교 세력은 이슬람-아랍 세력으로부터 통치권을 되찾기 위한 '국토회복운동(레콩키스타Reconquista)'을 계속했다. 이베리아반도에서 아랍 세력을 완전히 몰아낸 것은 중세가 끝나는 1492년의 일이다. 그러니까 에스파냐의 영토 일부

모사라베Mozarabe 건축 양식을 보여주는 바르셀로나 북부 페드레트의 산트 키르제 교회Sant Quirze de Pedret(위, ©Enfo)와 내부 벽화(아래, ©Amadalvarez). 모사라베 양식은 9세기 말~11세기 말 이슬람 지배를 받던 에스파냐에서 나타난 기독교 미술 양식을 말한다. 벽화는 10세기 것으로 양팔을 펼친 기도자와 영생을 상징하는 공작이 그려져 있다.

에스파냐 남쪽 도시 그라나다에 있는 알함브라 궁전의 창문. 기독교 세계에 들어온 아랍 양식 건축물을 대표하는 궁으로, 빛과 그림자, 자연과 인공, 안과 밖의 연결 등을 통해 숨이 멎을 듯한 아름다움을 보여준다. 14세기. ©Leronich

는 800년 가까운 세월 동안, 즉 중세의 나머지 기간 내내 이슬람 세력의 지배를 받았다.

05

피핀의 선물, 교황이 영토를 얻다

메로빙 왕가

카를 마르텔(프랑스어로는 샤를 마르텔Charles Martel)은 메로빙Merovingian 왕가의 궁내대신major-domo, 또는 집사였다. 메로빙 왕가는 랭스에서 세례를 받은 클로비스의 후손이다. 511년에 클로비스가 죽자 게르만의 관습대로 네 아들이 왕국을 나누어 상속했다. 메로빙 왕가가 통치하는 동안 왕국은 겉으로는 통일을 유지했으나 속으로는 영토가 나뉘면서 왕권이 점점 약화되었다.

원래 왕가의 일원으로 흔히 백작이라 불리던 귀족들이 각 지역의 방어, 행정, 재판 등을 실질적으로 나누어 맡으면서 왕권을 강력히 제한했다. 시간이 흐르면서 왕의 실질적인 영토는 계속 줄고 왕이 할 일도 줄었다. 귀족들도 왕이 아무것도 안 하는 것을 좋아했다. 덕분에 메로빙 왕들은 "아무것도 안 하는do-nothing" 왕들이 되었다.

메로빙 왕조에서 행정 책임과 영토 방위가 차츰 왕궁 살림살이를 맡은 집사 또는 궁내대신에게 넘어갔다. 이들 집사들은 세력이 강해지자 나중에는 자신의 직위를 아들에게 그대로 물려주었다. 그러므로 이들은 호칭이야 무엇이든 실제로는 '세습 총리'라 부를 만한 사람들이다.

궁내대신 카를 마르텔은 프랑크 왕국으로 밀려 들어온 이슬람 세력을 막아냈다. 이슬람 세력은 711년에 에스파냐로 들어와 머지않아 반도를 거의 점령하고 곧바로 피레네산맥을 넘어 프랑크 왕국으로도 밀려 들어왔다. 이들이 프랑크 왕국을 차지하면 서유럽의 중요 지역이 이슬람 세력에 넘어갈 판이었다. 이슬람 군대는 732년에 보르도Bordeaux와 푸아티에Poitiers의 교회들을 불태웠다. 마르텔이 지휘하는 프랑크 군대는 거침없이 북상하던 이슬람 군대를 프랑스 중부 투르Tours 근처에서 물리쳤다. 이후로 아랍 군대는 점차 후퇴하여 피레네산맥 이남으로 물러갔다. 하지만 피레네 지역에서 유럽군과 이슬람군의 싸움은 한동안 계속되었다.

"말 타고 싸우는 전사"를 가리키는 '기사'

피레네산맥을 넘어 프랑크 왕국으로 들어온 이슬람 기마부대는 당시 세계에서 가장 막강한 부대라고 생각되었다. 당시 사람들은 "기사 100명이 보병 1,000명과 같다"고 여겼다. 그러니까 기사 한 명이 보병 10명을 상대할 수 있다는 말이다. 그렇다면 이슬람 기마부대가 순식간에 프랑크 왕국의 북부까지 올라간 것이 이해된다. 이들에 효율적으로 맞서려면 프랑크 사람들도 전투력을 갖춘 기마부대를 만들어야 했다.

다만 기마전사의 장비는 정말로 비쌌다. 전투용 말 한 마리는 암소 45마리, 또는 암말 15마리 값이었다. 당시 다급해진 왕국은 교회에 그 부담을 떠넘겼다. 왕국과 교회의 막대한 투자가 아깝지 않게 프랑크 기마부대는 아랍인들의 진격을 성공적으로 막아냈다. 프랑크 왕국의 기사들은 이후 해체되지 않고 군과 지배 조직 중간에 확고하게 자리 잡았다. 이들이 바로 '중세 기독교 기사들'이다.

카롤링 왕가의 시작

마르텔의 아들인 피핀Pippin der Jüngere은 자기가 실제로는 왕 노릇을 다 하는데도 왕이라는 이름을 쓰지 못한다는 것에 짜증 났다. 그래서 이 점을 고치기로 마음먹었다. 그는 당시 유럽의 정신적 지주이던 로마 주교(=교황)에게 심부름꾼을 보내 물었다. "메로빙 왕들처럼 권한도 없고 무능한 사람들이 '왕'이라는 직함을 유지하는 게 옳은 일인가?" 그러자 눈치 빠른 로마 주교가 피핀이 원하는 답을 보내 왔다. "옳지 않다."

피핀은 귀족회의를 소집하여 그의 답을 전하고, 제대로 된 왕을 선출하자고 제안했다. 답은 이미 정해져 있었으니, 그 자신이 왕으로 뽑혔다. 이로써 메로빙 왕가가 힘없이 끝나고 카롤링Carolingian 왕가가 시작되었다(751). 따져보면 피핀은 강력한 힘을 바탕으로 왕권을 찬탈한 인물인데, 유럽 종교 지도자인 로마 주교가 재빨리 그의 손을 들어준 것이다. 현실 정치에서 도덕성이 뒤로 밀리는 일이 어디 한두 번이던가. 교황의 뛰어난 정치 감각을 인정하지 않을 수 없다. 물론 군사력이 없는 교황으로서는 군사력을 가진 인물과 대립하기란 어려웠다. 어려울 뿐만 아니라 매우 불리한 일이기도 했다.

피핀은 그에 대한 답례로 "베드로의 후계자"라고 자처하는 교황에게 땅을 주기로 약속했다(754). 게르만 일족으로서 이단 신앙을 받아들인 롬바르디아(=랑고바르드 왕국의 일부) 사람들이 이탈리아에 차지한 땅을 빼앗아서 로마 교회의 영토로 내놓겠다는 약속이었다. 하지만 피핀은 이 약속을 이행할 열의가 전혀 없었다. 그 약속을 실천한 사람은 피핀의 아들 카를 대제였다. 카를 대제의 업적인데도 이 사건은 이후 역사에서 "피핀의 선물(기증)"이라고 불린다. 피핀의 약속에서 비롯한 일이기 때문이다.

피핀의 선물 덕에 교황은 단순히 서유럽의 영적인 지도자일 뿐만 아니라, 1,000년 이상에 걸쳐 영토를 소유한 통치자가 된다. 이는 "교황(=

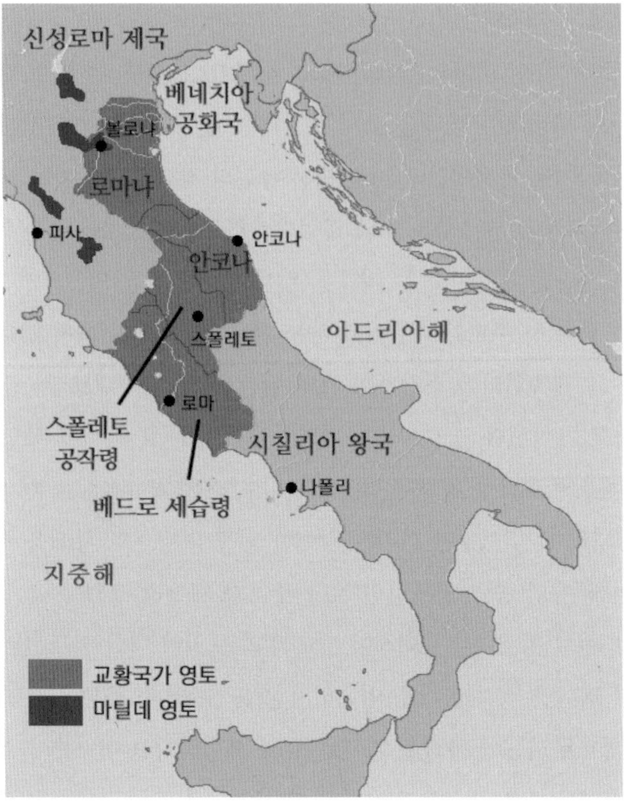

피핀이 약속하고 카를 대제가 실제로 마련해 준 교황국가 영토(지도는 1278년의 모습). 교황의 땅은 이후 이탈리아 역사에 걸림돌이 되어 이탈리아는 1861년에 가서야 통일을 이룰 수 있었다. 물론 통일이 이렇게 늦어진 것은 이탈리아 북부가 신성로마 제국 소속이었다는 사정 탓이기도 했다.

교회)국가Papal States"라고 불리는 나라로서, 1861년에 이탈리아가 통일되기까지 세속 이탈리아의 역사에서 상당한 방해로 작용했고, 교황 자신에게도 위안보다는 근심의 원천이었다.

설사 교황의 영토라 해도 국토란 자고로 방어가 필요하기 때문이다. 당연히 교황국가도 다른 영토들처럼 시간이 흐르면서 늘거나 줄거나 하는 변동을 겪었다. 그래서 우리는 뒷날 르네상스 시대의 다혈질 교황인 율리우스 2세가 무장하고 말 타고 전쟁에 나섰다는 이야기를 읽게 된다. 거룩하신 교황님께서 손수! 사람을 죽이고라도 영토를 수호하러 나섰던 것이다.

06

카를 대제의 대관식

온천을 사랑한 카를 대제

피핀의 아들 카를은 768년에 아버지의 뒤를 이어 프랑크 왕국의 왕이 되었다. 그가 저 유명한 카를 대제Karl der Große(742~814) 또는 프랑스어로 샤를마뉴Charlemagne다. 그는 보통 도이치어를 썼으며, 라틴어를 읽을 수 있었지만 쓸 수는 없었다고 한다.

그는 '위대한 왕'이라는 별칭처럼 실제로도 기골이 장대한 사람이었다고 한다. 목이 짧고 굵었지만, 키가 190센티미터 정도였다고 하니 오늘날 기준으로 보아도 매우 큰 편이다. 먹고 마시는 것을 절제했건만 말년에는 배가 나왔고, 높은 목소리에 수다스러운 편이어서, 당당한 체구와는 잘 어울리지 않았다고 한다. 사냥과 과격한 운동을 좋아했다. 이는 모두 카를 대제의 전기를 쓴 아인하르트Einhard의 서술에 따른 것이다.

카를은 특히 말년에 류머티즘에 시달리면서 온천욕을 좋아했다고 한다. 그래서 유황온천으로 유명한 독일의 아헨Aachen에 궁전을 짓고, 그곳에서 말년을 보냈다. 아들들과 대신들, 친구들, 심지어 시종과 경비

카를 대제의 초상화. 알브레히트 뒤러Albrecht Dürer, <카를 대제>, 1511~1513년, 뉘른베르크, 게르만 국립박물관Germanisches Nationalmuseum.

병도 목욕에 초대했기에 이따금 100명이 넘는 사람들이 탕 속에서 텀벙댔다. 오늘날 아헨시는 이런 역사적 사실을 이용해 관광객을 맞아들인다. 그곳에서 카를 대제의 흔적을 훑어보고, 물론 온천욕도 즐길 수 있다.

카를이 처음에 아버지에게서 프랑크 왕국을 물려받았을 때는 10살 연하의 동생과 공동 통치자였지만, 운명의 도움(?)으로 동생이 3년 만에 아버지 뒤를 따라간 덕에 왕국의 단독 통치자가 되었다. 카를은 프랑크 왕국의 기틀을 확고히 다진 인물이다.

카를의 전기 작가 아인하르트

카를 대제 시대 위대한 학자의 한 사람이었던 아인하르트가 쓴 『카를 대제의 전기Vita Karoli Magni』는 카를의 생애를 기록한 확실한 원전이다. 아인하르트는 카를 대제의 학교를 운영했고, 궁정에서 카를의 측근이었으며 카를의 아들인 경건왕 루이의 고문관 노릇도 했던 사람이다. 아인하르트는 키가 작아서 궁정 사람들 사이에서는 '난쟁이Männlein' 또는 '개미'라는 별명으로 불렸다. 그런데도 그는 카를 대제의 딸 엠마Emma(또는 임마Imma)와 혼인했다.

그에 대해서는 다음과 같은 소문이 있었다. 아인하르트는 결혼 전에 벌써 궁정 난간을 기어올라 연인인 엠마를 찾아가곤 했다. 겨울에 눈이 내렸을 때 눈 위에 발자국이 남아 들킬까 두려워서 엠마는 아인하르트를 등에 업고 궁정 뜰을 건너갔는데, 마침 불면증에 시달리던 황제가 그 꼴을 보고 말았다. 카를은 아인하르트에게 벌을 내리는 대신 얼른 엠마와 혼인을 시켰다고 한다. 궁정 학자에게 벌을 내렸다간 오히려 딸의 수치를 키울 것이기 때문이었다. 카를의 성품을 보여주는 일화다.

카를은 합법적인 아내 말고도 일생에 적어도 6명의 첩을 두었고, 그들에게서 적어도 7명의 자식들이 태어났다.

피핀의 선물, 아버지의 약속을 지키다

카를은 왕국 북부에 살던, 기독교와 동시에 이교의 영향도 강하게 받던 작센Sachsen 사람들을 쳐부수었다. 작센의 가장 중요한 인물은 기독교도인 비두킨트Widukind였지만 나머지 사람들은 지도자들이 기독교로 개종한 뒤에도 곧잘 이교에 빠져들곤 했다. 엄격한 기독교 수호자인 카를은 이들을 정복했으며, 일설에 의하면 그 과정에 4,500명이나 죽였다고 한다. 덕분에 그는 뒷날 '작센 도살자'라는 별명도 얻었다.

카를은 또한 별다른 유혈 없이 바이에른Bayern 영토를 흡수했다. 이어서 당시 이슬람-아랍이 지배하던 에스파냐 원정도 떠났다. 하지만 이 원정은 실패로 돌아갔다. 카를의 원정군은 퇴각하는 중에 롱스보Roncevaux에서 같은 기독교도인 바스크족의 매복에 걸렸다. 이 전투에서 브르타뉴 백작이 전사했다. 그가 전사한 이야기는 유명한 프랑스어 서사시 〈롤랑의 노래La Chanson de Roland〉의 핵심 줄거리를 이룬다. 그 이야기는 뒤에서 다룰 것이다.

이슬람에 맞선 전투에서 승리를 거두지는 못했지만 카를은 이탈리아 북부의 롬바르디아 사람들에 맞선 전투에서는 쉽사리 이겼다. 이들은 프랑크 사람들과는 달리 이단으로 선포된 아리우스파 기독교를 받아들였기에 로마 주교(=교황)와 대립하는 세력이었다. 카를은 이들을 정복하고(774) 롬바르디아의 왕과 가족을 멀리 알프스 북쪽 프랑크 왕국의 수도원 어딘가로 보내버렸다. 그런 다음 아버지 피핀이 약속한 대로 이 땅을 교황에게 기증했다. 아버지 '피핀의 선물'을 현실로 옮긴 것이다. 카를은 뒷날 로마를 방문하여 당시 교황이던 하드리아누스 1세Hadrianus I(재위 772~795)에게서 엄청난 환대를 받았다.

카를 대제 시대의 기사. 투구와 쇠사슬 갑옷을 걸치고 창과 방패, 칼로 무장했다. 발에는 가죽신을 신고, 말을 빨리 달리게 하기 위한 박차도 착용했다. ©오수진

대관식(800)

이런 환대를 받은 카를은 자기가 정말로 실천할 마음 이상의 것을 약속했다. 로마 주교(=교황)는 카를의 궁정으로 자주 사절단을 보내 그 약속들을 상기시키곤 했다. 그러자 화가 난 카를은 주교의 사절단을 쫓아내고 주교에게 다시는 그런 무례한 요구를 하지 말라고 엄포를 놓기도 했다. 이런 사건들을 통해 당시 교황의 권력이 허약했음을 짐작할 수 있다.

하드리아누스의 뒤를 이어 레오 3세Leo III(재위 795~816)가 로마 주교가 되었다. 레오는 로마에서 태어나긴 했으나 원래 소아시아 출신 그리스 혈통이었다. 아마도 전임 교황의 친척들이 조종한 탓인지 로마 귀족들은 새 교황에게 반기를 들었다. 799년에 레오는 화려하게 성장盛裝한 채 말을 타고 기도행렬을 벌이던 중 거리에서 로마 귀족들의 습격을 받아 말에서 아래로 끌려 내려왔다. 이들은 원래 교황의 눈알을 뽑고 혀를 자를 예정이었지만 차마 못 하고 칼로 눈알을 긋는 것에 만족하고는 그를 거리에 버려두었다가 나중에 수도원으로 데려갔다. 하지만 이런 칠칠치 못한 일 처리 덕에 레오는 나중에 시력을 도로 회복했고, 눈꺼풀에 칼자국 상처만 지니게 되었다. 엄청난 상처를 입은 레오는 로마에서 도망쳐서 당시 (오늘날 독일의) 파더보른Paderborn 궁정에 있던 카를을 찾아갔다.

카를은 이렇게 끔찍한 상처를 입고 찾아온 레오를 맞아들이기는 했으나 레오의 처신에 흠결이 있다는 소문을 이미 듣고 있던 터였다. 799년 11월에 카를은 호위군대를 붙여서 레오를 로마로 보내면서, 신하들에게 이번 습격사건의 전말을 자세히 조사해서 보고하라고 명령했다. 이듬해인 800년 11월에는 카를이 직접 로마로 갔다. 로마 주교 습격사건을 어떻게 처리할지 아직도 불분명했기 때문이다. 대체 누구의 잘못인가? 주교가 문제인가? 아니면 귀족들의 잘못인가?

교황을 재판에 부치는 것은 위험한 일이었다. 당시 교황을 재판할 수 없다는 원칙이 있었기 때문이다. 그래서 결국 레오가 결백선서를 하는 것으로 일이 마무리되었다. 12월 23일에 교황은 카를과 프랑크 귀족들이 지켜보는 가운데, 하느님과 성서에 걸고 자신이 죄가 없다고 선서했다. 맹세의 의식은 아무 사고 없이 진행되었고, 덕분에 하느님이 레오의 맹세를 받아들인 것으로 여겨졌다. 따라서 레오를 고발한 이들이 유죄판결을 받았다.

이틀 뒤인 800년 크리스마스 축제일에 카를은 성 베드로(산 피에트로) 대성당으로 미사를 올리러 갔다. 그가 무릎을 꿇고 기도를 올린 다음 다시 일어서려고 할 때 교황이 준비해 둔 관을 그의 머리에 씌웠고, 주변 사람들이 분명 미리 연습했을 말을 세 번 외쳤다.

가장 경건한 사람 카를,
하느님이 관을 씌워준 황제여,
평화를 가져온 위대한 황제 만세!

교황 레오는 이렇게 해서 카를 왕을 황제로 만들고는, 새로운 카를 황제의 발치에 무릎을 꿇고 그의 옷자락에 키스를 했다. 이는 비잔틴 관습에 따라 황제에게 바치는 예의였다. 이렇게 해서 서로마 제국이 멸망하고 300년 이상이 흐른 다음에 최초의 서로마 황제가 다시 등장했다.

대관식의 의미

카를 자신은 교황이 기습적으로 자신을 황제로 만든 이 사건을 아마도 흐뭇하게 받아들이기는 했겠지만, 아주 진지하게 여기지는 않았던

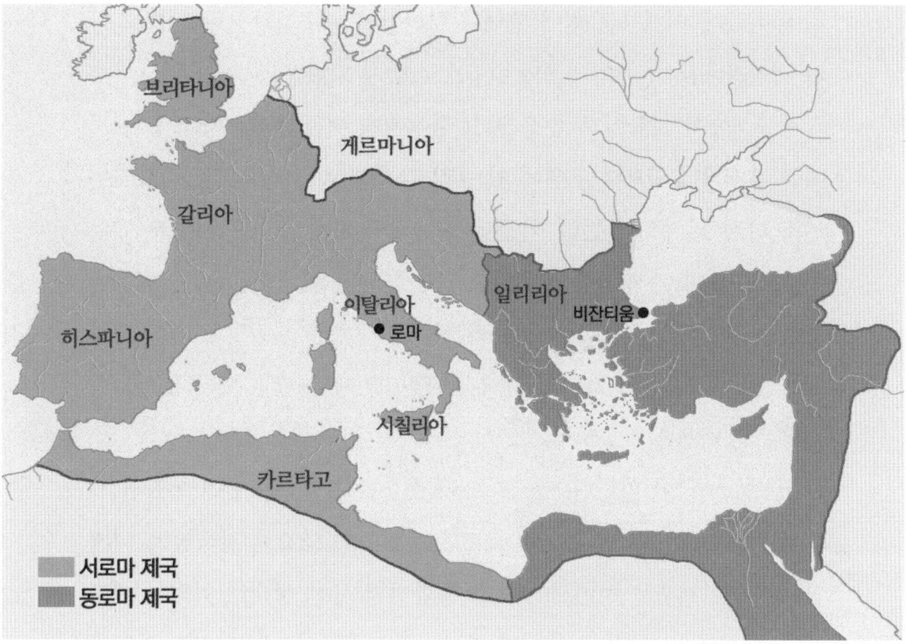

서로마 제국과 동로마(비잔틴) 제국(395년 무렵).

것 같다. 계속 자신을 "프랑크 사람들과 롬바르디아 사람들의 왕"이라 불렀고 다시는 로마를 방문하지도 않았으니 말이다. 하지만 이 대관식은 역사에서는 중요한 의미를 띠게 된다.

그때까지 이탈리아는 동로마 제국 변두리에 있는 일종의 위성국가 비슷한 처지에 있었다. 원래 로마와 이탈리아는 제국의 중심지였다가, 서로마 제국이 멸망하고 난 다음에는 비잔티움(=콘스탄티노플)을 수도로 하는 동로마 제국(=비잔틴 제국)에 속했다.

하지만 수도로부터 거리가 멀고 이탈리아에서 게르만 사람들이 차지한 땅도 많으니 어정쩡한 상태가 되었다. 프랑크 왕국의 카를 대왕은 이탈리아의 북부를 비잔틴 제국보다는 서유럽의 북부와 결합시켰다. 그리고 이 대관식은 비잔틴 제국과는 별개로 새로운 유럽의 시작을 알린 일이었다. 이제 서유럽에 황제가 나타났기 때문이다. 남부 이탈리아와 시칠리아만 비잔틴 제국의 변방으로 남게 되었다.

대관식에서 교황이 무릎을 꿇고 황제에게 예를 표했으니 언뜻 보기에는 황제가 교황보다 우위에 있는 것 같지만, 이 사건은 실질적으로는 전혀 다른 의미를 갖는다. 카를을 선택해서 황제로 만든 사람은 교황이었으니, 교황이 황제를 선택하고 임명할 권한을 가졌음을 온 세상에 보여준 사건이었다. 이로써 서유럽 세계를 통치할 실질적 권한이 교황에게 있다는 주장에 하나의 근거가 마련되었다. 정말로 뒷날 '신성로마 제국'은 그렇게 출발한다.

서로마 제국이 멸망한 뒤로 서유럽에는 교회 말고는 달리 통합된 세력이 없었다. 이리저리 흩어진 게르만 사람들이 조각난 왕국들을 차지한 채 서로 전쟁을 하면서 전체를 통합하지 못한 상태로 있었기 때문이다. 행정적으로 비어있는 곳들을 교회가 근근이 다스리고는 있었지만 교황의 세력이 허약한 만큼 교회도 허약했다.

카를이 거대한 영토를 확보하고 황제가 되면서 명목상으로나 실질적으로 통합된 서유럽의 제국이 나타났다. 이는 476년에 서로마 제국이 멸망한 뒤 처음으로 나타난 거대한 제국이었다. 로마 제국이 망한 다음 빈사 상태에 빠져있던 서유럽은 카를 대제와 더불어 서서히 힘을 회복하기 시작했다. 단번에 벌떡 일어서지는 못했어도 이를 기반으로 서유럽은 옛날의 힘을 회복하기 시작한다. 800년 카를 대제의 대관식은 이것을 상징하는 사건으로서, 이 해는 역사를 공부하는 사람에게는 기억하기에 편하고, 기억하면 매우 쓸모가 있는 연도이기도 하다.

07

카를 대제의 시대, 서유럽이 되살아나다

강력한 황제 카를

카를 대제가 남긴 공적은 통치를 효율적으로 조직화한 덕에 얻은 것이었다. 각 부족장들이 대족장 또는 왕에게만 책임을 지던 게르만 관습은 교회 체계 안에 보존되어 있던 로마 제국 방식의 중앙집중제로 바뀌었다. 카를 대제는 교회와 국가, 또한 신하들의 사생활까지 지배했다. 그는 평생 부지런히 활동했고, 좋은 기독교 군주의 모범으로 남았다.

카를 대제는 외국과의 전쟁이 없을 때는 대부분의 시간을 자신의 광대한 왕국을 이리저리 여행하며 감독했다. 왕국(또는 제국)의 주요 거점에는 왕(또는 황제)이 머물 수 있는 궁전이 있고, 또 그곳 영토를 관리하는 귀족들이 있었다. 이런 전통에 따라 뒷날에도 오랫동안 신성 로마 또는 독일 황제들은 일정한 붙박이 궁전이 없이 이리저리 돌아다니곤 했는데, 이는 물론 황제의 권한이 약할 때는 심각한 문제가 될 수 있었다. 그래서 우리는 뒷날의 역사에서 이따금 떠돌이 황제를 만나게 된다. 물론 카를 대제에게 그런 문제는 없었다. 그는 강력한 개성을 지니고 강력한 통치권을 행사한 인물이었다.

하룬 알-라시드와의 교류

머나먼 바그다드를 근거지로 삼은 아바스 왕조의 전설적인 칼리프(=황제) 하룬 알-라시드Harun al-Rashid의 이름을 우리는 『아라비안 나이트(천일야화)』에서 자주 듣는다. 셰에라자드가 들려주는 이야기에는 "위대하신 칼리프 하룬 알-라시드의 시대에……"라고 시작되는 것들이 꽤 많다. 동양(=오리엔트)의 이슬람교도 칼리프와 서양의 기독교도 카를 대제는 평생 한 번도 서로 만난 적이 없었으나 꽤 진지한 외교 관계를 유지했다.

먼저 798년에 카를의 사절단이 바그다드의 칼리프를 예방했다. 이어서 801년 카를 대제가 아직 이탈리아에 있을 때, 황제가 된 카를은 칼리프의 사절단을 맞아들였다. 칼리프는 카를에게 인도 코끼리와 비단, 황동 샹들리에, 향수, 연고, 발삼, 상아 장기판, 물시계 등을 선물로 보냈다. 물시계는 한 시간마다 작은 문을 열고 나온 기계 기사가 공 하나를 그릇에 떨어뜨리도록 만들어진 것이었다. 이런 공예품 선물들은 아마도 카롤링 왕조의 예술에 영향을 미쳤을 것으로 보인다. 역사상 유명한 동양과 서양의 두 황제는 이런 외교 관계를 계속 이어갔다.

무엇이 그들을 결합시켰던 것일까? 두 사람에게 공통되는 경쟁자 또는 적들이 있었으니, 아마도 그것이 원인이었을 것이다. 적의 적은 동지이니 말이다. 하룬 알-라시드는 아바스 왕조의 황제로서, 이베리아반도에 자리 잡은 우마이야 왕조와 대립하고 있었다. 또한 이베리아반도의 이슬람 왕국은 앞에서 보았듯이 카를 대제가 정복하지 못한 적이었다. 두 황제에게 공통되는 또 다른 경쟁자는 비잔틴(동로마) 제국이었다. 비잔틴 제국은 로마 교황의 경쟁자이며 또한 카를 대제의 경쟁자였다. 아바스 왕조는 비잔틴 제국과 전쟁을 하고, 땅을 빼앗고 조공을 강요했다.

이렇듯 공통된 적이 양쪽에 있었으니 두 황제는 서로 뜻이 맞았던

카를 대제 사절단을 맞이하는 칼리프 하룬 알-라시드. 기독교 황제와 이슬람 칼리프인 두 사람은 좋은 외교 관계를 이어나가면서 서로의 문화에 영향을 끼쳤다. 율리우스 쾨케르트 Julius Köckert, 1864년 삽화.

것이다. 지중해를 둘러싸고 네 세력이 포진한 위치를 지도에서 보면 그것이 잘 이해된다. 800년 무렵 지중해 주변에서 기독교 제국 둘, 이슬람 제국(또는 왕국) 둘이 제각기 서로 반목하고 있었다. 그런 사정 덕에 서유럽의 기독교 황제인 카를과 중동에 자리 잡은 아랍 황제 사이에 외교 관계가 성립되었던 것이다. 자신의 양쪽에 있던 이웃 제국과는 반목하면서, 멀리 떨어진 두 제국은 명목상으로나마 서로 연대했다. 이렇듯 이웃과 반목하고 멀리 있는 세력과 유대를 맺는 것은 역사에서 흔히 나타나는 정세다.

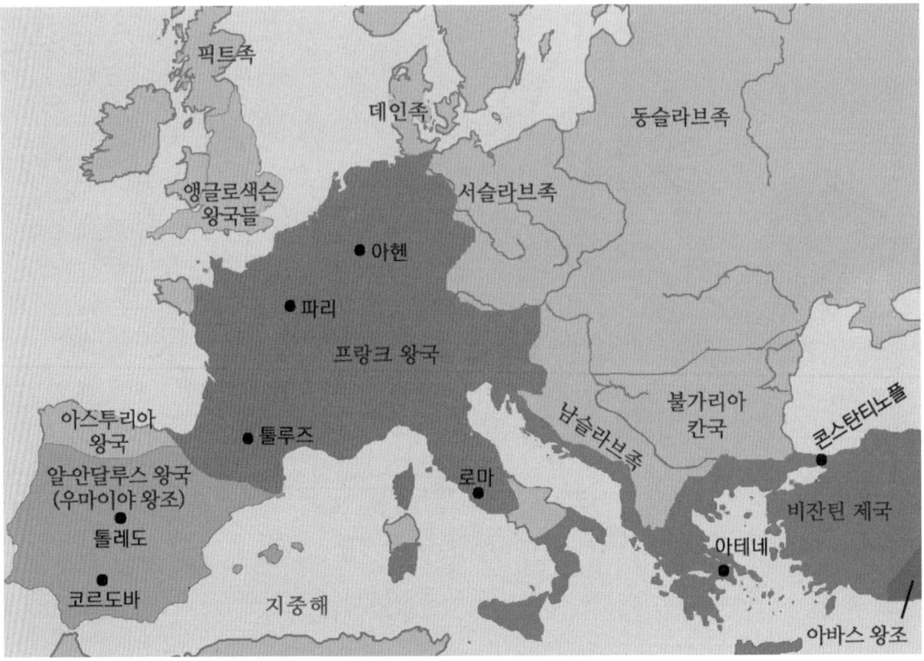

카를 대제 시대의 프랑크 왕국과 주변국들.

봉건제의 단초

카를 대제는 칼리프가 보내준 코끼리를 동반하고 자신의 순회 여행을 하곤 했다. 그 위풍당당한 모습이 마음에 들었던 모양이다. 카를 대제는 옛날 게르만 관습에 따라 가까운 봉신들에게 광대한 땅을 종신 사용하도록 선물해 주곤 했는데, 이들 신하들은 죽을 때 땅을 반납하는 경우는 드물고 대개 아들들에게 상속해 주었다. 물론 땅을 영주에게 반환하고 아들이 다시 사용권을 받는다는 일정한 법적 절차를 거쳤다. 하지만 시간이 흐르면서 이런 관습은 땅의 소유와 반환을 놓고 복잡한 문제들을 만들어냈다.

황제뿐 아니라 큰 땅의 통치권을 받은 대신들도 다시 자신의 신하들에게 땅을 나누어 주었다. 신하들은 땅을 받은 대신 군주에게 복종할 의무, 특히 군주의 전쟁에 동참하고, 일정 수의 병사들을 공급할 의무를 지녔다. 이는 봉건제의 토대가 되는 관습이다. 서양 중세의 역사에서 봉건제에 근거한 봉건영주와 봉신(=봉건신하)이라는 말을 자주 들을 수 있다.

카를 대제의 세계는 거대한 영지들이 모인 집합체였다. 영지 한가운데 영주의 저택이 있고, 그 저택을 별채들이 둘러쌌다. 이어서 교회, 방앗간, 대장간, 빵집, 마구간, 헛간, 양어지(물고기를 기르는 인공 못), 경우에 따라 여자들의 옷을 짓는 재봉가게 등이 나타나고 그다음에 농부들의 오두막이 줄지어 배치되었다. 물론 그 바깥으로 경작지와 숲 등이 나타난다. 이런 영지들은 대부분 자급자족 집단이었다.

카를은 대관식 이후 자신의 왕국을 정비하고, 이 거대 왕국을 나누려고 생각했다. 당시 프랑크 사람들은 통치권도 상속권처럼 분할할 수 있다고 생각했다. 그래서 왕국을 분리할 계약서를 쓰고 교황이 보증인으로 서명했다. 하지만 셋으로 분리된 통치권을 물려받을 아들들 중 용감한 아들 둘이 죽었고, 뒷날 '경건왕'이라는 별칭이 붙는 루이 1세(778~840)만 홀로 살아남아 제국 전체를 물려받았다.

학교와 학문의 육성

카를은 신앙과 도덕을 수호하려는 의지가 강했다. 신하들의 신앙에 대해서까지 책임감을 느끼고 일찌감치 사제들을 철저히 교육하는 데 힘썼다. 사제들은 성서를 알아야 하고, 적어도 사도신경과 주기도문을 알아야 했다. 하지만 이런 단순한 요구조차도 당시에는 그리 쉽사리 실현되기 어려웠던 모양이다. 당시 어떤 주교가 사제에게 내린 지시문에서, "이런 것을 다 모른다면 하다못해 신자들에게 악을 멀리하고 선을 행하라는 기본 원칙이라도 설교하라"고 지시하고 있기 때문이다.

죽기 직전에도 카를은 자신의 제국에서 "개인의 영혼을 구원하기 위해 무엇을 할 수 있을까?"라는 의문에 사로잡혀 있었다. 그는 자신의 의문들을 질문 목록으로 만들었는데, 여기에는 심오한 질문들도 들어 있었다. 세속의 사람과 세속을 떠난 사람(수도자와 성직자) 사이에는 대체 무슨 차이가 있을까? 깊은 염세주의가 그의 마음을 괴롭혔다.

> …… 세속을 떠난 사람들이 할 수 있는 온갖 방법을 동원하여 소유물을 늘리려는 것이나 아닌지, 이런 목적을 위해 천국을 약속하거나 지옥으로 협박하고, 하느님이나 성인의 이름을 들먹이며 돈 많은 부자와 단순한 가난뱅이들의 돈을 갈취하고, 적법한 상속자에게서 땅을 뺏고, 그렇게 사람들을 더 가난하게 만들어 범죄자로 만드는 것이나 아닌지 의문스럽다. ……

그는 소박하나마 지성과 미적인 안목 등을 향한 열망도 지녔다. 자신의 제국에서 옛날 로마 제국의 문화와 게르만 방식과 기독교 요소를 합친 새로운 지성의 방향을 정립하려는 욕구를 느꼈다. 그것을 위해 가장 먼저 프랑크 왕국과 그 너머까지 당대 살아있는 가장 유능한 학자와 교육자들을 찾아내 자기 곁으로 불러들였다. 덕분에 여러 유명한 학자들이 그의 궁정으로 왔다. 이들은 카를의 궁정학교에서 사람들을 가르치면서 자신들의 연구를 계속했다.

카를은 또한 사제 교육에도 힘썼다. 랑고바르드, 앵글로색슨, 아일랜드, 서고트 등 다양한 출신의 사람들이 그의 궁정에 모여들어 일종의 '아카데미'를 이루었다. 또한 어디서나 수도사들이 라틴어 고전의 소중한 필사본들을 만들었다. 앵글로색슨 출신의 베네딕트 수도사 요크의 알퀸Alcuin of York(735~804)은 "카를 대제의 문화대신"이라 불렸는데, 깨

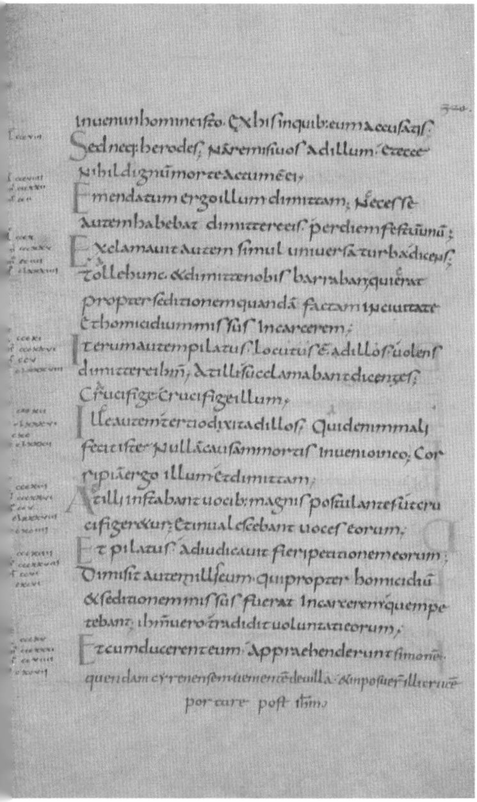

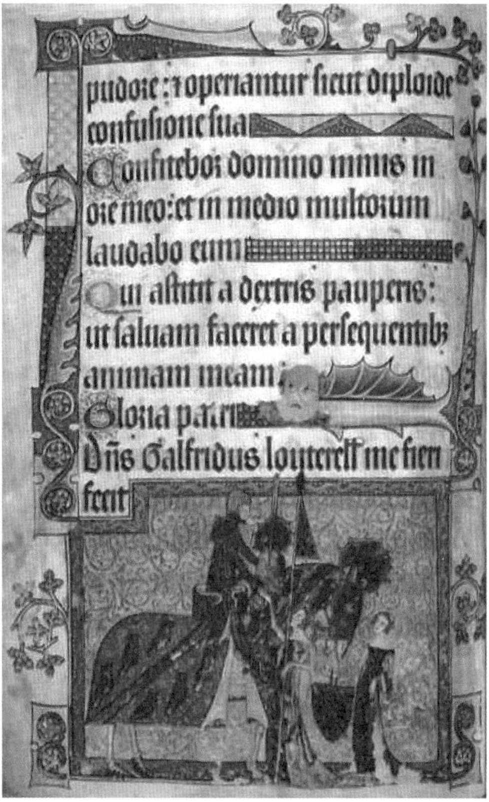

카롤링 왕조의 서체로 쓰인 10세기 필사본 성서(왼쪽)와 고딕 서체를 사용한 14세기 필사본 성서(오른쪽). 고딕 서체의 성서는 읽기 불편하다. 오늘날 세계인들이 선택한 글자체는 카롤링 왕조의 서체다.

끗한 텍스트와 아름답고 깔끔한 서체를 중요하게 여겼다. 이런 필사본들을 소장한 도서관도 만들어졌다.

오늘날 세계인들은 알퀸이 781년에 카를 대제의 궁전인 아헨에서 고안한 '카롤링 왕조 서체Carolingian minuscule'를 사용한다. 이는 로마자의 표준 서체인데, 15세기 인문주의자들이 고딕 서체 대신에 이 글자체를 선택했고, 그것은 새로 나온 인쇄술과 결합되어 이후로도 계속 사용되었다.

세계가 슬퍼한 죽음

카를의 시대는 자주 '카롤링 왕조의 르네상스'라고 불린다. 이는 오늘날까지도 카를 대제를 따라다니는 말이기는 하지만, 사실 어느 정도 신화적인 표현이다. 카를 대제의 업적은 일시적으로만 성과를 거두었기 때문이다. 유럽 세계는 아직도 깊은 어둠에 잠겨 있었다. 다만 그의 시대가 지난 뒤로 유럽은 로마 제국 멸망 이후의 그 깊고도 무기력한 모습으로 되돌아가지는 않았다. 마침내 천천히 회복의 길로 접어든 것이다.

카를이 죽었을 때 사람들은 정말로 슬퍼했던 것 같다. 카를의 미덕을 칭송하는 운문 애도사가 있다. 아래와 같은 내용이 총 20연 이어진다.

동쪽 해 뜨는 곳에서 서쪽 바닷가까지
슬픔이 사람들의 마음을 울리네.
아, 가련한 나.
눈물의 강이 끝없이 흐르네.
세계가 카를의 서거를 슬퍼하므로.
아, 가련한 나.
묘비로 장식된 흙 덮개가 이미 카를 황제 폐하를 덮었네.
아, 가련한 나.
……

08

〈콘스탄티누스의 선물〉, 교황권의 근거가 된 위조문서

교황과 황제

옛날 로마 제국 시절에 기독교가 제국의 국교로 승격되면서 로마 제국의 황제가 기독교의 수장이 되었다. 황제가 종교의 모든 것을 결정하지는 않더라도 종교의 최고 자리에 올랐으니, 옛날에는 정치와 종교가 분리되지 않았기 때문에 일어난 일이었다. 서로마 제국이 멸망하기 전에 이미 교회의 머리인 황제는 로마가 아닌 머나먼 수도 콘스탄티노플에 있었다. 콘스탄티누스 대제가 로마 제국의 수도를 로마에서 콘스탄티노플로 옮겼기 때문이다(330).

다만 로마에서 모든 종교 문제와 세속 문제를 일일이 콘스탄티노플에 있는 황제의 승인을 받고 실행한다는 것은 물리적으로도 불가능한 노릇이었다. 당연히 그리고 저절로 로마의 주교(=교황)가 서유럽 기독교의 수장 노릇을 했다. 덧붙여서 세속의 많은 문제들도 로마 주교가 결정했다. 하지만 어떤 로마 주교도 동로마 황제에게 그가 지닌 지상 권력이 제한된 것이라고 지적할 수는 없었다. 그러니까 로마 주교가 동로마 황제보다 우위에 있다는 주장을 할 수 없었다. 복잡한 역사적·법적 문제가 여기 얽혀 있었다.

그런데도 가톨릭교회를 정비한 그레고리우스 7세Gregorius VII(재위 1073~1085) 교황의 이른바 〈교황의 구술Dictatus Papae〉이라는 문서에는 "오직 교황만이 황제의 통치 상징(물)을 지닐 수 있다"는 확고한 명제(8번 명제)가 나타난다. 이 문서는 교황이 자신의 지위에 대한 생각을 구술한 것으로 교황청 밖으로 출판하기 위한 것은 아니었다. 어쨌든 여기 등장하는 8번 명제는 분명 저 유명한 〈콘스탄티누스의 선물〉이라는 문서를 근거로 삼아 나온 것이다.

<콘스탄티누스의 선물>

정교 분리가 제대로 이루어지지 않은 중세 시대에는 교황과 황제의 권한과 우위를 두고 온갖 신학적·법적 논쟁이 벌어졌다. 이런 논쟁의 한가운데에 〈콘스탄티누스의 선물Donatio Constantini〉(=콘스탄티누스의 기증)이라는 이름으로 알려진 문서가 있다. 정확한 작성 시기와 작성의 계기가 아직도 모조리 밝혀지지는 않았지만, 대략 8세기 후반에 로마의 성직자들이 작성한 것으로 짐작되는 위조문서다.

이 문서는 콘스탄티누스 대제가 330년 무렵에 로마에서 비잔티움(그리스어로 비잔티온, 천도 후 콘스탄티노플로 개명)으로 천도하면서 황제가 지닌 여러 의식儀式, 영토, 군주의 권리를 로마 주교 실베스터 1세(재위 314~335)에게 넘겨준다는 내용을 담고 있다. 로마와 이탈리아, 나아가 로마 제국의 서쪽 절반에 대해 종교 문제뿐 아니라 정치적으로도 항구적으로 통치권을 양도한다는 내용이다.

콘스탄티누스가 결정한 내용을 담았다는 문서는 두 부분으로 나뉘는데, 앞부분은 '신앙고백'이고 뒷부분이 '선물(=기증)'을 다루고 있다. 문제가 많은 뒷부분을 따서 〈콘스탄티누스의 선물〉이라고 부른다.

① **신앙고백**Confessio: 이것은 실베스터 전설에서 나온 것으로 사실과는 잘 맞지 않는 내용이다. 콘스탄티누스 황제가 기독교도들을 박해하다가 생애 마지막에 나병에 걸렸단다. 로마의 이교 사제들은 그에게 "죄 없는 아이들의 피로 목욕하라"고 권했지만, "어머니들의 탄식 소리에 동정심을 느낀 그는 어미와 아이들을 집으로 돌려보냈다."

마치 그에 대한 보상처럼 어느 날 밤 황제의 꿈에 사도 베드로와 사도 바울로가 나타나 실베스터 1세 주교가 그를 도와줄 수 있다고 일러주었다. 주교는 황제의 기독교도 박해를 피해 소락테Soracte산에 숨어있었다. 콘스탄티누스는 실베스터를 불러오게 했고, 실베스터는 황제에게 "세례를 위한 목욕"을 하도록 했는데, 그러자 그의 병이 나았다. (콘스탄티누스는 실제로는 임종의 침상에서 니코메디아의 에우세비우스 주교에게서 세례를 받았다.)

전승에 따르면 콘스탄티누스는 최초의 기독교도 황제였다. 병이 나은 다음에 그는 기독교의 삼위일체 신앙을 고백하고, 베드로와 마찬가지로 실베스터 주교도 묶을 힘과 해지할 힘을 지녔다고 선언했다는 것이다.

② **로마 주교가 받았다는 권한들**: 독자적으로 구성된 두 번째 부분에서 콘스탄티누스는 병이 나은 것에 대한 감사의 마음에서 유례없이 너그러운 모습을 보인다.

그는 로마 주교에게 라테라노 궁전Palazzo Laterano을 선물한다. 그리고 자신은 콘스탄티노플로 물러나면서 로마 주교 실베스터와 그 후계자들에게 로마, 이탈리아, 제국의 서부 지역 전체를 넘겨준다. 원래 황제 통치권을 나타내는 황제관인 티아라Tiara(교황관), 황제가 입는 자색 외투와 자색 튜닉 등 황제의 통치 상징들을 사용할 권리도 주교에게 양도한다. 그리고 마지막에는 "황제 권위의 모든 화려함과 우리 지상 권

문서 <콘스탄티누스의 선물>의 내용을 그린 로마의 산티 콰트로 코로나티Santi Quattro Coronati 교회 벽화들. 1246년 그려졌다. 여기서 콘스탄티누스 황제가 교황에게 티아라를 바치고 있다.

력의 광채"도 내준다. 덕분에 황제 통치의 후계자인 교황만이 황제의 표장들을 이용할 수 있다는 확정적인 표현이 나타난다.

그러니까 이 문서에 따르면 황제는 로마 주교에게 영토를 양도했을 뿐만 아니라 신분의 특권과 통치 상징물까지 양도한 것이다. 또한 콘스탄티누스 황제는 성 베드로를 존경하는 마음에서 "마부의 일"까지 했단다. 원래 마구간 머슴인 궁내대신의 역할을 자처해 황제는 로마 주교

여기서 콘스탄티누스 황제는 교황이 타고 있는 말의 고삐를 잡고 있다.

가 탄 말고삐를 잡았다는 것이다.

아무리 감사의 마음이 크다 해도 조금만 이성적으로 생각해 본다면 이는 지나치게 도를 넘은 내용이었으니, 이로써 문서 전체의 신뢰가 심각한 손상을 입지 않을 수 없었을 것이다. 하지만 뒷날 교황 사무국은 아무 거리낌도 없이 이 모든 내용을 당연한 것으로 받아들였을 뿐만 아니라 권리 주장의 근거로 삼았다. 앞에서 언급한 〈교황의 구술〉이 그

원래 황제가 쓰던 관인 티아라(왼쪽, ©MatthiasKabel)와, 이렇게 화려한 티아라가 아닌 소박한 티아라를 쓰고 있는 교황 인노켄티우스 3세의 초상(오른쪽). 문서 <콘스탄티누스의 선물>에 따라서 교황은 황제관인 티아라뿐 아니라 황제의 통치 상징물인 자색 외투와 자색 튜닉도 걸칠 권한을 갖게 되었다.

분명한 예다.

우리는 '로마 주교'라는 표현보다는 '교황'이라는 표현에 훨씬 더 익숙하다. '교황'이라는 말은 '교회-황제'라는 의미일 것이다. 어째서 '황제'일까? 〈콘스탄티누스의 선물〉이 그 근거를 분명하게 보여준다. 로마 주교는 이제 공공연히 '황제'의 특권과 권위를 지니게 되었으니 말이다.

중세의 가장 유명한 위조문서

이 문서는 위조의 시대이던 중세에 나타난 가장 유명한 위조문서의 하나다. 신앙심 깊은 수도사 한 명 또는 여러 명이 750~850년 사이에 교회에 꼭 필요하다고 생각되는 문서를 천연덕스럽게 위조했던 것이다. 교회는 자기에게 유리할 경우 진실을 아주 까다롭게 가리는 편이 아니었다. 교회는 튼튼한 위장을 소유하고 있었기에 필요한 것을 얼른 삼키고 거뜬히 소화하곤 했다.

하지만 뛰어난 인문주의 학자들을 다수 배출한 르네상스 시대에 로렌초 발라Lorenzo Valla라는 인문주의자가 이 문제를 꼼꼼히 따지고 들었다. 15세기 사람이던 그는 역사적 배경을 연구하여 문서 내용이 콘스탄티누스 시대와 앞뒤 사정이 맞지도 않거니와, 이 문서에 쓰인 라틴어만 해도 로마 시대 라틴어가 아니라 8~9세기 수도사가 쓰던 라틴어임을 밝혀냈다. 특히 문서에는 "콘스탄티노플"이라는 이름이 쓰이고 있는데, 이 문서가 작성되었다는 시기(315~317)에 이 도시는 아직 그런 이름을 얻지 못하고, '비잔티온Byzantion(=비잔티움)', 또는 '새 로마Nova Roma'라고 불리고 있었다는 점이 결정적인 증거 자료로 제시되었다.

교황청은 한동안 발라의 주장을 받아들이지 않고 오히려 그의 저술을 금서禁書 목록에 포함시켰다. 하지만 결국 교황청도 뒷날 〈콘스탄티누스의 선물〉이 위조문서임을 인정했다. 그렇다고 문서의 효력 자체를 부인한 것은 아니었다.

중세 교회의 권한과 한계

〈콘스탄티누스의 선물〉의 내용은 시간이 흐르면서 거의 모두 현실이 되었다. 하지만 이것은 물론 심각한 약점을 지닌 것이었다. 교황은 지상 권력자에게서 세속의 통치권을 얻었다. 교황은 콘스탄티누스 황제의 은총으로 황제(=교황)이자 최고 봉건영주가 되었고, 그의 영토는 '교

"오늘 우리의 삶은 비즈니스이지만 중세의 삶은 존재였다"

'위조의 시대'인 중세를 바라보면서 오늘날 우리의 관점에서 멋대로 판단하기에 앞서 한 가지를 기억하자. 야코프 부르크하르트는 오늘의 관점에서 과거 역사를 바라보는 것을 극도로 경계한다. 그의 말에 따르면 오늘날(그의 시대인 19세기) 우리는 "소유하고 돈을 벌어라"라고 하는 참혹하고 천박한 소명 위에 서있다. 중세는 달랐다. "오늘 우리의 삶은 비즈니스이지만 중세의 삶은 존재였다." 그의 말을 조금만 더 들어보자.

"한 시대의 위대성은 …… 어떤 방향을 향한 것이든 헌신의 능력이 있는 사람들의 비율에 달려 있다. 이 점에서 중세는 사정이 그리 나쁘지 않다! 헌신! 보상에 대한 확고한 보장이 아니다! 위대성은 무엇으로 시작되나? 한 가지 일에 대한 헌신으로 …… 개인적인 허영심이 완전히 사라지는 것으로 시작된다. 위대성은 정신의 탁월함에 달려 있지 않다. 그런 탁월함은 나쁜 성격과도 결합될 수 있기 때문이다. 위대성은 특별한 정신이 특별한 의지와 결합되어 나타난다."

황국가'가 되었다. 물론 더 뒷날의 해석들은, 콘스탄티누스 황제가 신에게서 임시로 사용권을 받았다가 교황에게 도로 반환한 것이라는 식으로 어떻게든 문서의 약점을 해결하려고 했다.

이런 모든 논쟁은 결국 세속의 권력과 교회의 권력이 분리되어야 끝나게 된다. 중세 전성기에 교황의 권력이 일시적으로 세속의 권력을 넘어선 적이 있기는 했다. 뒤에 나오는 '카노사의 굴욕' 편에서 그것을 확인할 수 있을 것이다. 하지만 아무리 교황이 영토를 지니고 심지어 군대까지 거느린다 해도, 막강한 군사력을 토대로 삼는 세속 권력을 넘어서는 데는 한계가 있을 수밖에 없다.

다만 중세 시대 유럽에서 황제나 교황은 모두 우리가 쉽사리 짐작하는 것 같은 절대적 권한을 지니지 못했다. 로마 제국이 무너진 다음 교회나 국가는 모두 시간을 두고 천천히 정비되어야 했다. 그와 함께 교황과 황제도 제각기 자기들의 권위와 권한을 확보해야 했다. 그것은 생각보다 오래 걸리는 일이어서 중세 초기 500년이 흐르도록 완전히 정리되지 못했다.

그 뒤로도 상황은 크게 달라지지 않기에 유럽의 중세 역사에서 우리는 허약한 교황과 허약한 황제를 거듭 만나게 된다. 뒷날의 역사에서도 강력한 황제보다는 이따금 강력한 왕들을 만날 뿐이다. 왕들은 분명한 영토의 실질적인 통치자였다면, 황제란 허울뿐인 경우가 대부분이었기 때문이다. 다만 강력한 통치권을 기반으로 한 왕이 황제가 될 경우에만 황제의 지위도 튼튼했는데, 이 경우에도 그의 힘은 황제라는 지위에서 나오는 것이 아니라 그가 실질적으로 지닌 영토의 통치권에서 나오는 것이었다.

11세기에 그레고리우스 7세 교황이 교회 내부의 온갖 문제들을 개혁하면서 가톨릭교회를 정비하고 또한 교황과 교회의 권위를 높이기는 했지만, 그의 시대에 벌써 교황과 교회의 세속적 권한은 줄어들고, 세속 왕국의 권력이 강화되는 방향으로 일이 진행되었다. 이는 당연한 역사의 진행 과정이기도 하다. 유럽에서 정치와 종교의 완전한 분리는 중세가 끝난 다음에야, 그것도 매우 느리게 이루어졌다.

09

약탈자 바이킹, 노르망디에 정착하다

바이킹 시대

'게르만 사람'이 그렇듯이 '바이킹Viking'이란 말도 그 의미가 똑 부러지게 분명한 것은 아니다. 다만 오늘날 이것은 종족보다는 주로 시대, 곧 바이킹 시대Viking Age(800~1100)를 가리킨다. 중세 초기와 중기에 북해와 발트해Baltic Sea 연안에 살던 스칸디나비아 사람들을 바이킹이라 부르는데, 굳이 말하자면 이들도 게르만 사람들이다.

북해와 발트해에서 살아온 이들은 빠른 배를 만드는 조선술을 발전시켰다. 또한 나침반이 없는 상태에서 바다를 누빌 수 있는 자기들만의 독특한 항해기술도 가졌다. 겨울이 길고 농사가 힘든 북쪽에서 가혹한 기후를 견디다가 흉년이 들어 살기 힘들어지면, 가까운 남쪽으로 내려가 약탈을 해오곤 했다. 남다른 조선술과 항해술을 갖춘 그들은 두려움을 모르는 사람들이었다.

8세기 말부터 본격적으로 서유럽에 출몰하기 시작한 북쪽의 해적들은 해안 지역에서 주로 수도원과 교회들을 약탈했다. 9세기가 되면서 그들의 출몰 횟수가 더욱 늘었고, 10세기가 되자 그들 중 일부가 약탈하던 지역에 차츰 눌러앉기 시작했다. 11세기에는 남쪽 나라에 정착한 바이킹 사람들의 수가 늘면서 해적질의 횟수와 강도가 줄어들었다. 침입자 바이킹은 정착지를 점거한 바이킹 사람들에 맞서야 했으니 이는 당연한 일이기도 했다. 그와 함께 스칸디나비아와 북유럽에 살던 이교도들은 거의 모두 기독교를 받아들이고, 차츰 노르웨이, 스웨덴, 덴마크의 국가 형태가 나타나기 시작했다.

1100년 무렵에는 스칸디나비아에서도 바이킹 시대가 끝나 있었다. 바이킹 출신으로 서유럽에 정착한 사람들은 차츰 각 지역의 주민들 사이로 흡수되었다. 바이킹 우두머리들은 10세기에 프랑스에서 노르망디 공작이 되고, 러시아에서는 키예프 공국을 세웠다. 11세기에는 잉글랜드와 시칠리아의 왕이 되고, 나머지 사람들도 각각 점령 지역의 상류 귀족 계층이 되었다.

바이킹이 용맹했던 이유

바이킹 용사들이 그토록 두려움을 모르고 용맹했던 것은 전쟁신 오딘 Odin을 섬기는 신앙 덕분이기도 했다. 그들은 집에서 죽음을 맞이하면 헬Hel 여신이 다스리는 명부로 내려가지만, 용감하게 싸우다가 전사하면 하늘나라 아스가르드Asgard에 있는 오딘 신의 궁전인 발할라 Walhalla(=발할)로 올라간다고 믿었다. 발할라는 전사들의 낙원이다. 바이킹 용사들은 당연히 집에서 죽기보다는 전쟁터에서 죽기를 원했으니, 누구라도 그들에 맞서 이기기란 어려운 일이었다. 바이킹 시대는 전쟁터에서의 죽음을 피하기보다는 기꺼이 맞아들이는 전사들이 만들어낸 시대였다.

이들이 기독교로 개종하고, 기독교 신앙을 완전히 받아들이면서 그런 야만스런 용맹성도 함께 끝나게 된다.

바이킹 이야기는 그야말로 엄청난 정복과 성공의 이야기다. 바이킹 시대는 이들이 그렇게 성공해서 각 지역의 역사에 편입되면서 끝난다.

바이킹의 약탈과 노르만 사람들

이미 말했듯이 바이킹 사람들은 자기들만의 조선술과 항해술을 가졌다. 오늘날 바이킹 배로 알려진, 돛대 하나짜리의 길고 날씬한 배에 35명 이하의 사람들이 타고는, 여러 척이 함께 항해나 전투에 나서곤 했다. 주로 돛을 이용했고 꼭 필요할 때만 노를 사용했다. 물론 나침반도 없이, 지붕 없는 배에서 태양, 바람, 폭풍 등을 견디며 최소한의 식량으로 버텼다. 이런 식으로 그들은 온갖 대담한 모험을 했다. 가장 빈번히 남쪽, 곧 서유럽으로 내려가서 약탈을 했다. 차츰 시간이 흐르면서 그들은 점점 더 멀리까지 나아갔다.

약탈을 거듭하면서 이들은 약탈의 기법이라 할 만한 것도 발전시켰다. 섬이나 해안 도시를 근거지로 잡아놓고, 얕은 배를 타고 강을 따라 내륙으로 들어가 그곳 주민에게서 말을 징발해 타고 다니며 도시나 수도원을 약탈했다. 가을철이 되면 약탈한 물품을 배에 가득 싣고 고향으로 돌아가곤 했다.

바이킹 사람들은 너른 세상을 항해하고 약탈하고 또한 교역도 했다. 그리고 일부는 정착도 했다. 이들의 정착지는 아메리카 대륙에서도 발견되고(1000년 무렵), 러시아에서도 발견된다. 북극의 백해White Sea로도 항해를 했다. 남쪽으로는 대서양 해안선을 따라 내려가 지브롤터를 지나 지중해로도 들어갔다. 또한 상인들은 드네프르Dnepr강과 볼가Volga강을 따라 흑해와 카스피해에도 도달하고, 덕분에 비잔틴 제국과 이슬람 세계와도 직접 접촉했다.

주로 스칸디나비아에 살던 바이킹 용사들이 배를 타고 남쪽으로 내려와 여러 지역을 점령한 시기를 바이킹 시대(800~1100)라 한다. 이들은 남다른 조선술과 항해술로 너른 세상을 모험했으며 때로 약탈하고 교역하고 약탈 지역에 정착하기도 했다. <브리튼에 도착한 바이킹 배들Viking Ships Arriving in Britain>, 『성 에드먼드의 생애, 수난, 기적The Life and Miracles of St. Edmund』에 실린 삽화, 1130년경, 뉴욕, 모건 도서관·미술관The Morgan Library & Museum.

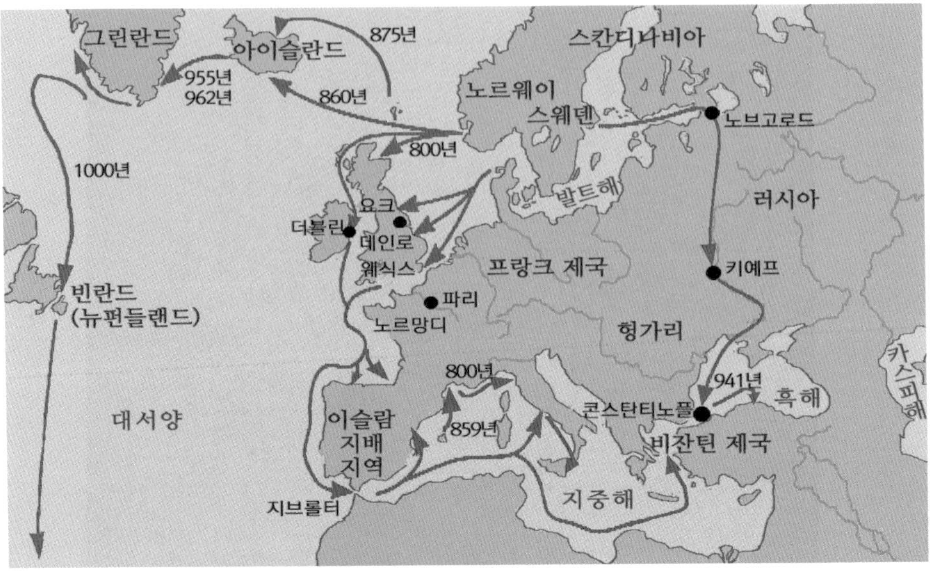

바이킹이 모험한 지역들. 그들은 서유럽뿐 아니라 러시아와 비잔틴 제국, 이슬람 세력과도 접촉했다.

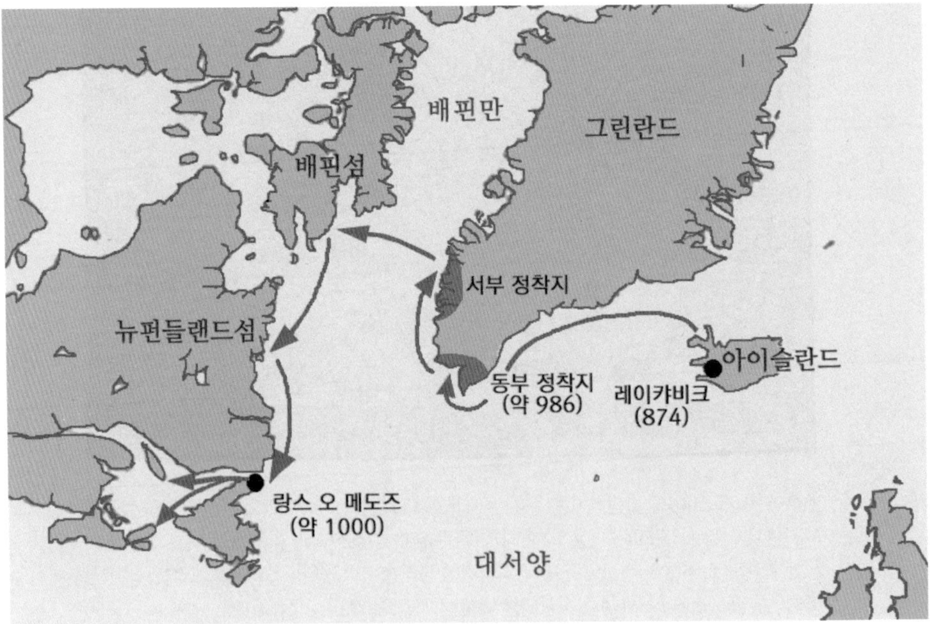

바이킹은 1000년경에는 심지어 아메리카 대륙까지 가서 정착했다. 오늘날 캐나다 지역인 랑스 오 메도즈L'Anse aux Meadows에서 바이킹 정착지를 발견할 수 있다.

그중에서도 오늘날 프랑스 북부 해안 노르망디에 정착한 바이킹이 가장 큰 성공을 거두고 중세 유럽의 역사와 문화에 많은 영향을 남겼다. 9세기 중엽에 이들 북방 전사들은 프랑크 왕국의 북부 해안 지대를 거듭 어지럽혔다. 강을 따라 내륙 깊숙이 들어가, 파리, 루앙, 함부르크 등지도 약탈했다. 오늘날 우리가 "바이킹 사람들"이라 부르는 이들을 당시 프랑크 사람들은 "노르만(북방) 사람들Normans"이라고 불렀다. 당시 이들에 맞서 안전한 사람은 없었다. 물론 돈을 주고 일시적으로 평화를 살 수는 있었지만, 그래 봤자 다른 바이킹이 오는 것까지 막아내지는 못했다.

911년에 프랑크 왕국의 단순왕 샤를 3세Charles III는 별 뾰쪽한 수가 없어서 새로운 전략을 선택했다. 바이킹 지도자인 롤로Rollo와 평화 및 친선 협정을 맺은 것이다. 롤로는 프랑크 왕의 봉신이 되고, 이교도이던 바이킹은 기독교로 개종해야만 했다. 대신 그들은 프랑크 왕국의 영토인 오늘날의 노르망디 지역을 봉토로 받았다. 특별히 놀라운 일은 아니었다. 어차피 롤로는 벌써 30년 전부터 이 지역에 살면서 프랑스 상류층과도 접촉해 왔기 때문이다.

'노르망디Normandie'라는 땅 이름에는 '노르만(북방)'이라는 말이 들어있다. 지역 이름 자체에서 노르만 사람들이 사는 땅임을 짐작할 수 있다.

이들 노르만 사람들은 원래부터 그곳에 살던 갈리아, 브르타뉴, 프랑크 사람들과 천천히 섞였다. 노르만 사람들이 지배 계층이니 당연히 한동안 결정권을 가졌다. 롤로의 후손은 머지않아 '노르망디 공작' 작위를 얻었다. 그러면서 노르망디는 빠르게 안정되고, 또한 안전해졌다. 북방의 바이킹 침략자들이 노르망디를 약탈할 수는 없었기 때문이다. 이곳에 정착한 노르만 사람들은 매우 강력한 전사들이었다. 이들 노르만 기사들은 11세기에 서유럽 역사의 주역으로 떠오르며 막강한 활약을 펼치게 된다.

중세의 기사들과 기사 이야기

노르만 사람 또는 노르만 기사라는 말을 듣거나 읽으면 이들의 조상이 바이킹이라는 것을 알 수 있지만, 동시에 이들이 프랑크 왕국의 기사들이었고, 오늘날의 간결한 분류로는 프랑스 기사들이라는 사실도 함께 기억해야 한다. 프랑스 말을 쓰며 기독교 신앙을 간직한 사람들로, 일부는 매우 독실한 기독교도였다. 물론 처음에는 옛날 이교의 잔재를 지녔지만, 이것은 시간이 흐르면서 차츰 사라졌다. 10세기나 11세기 노르만 기사들의 이름은 우리 귀에 이상하게 들린다. 아직 바이킹 이름들이 많이 남아있었기 때문이다.

어쨌든 이들은 바이킹 전사들의 용맹함을 한동안 더 간직했다. 대체로 자기들끼리 똘똘 뭉쳐 작전을 펼쳤고, 상류층은 서로 혼인 관계로 긴밀하게 연결되었다. 또한 뛰어난 지도자가 나오면 옛날 바이킹 방식의 의리와 충성을 지켰다. 물론 자기들끼리의 권력과 영역 다툼도 치열하게 계속되었다.

다음의 여러 장들에서 우리는 이들 바이킹-노르만-프랑크 기사들의 활약상을 읽게 된다. 처음에는 노르만 기사들로 나오지만, 시간이 흐르면서 차츰 프랑크(주로 프랑스) 기사들의 이야기로 바뀐다. 이들의 혈통을 따지는 것은 불가능하고 또한 무의미하다. 게다가 이들 중 상당수는 천성이 떠돌이였으니 더욱 그렇다.

우리의 이야기는 자연스럽게 바이킹과 노르만에 이어 차츰 중세 프랑크 사람들의 이야기로 넘어가게 된다. 중세 프랑스 문학에 등장하는 기사 이야기들은 이들 노르만 기사들을 모델로 삼은 경우가 많았다.

시간이 흐르면서 용감한 기사들의 이야기가 사람들의 입을 통해 널

룬Runes 문자로 새겨진 10세기 비석(독일 슐레스비히-홀슈타인Schleswig-Holstein에 있는 하이타부 바이킹 박물관Wikinger Museum Haithabu 소장)에는 "오딘카르의 딸 아스프리트 Asfrid Odinkarsdatter가 지그트리크를 왕으로 추대했다"는 구절이 들어있다. 이미 기독교로 개종한 10세기에도 이교의 잔재가 남아있음을 알려주는 이름들이다. 기독교도들은 원래의 문자에 장식을 더해서 단순한 선 문자를 복잡한 양식의 화려한 글자로 만들었다.

리 퍼지면서 차츰 전설이 되었다. 이들 노르만 기사들의 이야기도 그렇게 중세 프랑스의 전설이 되고, 나아가 중세 서유럽 전체의 전설이 되었다. 역사의 일부가 전설로, 그리고 허구 이야기로 바뀐 것이다. 덕분에 우리는 매우 낭만적인 울림을 갖는, 중세의 떠돌이 기사들 이야기도 만나게 된다. 이들 노르만 기사들이 중세 기사문학의 주요 원천이다.

10

카를 대제 이후 1000년까지의 유럽

'창녀 지배' 기간

카를 대제가 죽고 나서도 유럽 사람들의 삶은 여전히 대체로 비참했다. 평균수명은 짧고(30세 정도), 영아 사망률은 높았다. 당시의 유골들은 대부분 만성적 영양실조 상태를 보인다고 한다. 잔인한 지배자들이 계속 나타났다. 바이킹과 사라센Saracen(=무슬림-아랍) 사람들의 약탈이 계속되고, 동쪽에서는 마자르Magyar족도 쳐들어왔다. 외부의 재앙이 지나가면 지역 귀족들이 평민들을 쥐어짰다.

가난한 사람들의 영혼을 보살펴야 할 로마 교회는 사람들의 마음에 위로가 되기는커녕 교황청 자체가 극단의 타락상을 보였다. 교황이 단순히 교회만이 아니라, 로마와 교황국가를 통치하는 세속 영주이기도 했기 때문에 일어난 일이었다. 영토와 권력과 돈이 있으니, 그것을 노리고 탐내는 사람들이 나올 수밖에 없었다. 교회와 교황청이 아직 제대로 정비되지 못한 상태였으니 어찌 보면 당연한 일이기도 했다.

마로치아Marozia(892~932)는 투스쿨룸Tusculum 백작의 딸로 꽃다운 열여섯 나이에 교황 세르기우스 3세의 정부情婦가 되어 아들 하나를

교황 세르기우스 3세의 정부였던 마로치아의 초상화. 당시 교황국가를 거의 지배하다시피 했기 때문에 여교황Papessa이라고 불렸다.

두었다. 이 아들은 뒷날 교황 요하네스 11세Joannes XI가 된다. 그러고도 그녀는 세 번이나 결혼해서 적어도 1명의 아들을 더 두었다. 914년부터 교황국가는 거의 온전히 이 여성의 지배를 받았는데, 총 4명의 교황이 이 기간에 통치했다. 이 교황들 중 1명이 그녀의 아들이었고, 그녀가 죽은 다음에도 남편과의 사이에 태어난 아들의 직계후손 중 5명이 교황의 자리에 오른다. 그녀는 생애의 마지막 5년을 감옥에서 보냈지만, 그전에는 로마 교회와 세속의 정책을 거의 모두 그녀가 결정했기에, 후세는 이 시기를 가리켜 '포르노크러시Pornocracy', 곧 '창녀 지배'라 부른다. 마로치아는 창녀가 아니었지만 혼외 자녀를 두었기에 이런 이름을 얻었다. 그녀의 손자인 요하네스 12세 교황은 오토 1세를 황제로 만들었고, 황제가 된 오토 1세에 의해 해임되었지만 아슬아슬하게 다시 복귀했다가 곧 죽었다.

이 시대의 많은 교황들이 유독 명이 짧은 경우가 많았다는 것도 함께 고려해야 한다. 3명의 교황이 연속적으로 각기 4달, 1달, 17일 만에 죽었다. 100년 동안에 6명의 교황이 암살되고, 2명은 감옥에서 굶어 죽었다. 프랑크 주교들은 991년에 소집된 공의회에서 이렇게 선언했다.

> 우리는 적Anti그리스도가 오는 것을 목격하는 것만 같다. 이것은 사도께서 말씀하신 것을 배신하는 일이기 때문이다.

하지만 이 어려운 시기에 기독교는 오히려 바닥을 든든히 다졌다. 중세의 유명한 클뤼니 수도원Abbaye de Cluny 계율이 10세기에 만들어졌다. 파리의 생제르맹데프레 수도원Abbaye de Saint-Germain-des-Prés과 스위스의 장크트 갈렌(성 갈렌) 수도원Kloster Sankt Gallen의 수도사들은 꾸준히 필사본을 만들고 있었다.

여러 기술들의 발전

이 어둡던 시기에 농업기술은 약간의 진전을 보였다. 경작지를 여름 농경지, 겨울 농경지, 휴경지로 삼등분하여 돌아가며 땅을 쉬게 하는 삼포식 농법이 표준화되었다. 가장 주목할 만한 발전은 농사에 동원되는 소나 말의 쟁기 부분이었다. 예전에는 쟁기를 끄는 줄이 말의 기갑(목 뒤의 튀어나온 부분으로 돌등마루라고도 함)이나 소뿔에 묶였다. 쟁기가 말의 목과 가슴 주변을 묶은 끈과 연결되어 있으니 말은 숨을 잘 쉴 수가 없었다. 그러다 900년 무렵 단단한 말의 목사리가 (아마도 중앙아시아에서) 도입되었다. 목사리는 쟁기와 연결되는 부분을 목 뒤가 아니라 양쪽 옆구리에 두어 쟁기의 하중을 가슴과 어깨로 분산시켰고, 말의 숨통이 트였다. 덕분에 말이 끄는 힘이 전보다 4~5배가 되면서 둔하게 움직이는 소를 대신하게 되었다.

또한 9세기 말에는 말의 발굽에 대는 쇠붙이인 편자도 만들어졌다. 편자가 없었다면 중세 기사란 생각도 할 수 없었을 것이다. 나무 테두리 안장은 일찌감치 중국에서 만들어졌다. 이것이 흉노를 통해 유럽에도 알려졌다. 중국과 동북아시아에서 일찍부터 쓰인 등자(말에 설치하는 발받침)는 이상하게도 유럽에서는 오랫동안 나타나지 않다가 9세기에 처음으로 문헌에 나타난다. 나타나자마자 등자는 재빨리 보편화되었다. 말에 올라탄 사람은 이제는 말에서 떨어질 위험이 없이 균형을 잡고 칼을 휘두르며 싸움을 할 수 있게 되었다. 또한 창의 위협에 맞서 방패를 쳐들 수도 있었다.

이런 기술의 도입은 이어지는 시대에 중대한 의미를 얻는다. 11세기는 바로 용감한 기사들이 온갖 정복전쟁을 벌인 시대이며, 또한 십자군 전쟁이 시작되는 시대이기 때문이다. 10세기가 끝날 무렵에 기사와 마구馬具는 함께 정비되었다. 주인공과 장비가 갖추어졌으니 이제는 그들이 본격적인 활동에 나설 차례였다. 가장 성공한 중세 기사들은 노르만(=바이킹) 기사들이었다. 가장 큰 성공을 거둔 1차 십자군 전쟁도 이들이 중심이 된다. 당연히 중세의 기사문학도 노르만 기사들 이야기가 핵심을 이룬다.

신성로마 제국의 시작

신성로마 제국Sacrum Imperium Romanum(962~1806)은 두 가지 이념 또는 주장이 합쳐져서 나온 것이다. 먼저 고대의 로마 제국을 이어받는다는 생각과, 또한 신의 거룩한 의지로서의 통치권(신성神聖)을 갖는다는 주장을 합친 이름이다.

카를 대제가 죽은(814) 다음 프랑크 왕국, 또는 제국은 후손들 사이

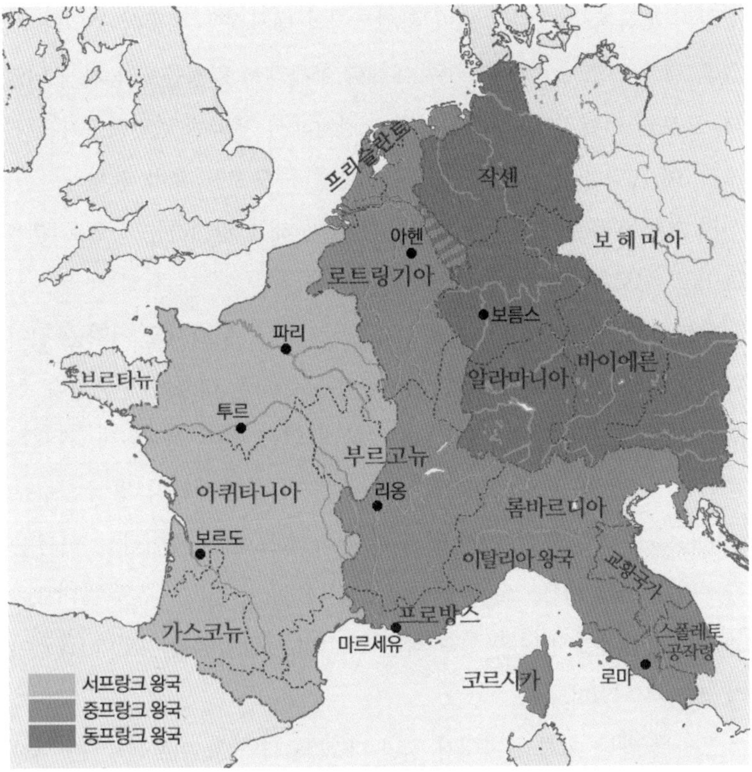

카를 대제가 죽은 뒤에 프랑크 왕국은 서프랑크, 중프랑크, 동프랑크로 나뉜다. 중프랑크 왕국이 사라지면서 서프랑크와 동프랑크가 남는데, 각각 프랑스와 독일의 전신이다. 동프랑크 왕이 신성로마 제국 황제가 된다. 프랑크 왕국의 남부 이탈리아반도에는 교황국가(크게 보면 동프랑크에 속함)가 있고, 교황국가 남쪽은 비잔틴 제국 소속이다가 11세기에 노르만 사람들에게 넘어간다.

에서 여러 번이나 나뉘었다 통합되기를 거듭했다. 왕국을 나누어 상속하는 것은 프랑크 왕국의 관습이었다. 이들은 843년의 조약(베르됭 조약)을 통해 제국을 서부, 중부, 동부의 셋으로 나누었다. 중프랑크를 물려받은 사람이 자식 없이 죽자 이 부분이 다시 분할되어 서프랑크와 동프랑크로 나뉘었다.

동프랑크 왕국을 물려받은 오토 1세Otto I(재위 936~973)에게 당시 교황이 도움을 기대하고 로마 황제로서의 대관식을 베풀어 주었다. 이 일을 계기로 오토의 후손들은 스스로 황제라는 명칭을 사용하게 되었다. 오토는 이탈리아 북부를 강제로 합병해서 제국에 편입시키기는 했으나, 이 지역을 완전히 통합하지는 못했다. 오토는 로마 황제라는 자신의 호칭을 동로마 제국에 맞서는 서로마 제국 황제라는 뜻으로 받아들이고, 서로마 제국의 부활을 시도했다.

오늘날의 눈으로 보면 실질적으로 국가라고 부르기도 어려운 것이었지만, 어쨌든 오토의 제국은 중세 이후로 줄곧 역사에 등장한다. 신성로마 제국이라는 이름도 당대에 즉시 얻은 것이 아니었다. 11세기 문헌에서 처음으로 동프랑크 왕국이 '도이치 사람들의 왕국Regnum Teutonicum(=독일 왕국)'이라고 불렸고, '신성로마 제국'이라는 이름은 12세기 문헌에 처음으로 등장한다. 그러나 어찌 되었든 후세에 이르러 동프랑크 왕국에서 나온 이 제국은 '도이치 사람들의 신성로마 제국'이라 불리게 되었다.

그래서 카를 대제의 시대가 지난 다음, 중세와 그 이후를 다룬 서양 역사책에 등장하는 '황제', 또는 '독일 황제', '(신성)로마 황제' 등은 모두 같은 사람을 가리키는 말이다. 때로는 한 사람이 먼저 (독일) 왕이 되고, 나중에야 황제가 되는 경우도 많았으니(카를 대제도 먼저 프랑크 왕국의 왕이다가 나중에 황제가 되었다) 이들의 호칭은 왕이다가 황제이다가 오락가락하기 마련이다. 우리로서는 매우 헷갈리는 일이기는 해도 현실이 그렇다. 또한 우리 생각처럼 황제가 꼭 왕보다 강력한 권한을 지녔다고 볼 수 없다는 점도 이해하기 쉽지 않다. 종류가 다른 권한이었기 때문이다.

이 골치 아픈 신성로마 제국은 한때 전성기에는 명목상 상당한 영토를 차지하기는 했으나 황제가 실질적인 통치권을 제대로 행사한 경우는 드물었다. 따라서 현대적인 의미에서의 국가는 아니고, 황제와 제국

오토 1세는 교황에게서 로마 황제의 대관식을 받은 뒤로 서로마 제국의 부활을 시도했다. 오토 1세를 묘사한 스테인드글라스, 12세기, 스트라스부르, 스트라스부르 대성당Cathédrale Notre-Dame de Strasbourg.

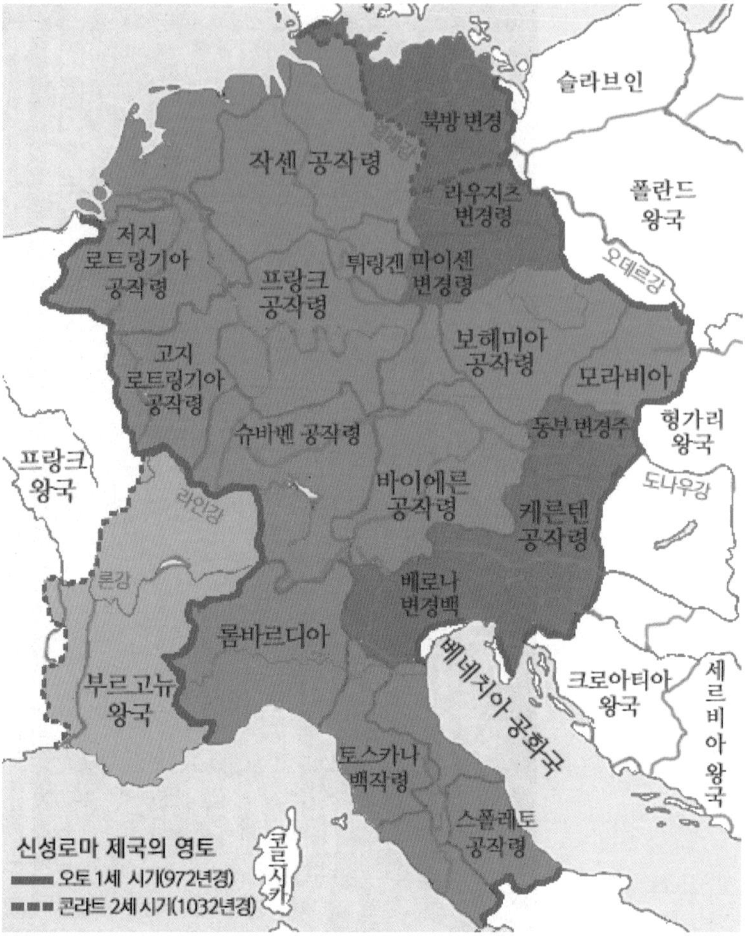

오토 1세 시기의 영토(붉은색 실선). 오토는 독일(동프랑크) 왕이자 이탈리아 왕이고, 또한 962년 이후로는 신성로마 제국 황제이기도 했다.

의회 의원들로 구성된 복잡한 봉건적 조직체였다. 황제는 실권은 없어도 명목상으로는 수많은 봉신들 위에 있는 봉건영주였다.

게다가 시간이 흐르면서 차츰 신성로마 황제는 혈통에 의해 세습되지 않고 선거를 통해 추대하는 방식으로 결정되었다. 물론 오늘날 우

신성로마 제국을 상징하는 문장紋章은 처음에는 머리 하나 가진 독수리였다가 머리 두 개 가진 독수리로 바뀐다. 알브레히트 알트도르퍼Albrecht Altdorfer, <막시밀리안 황제의 개선 행진Triumphzug Kaiser Maximilians>, 1513~1515년, 빈, 알베르티나Albertina.

리가 생각하는 보통선거는 아니고, 선거권을 가진 성직자와 영주(선제후)들이 모여서 황제를 선출했다. 1077년에 처음으로 선거로 뽑힌 왕, 또는 황제가 등장했다. 그 이후로는 혈통보다는 선거가 더 중요하게 되었다.

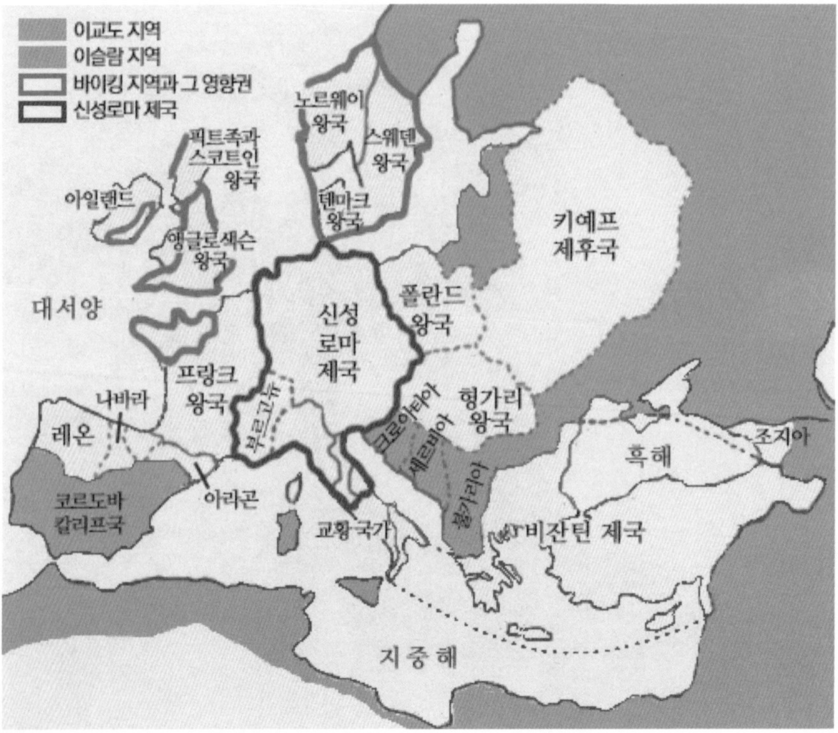

1000년경 신성로마 제국과 바이킹 세력.

13세기에는 선제후들이 선거로 왕을 추대하는 방식이 자리를 잡았다. 선제후들은 강력한 왕을 뽑을 생각이 없었다. 어떤 집단의 이익이 개입되지 않는 한 선제후들은 경제적 배경이 없는 '작은 백작'을 왕으로 추대하곤 했다. 이런 전통은 뒷날 7명 선제후 중 다수가 합스부르크 가문의 통치 아래로 들어가면서 바뀌게 된다. 1439년부터 제국의 마지막까지 거의 합스부르크 가문 출신이 계속 황제가 되었다.

어쨌든 거의 이름뿐인 이 제국은 1806년에 해체되기까지 독일(+오스트리아)과 이탈리아의 역사에서 상당한 역할을 하기 때문에 모르면 곤란하다. 주로 두 나라에서 현대적인 통일국가가 나오기 힘들게 만드는 역할을 했다. 신성로마 제국이 해체되고 난 다음 19세기에 비로소 독일에서 현대적인 통일국가가 등장했고(1871) 이탈리아도 마찬가지였다(1861).

독일 왕을 선출한 선제후들Kurfürsten

1356년의 〈황금칙서Goldene Bulle〉는 선제후 집단principes electores을 다음과 같이 7명으로 확정하고 있다(이는 나중에 9명으로 늘어났다).

- 성직자 3명: 마인츠 대주교, 쾰른 대주교, 트리어 대주교
- 세속 영주 4명: 보헤미아 왕, 라인 지역 궁정백작, 작센 공작, 브란덴부르크 변경백작

제2부

중세 전성기

1000~1300

11

노르만 기사들의 정복 이야기 1: 정복자 윌리엄, 잉글랜드 왕이 되다

서자 윌리엄이자 정복자 윌리엄

노르만 기사들 중 가장 유명하고 윤곽도 뚜렷한 인물은 노르망디 공작으로서 잉글랜드 왕이 된 윌리엄 1세William I(1027~1087)다. 그는 당시 관습대로 별명을 지녔는데, 그것도 유명한 별명을 2개나 가졌다. 노르망디 공작이던 그는 먼저 '서자 윌리엄William the Bastard'이라는 이름으로 널리 알려졌다. 나중에 얻은 다른 별명은 '정복자 윌리엄William the Conqueror'이다. 윌리엄은 영어 이름이고, 그가 사용하던 프랑스 말로는 '기욤Guillaume'이다.

아버지 로베르 1세는 1034년에 예루살렘으로 순례여행을 떠나기로 결심했다. 20대 한창 나이인데도 자기가 이 멀고 험한 여행에서 살아 돌아오지 못할 경우에 대비해서 봉신들을 설득해 이제 겨우 일곱 살 된 아들 윌리엄을 봉건영주로 받들겠노라는 맹세를 받아냈다. 또한 출발에 앞서 프랑스 카페Capet 왕조의 앙리 1세에게서도 윌리엄을 후계 공작으로 삼겠다는 승인을 받았다. 노르망디 공작인 그는 프랑스 왕의 봉신이었으니 아들의 승계를 위해서는 왕의 승인이 필요했던 것이다.

서자bastard

롤로의 직계후손으로 노르망디 공작이던 로베르 1세는 기독교 방식의 결혼을 하지 않고 헤를레바Herleva 또는 아를레트Arlette라는 여인과의 사이에서 아들 윌리엄을 얻었다. 바이킹 관습으로 보면 윌리엄은 아무 문제 없는 적자였지만, 교회의 축복을 받지 않은 혼인에서 태어났다는 이유로 '서자'라는 딱지를 얻었다. 롤로 이후로 윌리엄의 아버지에 이르기까지 무려 4대에 걸쳐 이런 서자들이 노르망디 공작 작위를 물려받았다. 따라서 윌리엄은 '서자'라고 불리긴 했어도 공작 작위를 물려받는 데는 아무 문제가 없었다.

아버지는 순례여행을 떠나기 전에 윌리엄의 어머니인 젊은 헤를레바에게 친구이며 충신인 헤를루인Herluin과 혼인하라는 명령을 내렸고, 그에 따라 두 사람은 혼인했다. 우리로서는 이해하기 어려운 노릇이지만 바이킹 관습으로는 아무 문제가 없었다. 로베르 1세는 이를 통해 아들의 든든한 후원자 한 명을 더 얻었다. 어머니는 이 혼인에서 두 아들을 더 두었는데, 그중 한 명이 뒤에 나오는, 바이외의 주교 오도Odo de Bayeux다.

이렇듯 아버지는 아들을 위해 필요한 모든 법적 조치를 미리 해두었다.

순례여행을 떠난 아버지는 귀국하지 못하고 이듬해 여행 도중에 세상을 떠났다. 아버지가 미리 여러 보호 장치를 마련해 두었는데도 어린 공작의 장래는 불안하기 이를 데 없었다. 노르망디 공작의 작위나 영토를 노리는 사람이 사방에 많았기 때문이다.

그를 보살피던 사람들은 차례로 이유도 모른 채 죽거나 살해당했다. 그의 외삼촌은 늘 조카와 함께 잠을 자면서 그를 지키고 자주 그와 함께 도망을 다녔는데 외삼촌도 암살당했다. 이 기간에 노르망디에는 이런저런 소요사태가 잦았다. 그야말로 위태로운 시간이었다. 다만 봉건 영주인 앙리 왕만은 윌리엄의 공작 직위를 계속 후원했기에 이것이 든든한 도움이 되었다. 윌리엄은 간신히 위태로운 어린 시절을 견디고 살아남았다. 하지만 아직도 시련은 끝이 아니었다.

1049년에 서자 윌리엄은 플랑드르 백작의 딸 마틸드Mathilde de Flandre와 혼인했다. 플랑드르 백작도 롤로의 직계후손이라 두 사람은 가까운 혈족이었다. 그래서인지 교황 레오 9세는 이 혼인을 인정하지 않고 오히려 이들 두 사람과 노르망디 전체에 파문령을 내렸다. 윌리엄에게는 심각한 타격이었다. 10년을 견디고 나서 1059년에 니콜라우스 2세가 교황이 되면서 이들의 혼인을 인정해 주었다. 부부는 교황의 너그러움에 대한 감사의 뜻으로 캉Caen 요새의 동쪽과 서쪽에 각기 여자 수도원과 남자 수도원을 세웠다. 그 뒤로 윌리엄은 교회와 각별한 관계를 맺는다.

결혼하기 2년 전인 1047년에 스무 살이던 윌리엄은 명목상 이미 노르망디 공작이었지만 세력은 아직 견고하지 못했다. 공작령을 차지하려는 야망을 지닌 사촌이 일으킨 폭동으로 그는 거의 무너질 뻔했다. 이어서 또 다른 위기들이 거듭되었다. 1060년까지 14년 동안 그는 거의 끊임없이 온갖 전쟁을 겪었다. 프랑스 왕과 앙주 백작의 합작 공격까지 막아내고 나서야 마침내 윌리엄은 확고한 승리를 거두었다. 이제 그는 프랑스 북부에서 아무도 넘볼 수 없는 강자로 우뚝 섰다. 많은 전쟁 경험과 힘을 갖춘 강력한 노르망디 공작이 된 것이다.

어린 시절부터 숱한 위기를 견디고 살아남은 그는 이제 천하무적의 기사 영웅이었다. 선대先代 공작들과는 달리 그는 아내 이외의 여자관계가 없었고, 음식과 술도 절제했다.

공작은 공국 안에서 통용되는 법을 발령하고, 돈을 찍어낼 수 있었으며, 특정한 세금을 매길 수도 있었다. 노르망디 공작은 자신의 통치

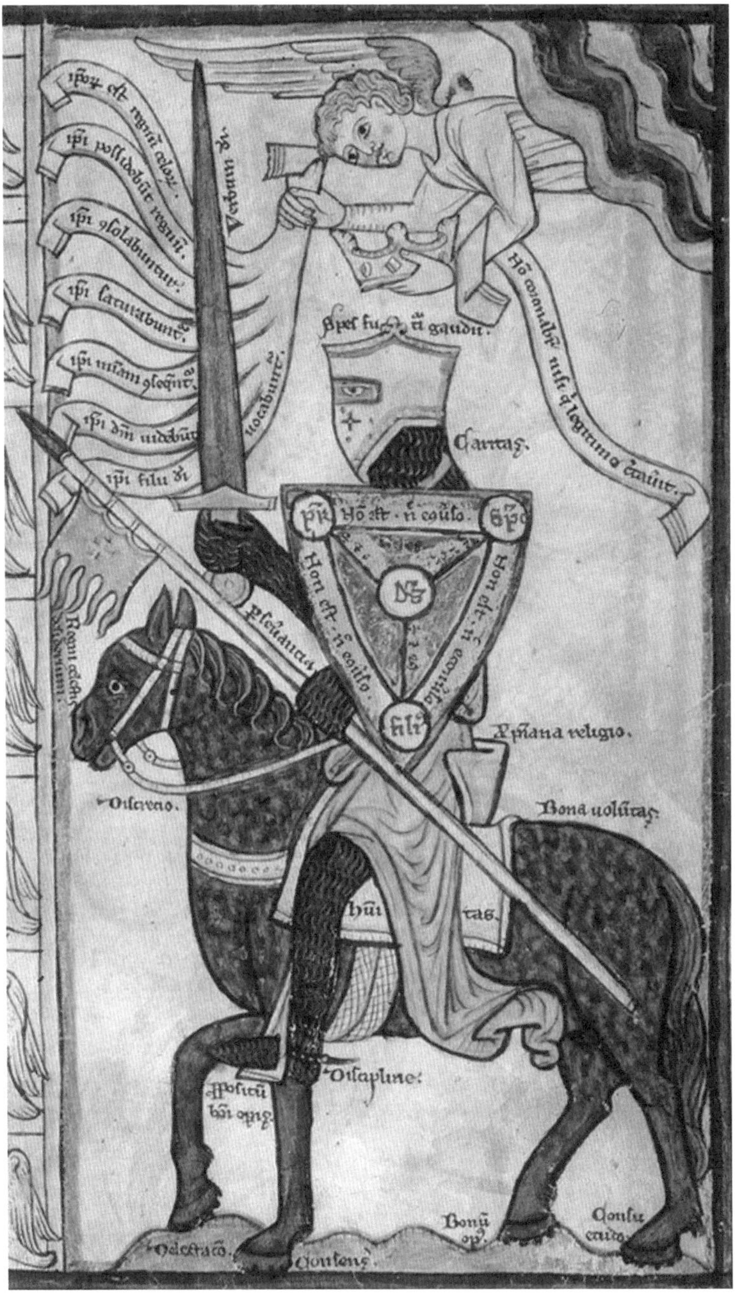

노르만(바이킹) 기사들은 어디든 봉건영주를 따라가서 전쟁을 통해 영토와 부를 잡을 기회를 노렸고 엄청난 성공을 거두었다. 그들의 마음을 움직인 것은 기사도가 아니라 권력욕이었다. 하지만 이들은 놀라운 신앙심을 보이기도 했다. 『수마 비티오룸(모든 악덕들) Summa Vitiorum』, 할리 필사본Harleian Manuscripts 3244번, 27-28장, 13세기 중반, 런던, 영국 국립도서관British Library.

권을 강화하기 위해 봉건귀족들을 행정에 동원했다. 충실한 신하들을 공국의 새로운 백작과 자작들로 만들어 영지와 통치권을 주고, 필요할 때면 그들의 군사력을 이용하는 방식이었다. 또한 정복전쟁에서 공을 세운 충신에게는 장차 봉토를 주겠노라고 미리 약속할 수도 있었다. 이는 봉건 제도의 핵심이다.

봉건 제도 Feudalism

봉건영주와 봉신(=봉건신하)의 관계는 여기서 보듯이 군주가 충신에게 영토 및 통치권을 주는 것으로 시작된다. 봉신은 자신의 영주에게 충성하는 것이 가장 중요한 의무였다. 평소에는 자신의 봉토를 다스리지만, 영주가 전쟁을 일으키면 봉신은 자신이 그동안 양성한 병사들을 이끌고 영주의 전쟁에 나가 싸워야 했다. 모든 전쟁 경비는 봉신이 자체 충당했다. 당시 말이 몹시 비쌌기 때문에 기사부대를 거느리기 위해서는 많은 돈이 들었다.

봉토는 세습되지 않는 것이 원칙이었으나, 충성스런 봉신이라도 세력이 강해지면 봉토를 도로 내놓지 않고 아들에게 물려주었다. 물론 법적으로 영주의 승인이 필요했다. 왕이 공작에게 영토를 나누어주고, 공작이 다시 자신의 영토를 자기 아래 백작과 자작들에게 나누어주었으니, 시간이 흐르면서 몹시 어지러운 영토권 문제를 만들어냈다. 또한 같은 영주를 섬기는 봉신끼리는 전쟁을 해서는 안 되었지만, 이 또한 매우 쉽게 위반되었다. 다만 거대한 영토에 단일한 행정을 펼치기가 힘들던 중세 시대에 봉건 제도는 영토의 구석구석까지 통치를 가능하게 해주었다.

봉건제 아래서는 시간이 흐르면서 자연스럽게 수많은 나라들이 등장하게 된다. 왕국, 공작령(=공국), 백작령(=백국), 자작령 등이다. 그 결과 통일국가를 이루려면 이들 자잘한 봉건영주들을 정리하는 일이 꼭 필요했다. 이는 쉽게 이루어지기 어려운 일이었다. 독일과 이탈리아의 통일이 그토록 늦어진 것은 바로 이렇게 잘게 나뉜 통치권 탓이 컸다.

1057년 이후로 1066년까지 윌리엄은 공국을 단단히 다져서 마침내 다른 나라를 넘볼 수 있을 만큼 당당한 위치에 이르렀다. 힘든 과정을 견디고 뛰어난 영주가 된 만큼 그는 야망도 크고 욕심도 많았다. 1066년에는 그의 궁정 안에서 강력한 관직들이 탄탄히 자리를 잡았고 가장 믿을 만한 충신들이 그 자리를 지키고 있었으니, 그는 섭정들에게 공국을 맡기고 어디로든 정복전쟁을 떠날 수 있었다.

섭정Regent

아버지가 없는 동안 충신들이 힘을 합쳐 어린 공작 윌리엄을 보호하고 그를 대신해 공작령의 통치를 맡았다. 이들이 바로 중세 기사문학에 자주 등장하는 섭정이다. 섭정은 (어린 또는 여성) 군주를 보호하면서 대신 통치하거나, 군주가 떠나 있는 동안 나라를 통치하는 충신을 가리키는 말이다.

잉글랜드의 왕 에드워드

한편 잉글랜드에서는 1042년부터 덴마크 계열 왕의 뒤를 이어 앵글로색슨 계열인 에드워드 고해告解왕Edward the Confessor이 통치를 했다. 하지만 그에게는 왕위를 물려줄 자식이 없었다. 왕이 되기 전 대부분의 기간을 노르망디 공작령에서 살았던 에드워드는 노르망디의 행정 구조를 모범으로 삼고 중요한 관직에 노르만 사람들을 앉혔다.

그러자 왕의 장인으로 잉글랜드에서 가장 강력한 백작인 고드윈Godwin of Wessex의 지휘 아래 잉글랜드 귀족들이 왕에 맞서 반란을 일으켰다. 에드워드 왕은 반란을 진압하고 1051년에 주동자인 장인 고드윈 백작을 추방했다. 고드윈은 플랑드르에서 1년을 보냈다. 고드윈이 잉글랜드를 떠나있던 이 기간에 노르망디 공작 윌리엄이 아버지의 사촌인 에드워드 왕을 방문했다. 이때 에드워드는 공작에게 잉글랜드 왕권을 물려주겠노라고 약속했다고 한다. 이는 물론 확인하기 어려운 말이다.

하지만 쫓겨난 고드윈이 이듬해 아들과 힘을 합쳐 군대를 이끌고 잉글랜드로 돌아와서 허약한 왕의 함대를 포위해 버렸다. 에드워드는 장인을 웨식스 백작 자리에 복귀시키는 수밖에 없었다. 머지않아 고드윈이 죽자 그 아들(=에드워드 왕의 처남) 해럴드 고드윈슨Harald Godwinson이 아버지의 뒤를 이어 잉글랜드의 가장 강력한 백작이 되었다. 에드워드 왕이 말년에 병에 걸리자 처남인 해럴드 백작이 실질적으로 잉글랜드를 통치했다.

해럴드 백작의 맹세

거의 죽어가던 에드워드 왕은 1064년에 처남 해럴드 백작을 노르망디로 파견했다. 무슨 일로 파견했는지에 대해서는 연대기 기록자들의 기록이 엇갈린다. 어쨌든 해럴드가 해협을 건널 때 배가 난파하면서 부하들이 여럿 죽고 해럴드 자신은 프랑스 백작의 포로로 붙잡혔다. 노르망디 공작 윌리엄은 그가 포로로 잡혔다는 소식을 듣고 곧바로 부하 백작에게서 해럴드를 넘겨받아 자신의 거처로 데려왔다. 윌리엄 공작은 해럴드에게 친절한 태도를 보였고, 두 사람은 사이가 좋았다고 한다.

하지만 머지않아 윌리엄의 진짜 속셈이 드러났으니, 그는 해럴드에게서 충성 맹세를 받아내려고 했다. 잉글랜드 왕권을 눈앞에 두고 있던 해럴드는 노르망디 공작에게 충성을 맹세할 생각이 눈곱만큼도 없었다. 그랬다간 잉글랜드 왕위를 뺏길 것이기 때문이다. 하지만 포로 신세에서 풀려나려면 바이외Bayeux 대성당에서 윌리엄에게 충성 맹세를 하지 않을 수 없었다. 다만 이렇듯 강요된 억지 맹세가 장차 효력이 있을지는 의문이었다.

하지만 윌리엄도 이 문제에 대비했다. 윌리엄은 노르망디의 거룩한 성聖유물을 모조리 모아서 커다란 상자에 담고 보를 덮어 제단 아래 감추어 두었다. 해럴드가 맹세의 말을 내뱉는 순간, 윌리엄은 성유물 덮은 보를 걷어서 상자에 가득 담긴 거룩한 유골들을 해럴드에게 보여주었다.

그러니까 해럴드는 성유물 앞에서 충성 맹세를 한 셈이었다. 이렇게 거룩한 증인 앞에서 한 맹세는 되돌리기가 어려운 일이었으니, 윌리엄은 이를 통해 당시의 봉건 세계와 교회와 심지어 하늘나라까지 모두를 제 편으로 삼아버린 것이다. 해럴드는 아마도 이쯤에서 잉글랜드 왕권을 향한 야망을 포기하는 편이 좋았을 것이다. 하지만 권력을 향한 야망을 쉽사리 포기하는 권력자는 드물다. 어쨌든 해럴드는 윌리엄 공작에게 충성 맹세를 하고 나서야 겨우 풀려나 잉글랜드로 돌아갈 수 있었다.

헤이스팅스 전투(1066)

앞에서 보았듯이, 에드워드 고해왕은 해럴드 백작과는 혼인으로 연결된 비교적 가까운 친척이었고, 윌리엄 공작에게는 오촌 당숙이었다. 따라서 두 사람 모두 왕권을 노릴 만했다. 1066년 1월 5일에 에드워드 왕이 자식 없이 죽으면서 해럴드 백작을 후계자로 추천했다. 에드워드가 후계자를 지명할 권한이 없었기에 추천만 했던 것인데, 잉글랜드 귀족들은 그의 추천을 달갑게 받아들였다. 에드워드 왕의 유해가 새로 지은 웨스트민스터 수도원에 안치되던 그날로 해럴드의 대관식이 거행되

에드워드 고해왕과 웨스트민스터Westminster

에드워드는 독실한 신앙심을 가진 사람이었는데, 젊은 시절 성지聖地 예루살렘으로 순례여행을 하겠노라 맹세한 적이 있었다. 나이가 들자 자기가 이 맹세를 지킬 수 없음을 깨달았다. 그는 교황에게 편지를 보내 자신이 거짓 맹세의 죄를 지었노라고 고백했다. 참회의 뜻으로 교회 하나를 지으라는 과제를 받았고, 그는 런던 서편 소니Thorney섬에 성 베드로 사도교회를 지었다.

이것이 나중에 웨스트민스터 수도원이 된다. 그는 결혼을 했지만 신앙심에서 "수도사처럼" 살았기에 자식 없이 죽었다. 운명의 해인 1066년 1월에 죽어서 막 완성된 웨스트민스터 수도원 교회의 중앙제단 뒤에 묻혔다. 1161년에 에드워드는 성인聖人으로 선포되었다.

었고 그는 이제 잉글랜드 왕이 되었다.

노르망디 공작 윌리엄은 에드워드 왕에게서 약속받았다는 잉글랜드 왕권을 포기할 생각이 없었다. 그는 교황에게 청원 편지를 보냈고, 교황은 충성 맹세를 하고는 지키지 않은 해럴드와 그의 협조자들을 파문한다는 교서를 노르망디로 보내주었다. 또한 윌리엄 공작을 위해 교황이 축복한 전투 깃발 하나, 성 베드로의 머리카락과 이빨이 담긴 다이아몬드 반지 하나도 보냈다. 교황과 교회가 윌리엄 편이 된 것이다.

서자 윌리엄은 신하들에게 땅과 지위 등 봉건제 아래서의 온갖 특권을 주거나 약속하면서 1066년 여름의 정복전쟁을 위한 준비를 착실히 진행했다. 잉글랜드 정복을 위해 전투부대 7천 명과 허드렛일을 담당할 1천 명을 모았다. 잉글랜드 해안에 상륙하면 곧바로 건설할 보루까지 미리 제작해서 운반하기로 했다. 동시에 물자와 사람을 수송할 배

700척도 건조했다. 이 배들은 동일한 설계도에 따라 대량생산되었다. 당시로서는 놀라운 대규모 작전이었다.

하지만 노르웨이가 노르망디보다 선수를 쳤다. 역시 잉글랜드 왕위를 노리던 노르웨이 왕 냉혹한 하랄드Harald Hardrada가 윌리엄보다 먼저 잉글랜드로 쳐들어온 것이다. 노르웨이군은 300척의 배를 타고 잉글랜드 북부 요크York 근처에 상륙해서 그 지역 해안을 지키던 잉글랜드 부대를 공격했다.

잉글랜드의 해럴드 왕은 이 소식을 듣자 동원할 수 있는 병사를 모조리 그러모아 놀라운 속도로 북쪽으로 달려갔다. 거의 휴식도 없이 9월 25일에 요크의 동쪽 스탬퍼드 다리Stamford Bridge에서 벌어진 대전투에서 노르웨이군을 격파했다. 노르웨이 왕은 전사하고, 왕을 잃은 적군은 그날로 고향으로 돌아갔다.

잉글랜드 왕 해럴드의 은화(왼쪽, 런던의 영국박물관 소장)와 노르망디 공작 윌리엄의 인장(오른쪽, 런던의 영국 국립도서관 소장). 윌리엄 공작은 헤이스팅스 전투에서 해럴드 왕의 군대를 물리치고 잉글랜드 왕위에 오른다. 서자 윌리엄이라 불리던 그는 이후로 정복자 윌리엄이라는 새 별명을 얻는다.

오늘날 헤이스팅스 전투를 재현하는 모습. ©Antonio Borrillo

하지만 그 사흘 뒤인 9월 28일에 윌리엄 공작이 잉글랜드 남부에 상륙했다. 전날인 27일에 노르망디 솜강의 생 발레리St. Valéry를 출발해서 순풍을 타고 성공적으로 항해를 마치고 잉글랜드에 도착한 것이다. 나침반은 물론 없이, 달도 별도 없는 밤에 항해했는데도 배 700척 중 겨우 2척만을 잃고 모두 무사히 상륙했다. 이때 침몰한 배에는 원정대의 점술가도 타고 있었다. 윌리엄은 이렇게 말했다고 한다. "별로 큰 손실도 아닌걸. 제 운도 못 알아보는 놈이니 말이지." 윌리엄은 헤이스팅스Hastings를 굽어보는 유리한 자리에 미리 준비해온 보루를 설치했다.

북쪽에서 방금 노르웨이 군대를 물리친 해럴드 왕은 윌리엄의 공격 소식을 접하자, 전투의 피로도 풀지 못한 채 병사들을 수습해서 다시 최고 속도로 런던으로 돌아왔다. 그리고 가능한 인력을 모조리 모아 서둘러 새로운 전투를 준비했다.

왕의 친위대는 선별된 사람들이었다. 근육이 발달한 덩치들로 가죽

조끼를 입고 손가락에는 쇠반지를 여러 개나 꼈다. 이들은 두 손으로 잡는 막강한 전투용 도끼를 휘둘렀다. 그에 반해 훈련도 되지 않은 자유농민 병사들은 잡히는 것은 무엇이든 닥치는 대로 들었다. 창, 손도끼, 심지어 낫까지 들었다. 유감스럽게도 궁수는 없었다. 어쨌든 해럴드 왕도 헤이스팅스에 도착해 나직한 언덕에 좋은 위치를 잡았으나, 잉글랜드 병사들은 앞선 전투와 거듭된 강행군으로 모두 지칠 대로 지쳐 있었다.

10월 14일에 윌리엄이 공격에 나섰다. 전투는 어느 편이 우세하다고 말하기 어려울 정도로 막상막하였다. 마지막에 육탄전이 벌어졌고, 결국 노르망디 군대가 잉글랜드 방어군을 아슬아슬하게 돌파했다. 이 전투에서 해럴드 왕과 두 형제가 노르만 기사들의 손에 전사했다. 윌리엄은 나중에 해럴드 왕이 쓰러져 죽은 바로 그 자리에 거대한 기념교회를 건설하게 했다. 이것이 배틀 수도원Battle Abbey이다.

1066년 10월 14일은 역사를 결정한 하루에 속한다. 이날 노르만 군대는 전투만이 아니라 전쟁 자체도 이겼다. 잉글랜드의 해럴드 왕과 형제들이 모조리 죽으면서 앵글로색슨 지도자들은 패배했고, 이제 잉글랜드에 윌리엄의 왕위계승을 막을 세력은 없었다. 헤이스팅스 전투가 벌어지고 한 달 뒤에 윌리엄은 런던으로 입성하여 그해 크리스마스에 잉글랜드 왕위에 올랐다. 그리고 '정복자 윌리엄'이라는 별명을 얻었다.

잉글랜드, 새로운 노선을 취하다

노르망디 공작이 잉글랜드 왕이 된 이 사건은 특히 잉글랜드 역사에 많은 영향을 남겼다. 정복자 윌리엄은 좋은 의미와 나쁜 의미에서 매우 개성이 강한 사람이었으니 그의 흔적이 뒤에 남지 않을 수 없었다.

먼저 프랑크 공작과 그의 충실한 신하들이 잉글랜드의 지배 계층이

정복자 윌리엄이 잉글랜드 왕이 되고 나서 건설한 요새 화이트 타워(삽화의 흰색 건물, 노르만 건축 양식). 오를레앙 공작 샤를Charles, Duke of Orléans의 필사본 시집 삽화(MS Royal, 16 folio 73), 15세기, 런던, 영국 국립도서관.

현재 런던탑 화이트 타워의 모습. ©Stephan Brunker

되면서 무엇보다도 프랑스 말이 영어로 많이 들어왔다. 특히 통치, 입법, 행정 등의 영역에서 그랬다. 그 밖에 문화, 문학, 건축 등의 분야에도 프랑스의 흔적이 많이 남았다. 거의 150년 동안이나 프랑스어가 궁정 언어로서 상류층의 언어가 되었다.

윌리엄은 21년간 잉글랜드 왕위에 있다가 1087년에 죽었다. 그는 자기를 후원한 프랑크 귀족들에게는 약속대로 큰 영토를 선물했다. 하지만 잉글랜드 전사자들의 아내나 아들들은 매우 많은 돈을 내고 자기들의 영토를 도로 사들여야 했다.

그런 다음 왕은 나라의 방어에 주력했다. 그 자신이 남의 나라를 정복해 차지한 사람인 만큼, 방어가 얼마나 중요한지 아주 잘 알고 있었다. 런던탑Tower of London을 건설했고, 그것 말고도 템스 강변을 따라 요새를 세 군데나 더 건설했다. 바이킹의 침입을 막기 위해서였다. 그

런던탑(화이트 타워)

윌리엄이 건설한 요새들 중 런던시에 지은 것이 바로 런던탑으로, 원래 이름은 화이트 타워White Tower였다. 노르만 베네딕트 수도원 소속인 수도사 군둘프Gundulf가 이 건축을 맡아 런던에 '노르만 양식'의 요새를 건설했다. 윌리엄과 군둘프는 악명 높은 바이킹 공격을 당할 생각이 없었다. 그러니까 물길을 통해 올라온 적에게 공격당하고 약탈당할 생각이 없었다. 그게 바로 바이킹 해적들의 약탈 방식이었으니 말이다. 그래서 그들은 강변에 튼튼한 요새인 화이트 타워를 지었고, 이것이 오늘날 런던탑의 핵심 부분이다. 이 탑은 방어용 요새이면서 동시에 안락한 거주지의 기능도 지녔다.

이곳이 거주 기능도 지녔기에 뒷날 왕과 왕족들의 감금과 처형이 이루어진 장소라는 끔찍한 명성을 얻었다. 장미전쟁 때 에드워드 4세는 적수인 헨리 6세를 이 탑에서 처형했다. 에드워드가 죽은 다음 그의 동생 리처드 3세는 에드워드의 어린 아들들을 여기서 암살하고 스스로 왕위에 올랐다. 헨리 8세는 두 아내 앤 불린과 캐서린 하워드를 화이트 타워에서 처형했다. 엘리자베스 1세 여왕은 처녀 시절 이 탑에 갇혔다가 이복언니 메리 여왕의 특사로 간신히 이 죽음의 성에서 풀려나 여왕이 되었는데, 그야말로 아슬아슬한 운명이었다.

자신이 바이킹의 후예였지만 이제는 바이킹 용사들로부터 자기 나라를 지켜야 했다. 그의 예를 따라 도처에 수많은 성들과 요새들이 건설되었다. 그가 죽은 다음 그의 연대기를 기록한 앵글로색슨 사람은 이렇게 적었다. "그는 요새들을 건설했으니, 가난한 사람들에게는 부담이 컸다."(Mogens Rud, *Der Teppich von Bayeux und die Schlacht bei Hastings 1066*, p.98.)

윌리엄은 잉글랜드 왕이 되고 나서도 신하들을 거느리고 노르망디로 돌아가 프랑스 땅의 영토를 넓히려고 프랑스 왕 필리프와도 전쟁을 벌였다. 이 전쟁으로 수많은 사람이 전사했지만 별 성과는 없었다. 건축과 전쟁 모두 돈이 많이 드는 일이었다. 당시의 노르만 통치자들이 흔히 그랬듯이 그도 세금을 거두어들이는 일에 몹시 열성이었다. 그러

정복자 윌리엄이 얻은 영토(1066)와 그 이후로 추가된 영토들. 윌리엄이 잉글랜드 왕위에 오르면서 바이킹 시대는 실질적인 종말을 맞았다.

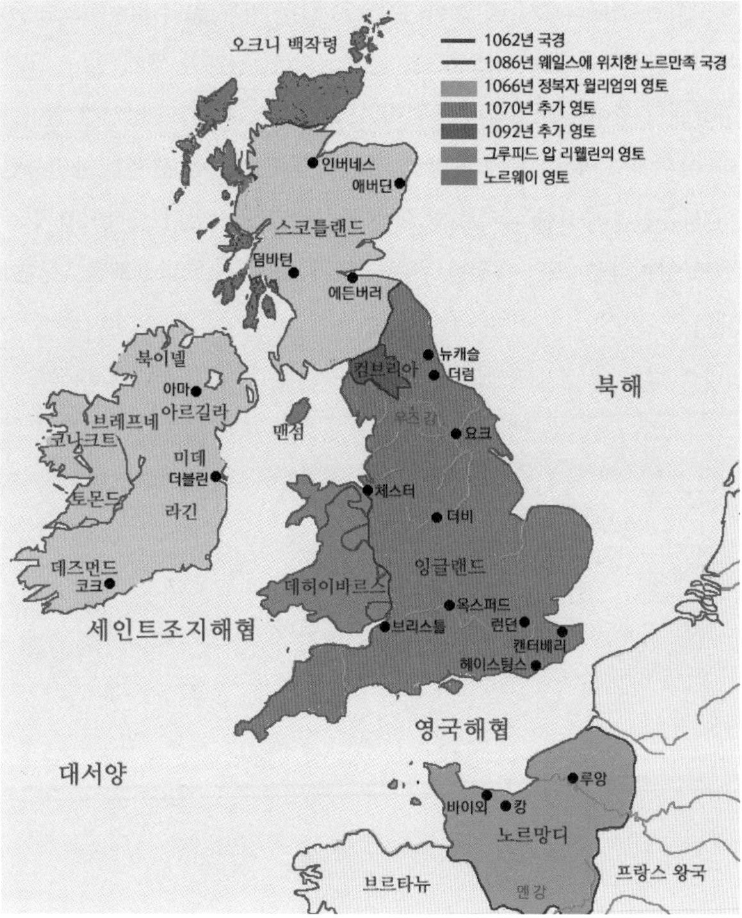

려면 정확한 통계와 행정이 필요했다.

그래서 그의 시대에 잉글랜드의 인구 및 재산 상태에 대한 상세한 기록이 나왔다. 이 기록은 원래는 '왕의 두루마리King's Roll'라 불리는 것이지만, 자주 '최후의 심판 책Domesday Book'이라고도 불린다. 마치 최후의 심판을 위한 것처럼 그 무엇 하나 빼지 않고 기록했다는 뜻이다. 모든 지역의 지주와 주민, 가축 통계가 나왔다. 덕분에 토지 소유권과 지주들의 서열 등이 정비되었다. 잉글랜드는 정밀한 통계에 기초한 중앙집권 국가로 바뀌었다.

고립된 섬나라로서 북방 바이킹들의 영향 아래 있던 잉글랜드는 정복자 윌리엄 이후로는 프랑스와 더욱 긴밀한 관계를 맺게 된다. 그가 잉글랜드 왕이자 노르망디 공작이었으니 이는 너무나도 당연한 일이었다. 이후에도 잉글랜드는 프랑스, 벨기에 등과 가까운 관계를 유지하면서 서유럽의 주요한 국가로 등장한다. 하지만 노르망디 공작이자 잉글랜드 왕이라는 그의 특별한 위치는 또 다른 역사적인 문제를 만들어 낸다.

12

〈바이외의 자수벽걸이〉, 세계 최초의 역사 만화

정복자 윌리엄 이야기를 다룬 자수벽걸이

정복자 윌리엄의 정복 이야기는 문헌 기록 말고도 프랑스 노르망디의 바이외 자수박물관Musée de la Tapisserie de Bayeux에 전시된 〈바이외의 자수벽걸이(태피스트리)Bayeux Tapestry〉에 상세히 기록되어 있다. 이는 70미터가 넘는 긴 천에 수를 놓아 만든 기록물이다. 폭이 약 50센티미터이며, 가운데에 중심 내용을 담고 상단과 하단을 가는 띠로 나누어 따로 장식을 넣었다.

가운데 중심 내용 부분에 정복자 윌리엄의 이야기가 시간순으로 자수 그림으로 기록되어 있고, 여기에 라틴어로 설명까지 붙여서 오늘날의 관점으로 보면 역사 만화와 비슷하다. 단 이 자수 기록은 여성 인물이 몇 명 없는, 거의 남성들만의 역사 기록이다.

주요 등장인물

노르망디 공작인 정복자 윌리엄과, 잉글랜드 백작으로 나중에 왕위에 오르기는 하지만 금방 죽은 해럴드 고드윈슨이 전체 벽걸이의 주인공이다. 또 한 명의 주요 등장인물은 바이외의 오도 주교인데, 그는 윌리엄 공작의 이부異父동생으로, 형에 의해 바이외 주교로 임명되었다. 윌리엄이 잉글랜드를 정복한 다음에는 켄트Kent 백작이 된다.

여기서 해럴드 고드윈슨은 키 크고 몸매 날씬한 금발의 호남으로 등장한다. 당시 앵글로색슨의 관습대로 콧수염을 기른 해럴드는 자주 매 사냥꾼의 모습으로 그려져서 손에 매를 들고 있다. 정복자 윌리엄은 큰 키에 짙은 색깔 머리카락을 지녔다. 두 사람 모두 바이킹 출신의 키 크고 서글서글한 호걸의 모습이다.

언제 어디서 만들었나?

이 벽걸이는 1077년에 봉헌된 바이외 대성당Cathédrale Notre-Dame de Bayeux의 장식을 위해 만들어진 것으로 보인다. 거대한 규모의 벽걸이에 일일이 손으로 자수를 놓아야 했기에 정복이 이루어진 직후에 시

정복자 윌리엄의 정복 이야기를 자수 그림과 라틴어 글로 기록한 <바이외의 자수벽걸이>. 오늘날의 역사 만화와 비슷하다. 이 부분은 윌리엄 공작이 잉글랜드로 향하는 장면으로, 라틴어 문장 "HIC WILLEM DUX IN MAGNO: NAVIGIO: MARE TRANSIVIT ET VENIT AD PEVENESÆ: (여기서 윌리엄 공작은 큰 배를 타고 바다를 건너서 페븐지로 갔다)"가 수놓아져 있다. <바이외의 자수벽걸이> 부분, 1066~1077년, 바이외, 바이외 자수박물관.

작되어 대략 10년 정도에 걸쳐 작업이 진행되었을 것으로 추정된다.

이 거대한 작업은 아마도 잉글랜드에서 이루어졌을 것으로 보인다. 당시 켄트 백작령의 수도인 캔터베리Canterbury에는 자수학교가 있었는데, 윌리엄이 잉글랜드 왕이 된 다음에 오도 주교가 켄트 백작이 되었기 때문이다. 게다가 이 그림에 나타나는 라틴어 문장의 서체, 특히 이름 서체에는 10세기와 11세기 앵글로색슨 서체의 특징이 드러나있다고 한다.

자수 작업은 아마 많은 여성들의 손으로 이루어졌을 것으로 보이지만, 전체 밑그림은 분명 남자가 그린 것이다. 무기와 전투마들의 모습, 매우 사실적인 전투 장면 등이 전쟁을 경험한 남성의 손으로 제작된 것임을 확인시켜 준다. 이 긴 그림이 전체적으로 통일된 디자인으로 되어 있어서 한 명의 남자가 그렸을 것으로 본다.

전체를 기획한 주문자는 누구인가?

이것은 밝혀져 있지 않다. 다만 바이외의 오도 주교가 주문했을 것으로 짐작된다. 바이외 대성당이 건축되고 내부에 마치 프레스코 벽화처럼 벽걸이를 걸어서, 글을 모르는 신자들에게 노르망디 공작의 무용담과 아울러 기독교의 교훈을 전달하려고 한 것이기 때문이다.

ODO:EPS:
ROTBER
WIL ELM:

<바이외의 자수벽걸이>에 나오는 주요 등장인물들. 위쪽에 수놓은 이름으로 누구인지 알 수 있다. 왼쪽 벽걸이의 가운데에 정복자 윌리엄이, 윌리엄 양옆으로 이부동생 오도와 또 다른 이부동생 로버트가 있다. 오른쪽 벽걸이의 가운데에 앉아있는 콧수염 기른 인물이 잉글랜드 왕 해럴드다.

오늘날 많은 사람들은 이 작품을 인류 최초의 역사 만화로 여긴다. 물론 자수에는 말풍선이 없고, 특히 만화의 주요 특징인 "어이쿠", "얏"과 같은 비명은 없지만, 그래도 주인공의 특성이 분명히 표시되어 있고, 각 장면마다 라틴어 문장으로 그림 내용이 설명되어 있기 때문이다. 구체적인 장면들에 대한 해석이 여러 가지로 나오는 경우는 있지만, 전체적으로는 앞에서 서술한 역사를 기록하고 있다. 물론 세월이 흐르면서 훼손된 부분과 구멍들로 인해 아주 분명하지 않은 곳들이 있고, 특히 벽걸이의 오른쪽 끝부분은 찢겨져 전해지지 않는다.

인류 최초의 역사 만화라 할 수 있는 <바이외의 자수벽걸이>는 정복자 윌리엄의 업적을 기록하고 있을 뿐 아니라, 거짓 맹세를 하지 말라는 지극히 중세적인 교훈을 전달해 준다. 또한 바이킹-노르만 사람들의 생생한 생활상을 알려주는 훌륭한 역사 기록이기도 하다. ©Ds S

주제는 무엇인가?

이 작품에 담긴 전체 주제는 우리 생각처럼 후세를 위한 역사 기록만은 아니다. 물론 잉글랜드 왕으로 등극하는 공작의 업적도 기록되었지만, 동시에 일반 신도들에게 "거룩한 하느님 앞에서 거짓 맹세를 하지 말라. 거짓 맹세를 한 자는 죽음의 형벌을 받는다"는 교훈을 알려주기 위한 것이기도 하다. 진짜 중세 방식의 사유이며 주제다.

동시에 여기 기록된 바이킹, 또는 노르만 사람들의 생활상은 매우 소중한 역사 기록에 속한다. 이는 11세기 당시의 스칸디나비아반도 사람들의 생활상과 상당히 일치하는 모습이라고 한다. 사냥, 배를 건조하는 모습, 요리, 식사 장면, 교회 의식, 그리고 전투 장면, 방어진지 구축 장면, 무기와 전쟁 물자, 성聖유물함 등이 모두 그림으로 기록되어 있으니 이보다 더 훌륭한 자료가 따로 없다.

50개 이상의 장면들에는 인물이 총 623명, 말 202마리, 개 55마리, 다른 동물 505마리, 건물 37동, 보트와 배 41척, 방이나 여러 공간 49곳, 문자 총 2000여 자가 담겨 있다. 이 모든 것이 다 수놓은 기록이다. 특히 주요 줄거리 말고 상단과 하단에 장식된 수많은 그림들도 중요한 증언을 하고 있다.

프랑스 노르망디로 여행을 한다면 세계적으로 유명한 바이외 자수 박물관을 찾아가 보자. 저 유명한 정복자 윌리엄의 이야기를 새로운 눈길로 바라볼 수 있을 것이다.

13

11세기 노르만 기사들의 정복 이야기 2: 시칠리아 왕국

비잔틴 제국과 하기아 소피아 성당

콘스탄티누스 대제가 비잔티움(이후 콘스탄티노플로 개명)으로 수도를 옮기면서(330) 동로마 제국과 서로마 제국으로 나뉠 단초는 이미 놓였지만, 두 제국이 완전히 분리된 것은 395년의 일이다. 서로마 제국이 멸망하고 난 다음에 동로마 제국(=비잔틴 제국)은 유스티니아누스 대제 시절(재위 527~565)에 옛날 서로마 제국 영토의 상당 부분을 되찾아서 일시적으로 찬란한 옛 로마 제국의 영광을 되살리는 듯했지만 오래 가지는 못했다. 유스티니아누스 대제는 법전을 정비하고 역사상 기념비적인 건물인 하기아 소피아Hagia Sophia(오늘날 터키 이름은 아야소피아Ayasofya) 성당을 건축했다.

7세기와 8세기에 비잔틴 제국은 이슬람-아랍의 정복을 막아내고 살아남았다. 다만 642년에 이집트를 상실한 것은 엄청난 손실이었다. 이집트는 비잔틴 제국의 경제에서 큰 부분을 차지했고, 수도 콘스탄티노플은 이집트의 곡물을 필요로 했기 때문이다. 그 뒤로 제국은 동쪽으로는 이슬람 세력과, 서쪽으로는 발칸반도의 슬라브인 및 불가리아와

395년경 서로마 제국과 동로마(비잔틴) 제국 영토. 476년에 멸망한 서로마 제국과 달리, 동로마 제국은 이후 거의 천 년간 더 이어졌다.

계속 대립했다.

남부 이탈리아와 노르만 용병들

정복자 윌리엄이 잉글랜드를 정복하여 왕이 된 때(1066)보다 한참 전인 999년에 한 무리의 노르만 순례자들이 예루살렘 성지 순례를 마치고 돌아오다가 이탈리아 남부 도시 살레르노Salerno에 잠시 머물렀다. 마침 그곳으로 사라센 사람들이 쳐들어와서 주민들은 이들에 맞서 도시를 방어하고 있었다. 배로 쉽게 연결되는 이베리아반도와 아프리카에 사라센 사람들이 살고 있었으니, 이는 자주 일어날 수 있는 일이었다.

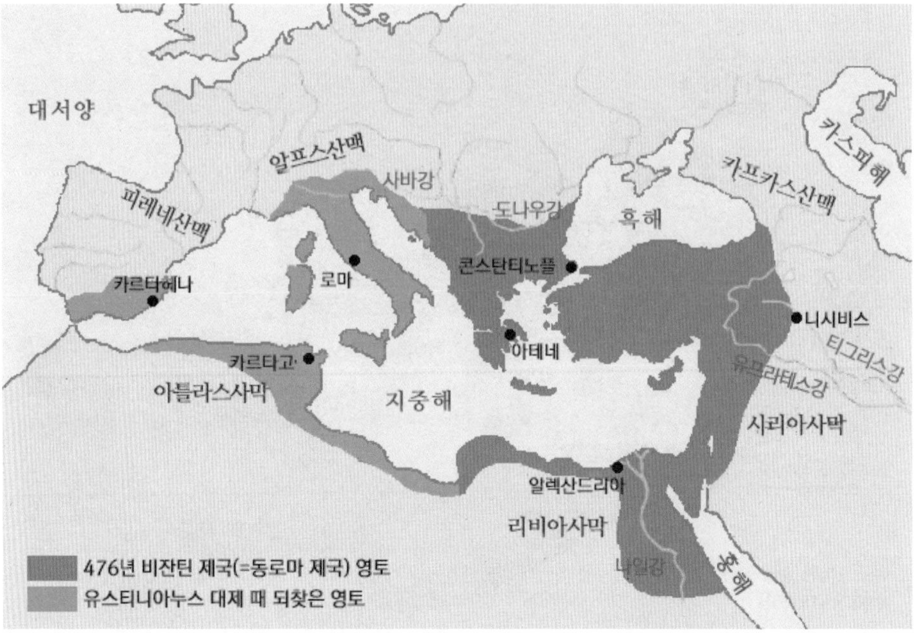

476년경의 비잔틴 제국(=동로마 제국) 영토와, 이후 유스티니아누스 대제가 서로마 제국 땅 일부를 되찾으며 확장시킨 영토.

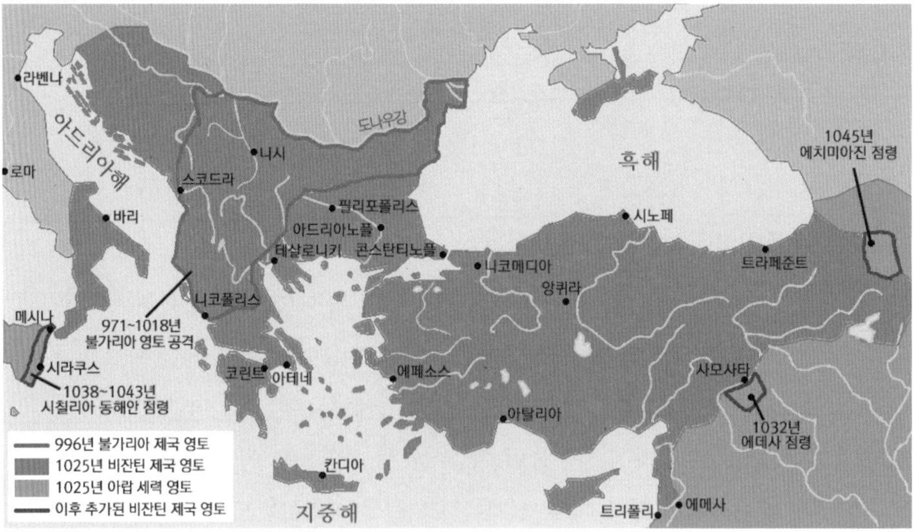

1000년 전후로 확장된 비잔틴 제국 영토(보호령 포함).

비잔틴 제국의 유스티니아누스 대제가 세운 하기아 소피아 성당의 내부. 오늘날 터키에서는 아야소피아로 불린다. 둥근 천장의 40개 창문을 통해 들어오는 빛은 내부 공간에 정신적·영적인 특성을 부여한다. 건물이 위치한 도시는 시기마다 달라지는 점령 세력에 의해 비잔티움에서 콘스탄티노플로, 다시 이스탄불로 이름이 바뀌었고, 또한 하기아 소피아도 성당에서 이슬람 사원(모스크)으로 용도를 달리했다. 오늘날에는 박물관이다.

하기아 소피아(537년 봉헌)

콘스탄티누스 대제는 4세기에 로마를 모범으로 삼아서 자기 이름을 딴 도시 콘스탄티노플을 건설했지만, 황제의 궁정 교회만은 로마의 모델을 따르지 않았다. 그가 건축한 하기아 소피아(거룩한 지혜) 성당은 화재와 폭동으로 대부분 무너지고, 유스티니아누스 황제가 그것을 다시 지었다. 이것이 오늘날까지 남아있다. 유스티니아누스 황제가 건축주였고, 물리학자 겸 수학자인 안테미오스Anthemios와 수학자 이시도로스Isidoros가 설계를 맡았다.

건물 아래쪽은 바실리카 양식(가운데 통로를 높인 직사각형 건축 방식)을 주축으로 측면통로들을 덧댄 모습이며, 측면을 자른 단면도로 보면 중앙의 둥근 지붕이 가장 두드러진다. 이 건축물은 각각의 전통을 지닌 두 양식, 즉 바실리카 양식과 둥근 지붕 양식을 결합한 것인데, 어느 한 방향으로 정의를 내릴 수 없도록 교묘하게 둘을 뒤섞어서 중심 공간을 알 수 없게 만들었다. 덕분에 공간은 건축물에 대한 물리적 사색이나 합리성만으로 접근하기 어려운 정신적·영적 특성을 얻었다. 또한 둥근 지붕에 있는 40개의 창문으로부터 빛이 쏟아져 들어오는데, 둥근 천장 뼈대가 그 빛 속에 모습을 감추면서 더욱 정신적인 것으로 되었다.

이 독특한 공간의 특수한 아름다움은 1453년에 콘스탄티노플의 주인이 바뀐 뒤로도 그대로 보존되었다. 16세기의 유명한 이슬람 건축가 시난Sinan은 이 건물을 모델로 삼아 여러 이슬람 신전을 건축했다. 오늘날 이스탄불에서 비슷한 건축물을 여럿 볼 수 있다. 1934년 이후로 아야소피아(하기아 소피아의 오늘날 이름)는 박물관이 되어 일반에 공개되고 있다.

40명의 노르만 순례자들은 살레르노의 통치자인 랑고바르드족 왕자에게 말과 무기를 내준다면 함께 싸우겠노라고 청원했다. 다급해진 왕자는 그들에게 말과 무기를 내주었고, 이들 용감한 노르만 기사들은 침입자들을 무찔러 쫓아내 버렸다.

살레르노의 왕자는 그들에게 이곳에 계속 머물면서 도시를 방어해 달라고 제안했지만 그들은 거절했다. 왕자는 이들에게 선물을 주어 고향인 노르망디로 보내면서, 살레르노는 용감한 노르만 전사들을 구한다는 소식을 전하게 했다. 그러니까 용병을 모집한다는 광고를 보낸 것이다.

이것은 이 지역 역사 기록자들이 남긴 여러 기록들 중의 하나로서, 당대의 다른 기록들과 모순되는 부분이 있어서 여기 소개한 그대로 받아들이기는 어렵다고 한다. 하지만 비슷한 경위를 거쳐서 1000년 무렵에 노르만 사람들이 이곳에 용병으로 온 것만은 사실로 여겨진다. 그들과 다른 노르만 기사들은 몇십 년 동안이나 이곳에서 용병 노릇을 했다. 1030년에는 노르만 기사인 라이눌프Rainulf가 나폴리 근처의 지역인 아베르사Aversa 백작이 되었다. 이런 식으로 노르만 기사들은 남부 이탈리아에서 작은 영토들을 차지하기 시작했고, 점차 독립적인 권력 조직으로 성장했다.

노르만 사람들이 남부 이탈리아로 왔을 때 그곳에는 랑고바르드 영주들, 비잔틴(=그리스) 사람들, 아랍 사람들, 교황과 황제도 제각기 통치 영역을 갖고 있었다. 당연히 이들의 이해는 서로 대립했다. 11세기가 경과하는 동안에 차츰 용감한 노르만 기사들이 다른 영주들과 비잔틴 세력을 제압하고 권력을 차지했다.

로베르 기스카르, 아풀리아와 칼라브리아의 공작이 되다

노르만 사람 중에서도 탄크레드 드 오트빌Tancred de Hauteville의 여러 아들들이 단연 두각을 나타냈다. 그중에 가장 유명한 인물이 로베르 기스카르Robert Guiscard다. 그는 1053년 무렵부터 6년 동안 무시무시한 군사작전을 펼쳐서 당시 비잔틴 제국에 속해있던 아풀리아Apulia와 칼라브리아Calabria를 포위해 정복했다. 아풀리아는 이탈리아반도 장화의 뒷굽 부분이다. 비잔틴 제국은 로마 교황에게 노르만 기사들을 비잔틴 영토에서 쫓아내도록 도와달라고 요청했다.

당시 교황이던 레오 9세는 노르만 사람들에 맞서기 위해 이탈리아 병사들과 슈바벤Schwaben 용병을 이끌고 직접 출정했다. 독실한 기독교도이던 노르만 사람들은 자기들의 영적 지도자인 교황과 싸우기를 꺼려 협상을 요청했으나 교황이 데려온 슈바벤 용병들이 반발하면서 결국 싸움이 벌어졌다.

이 싸움에서 노르만 군대가 승리를 거두고 레오 9세는 노르만 사람들의 포로가 되었다. 교황은 로베르 기스카르가 차지한 아풀리아와 칼라브리아에 대한 지배권을 인정해 주고 그들에게서 풀려났다. 이 기록대로라면, 비잔틴 제국의 요청을 받고 출정한 로마 교황이 결국 노르만 기사들에게 이탈리아 남부의 지배권을 인정해 주었던 것이다.

그런 다음 레오 9세가 죽던 해인 1054년 동서 교회는 완전히 둘로 나뉘는 대분열the Great Schism을 겪었다. 이는 그리스정교와 로마가톨릭교의 완전한 분리를 가리키는 말이다.

로베르 기스카르는 레오 9세에 이어 교황이 된 빅토리우스 2세와 협상을 벌여서 1059년에 아풀리아와 칼라브리아의 공작 작위를 받았다. 자기가 점령한 비잔틴 제국 영토의 통치권을 교황에게서 정식으로 승인받은 것이다. 동시에 로베르 기스카르는 교황의 봉신이 되었다. 이로써 교황은 비잔틴 황제에게 승리를 거둔 셈이 된다. 원래 비잔틴 영토이던 남부 이탈리아가 교황의 봉신에게 돌아갔으니 말이다.

교황의 승인에는 또 다른 조건이 붙어있었다. 로베르가 시칠리아에서 사라센(=무슬림-아랍) 사람들을 몰아내고 시칠리아를 기독교로 복귀시키라는 것이었다. 시칠리아는 원래 비잔틴 제국에 속했지만 당시 아랍인의 손에 들어가 있었다. 이 과제를 위해 지원군이 필요해진 로베르는 노르망디에서 동생 로저Roger(1031~1101)를 남부 이탈리아로 불러들

그리스정교와 로마가톨릭의 '대분열'

476년 서로마 제국의 마지막 황제가 폐위되면서 서로마 제국은 게르만 사람들의 수중에 들어갔지만, 콘스탄티노플을 수도로 하는 동로마 제국은 그 뒤로도 천 년 가까이 유지되었다. 로마 교회는 새로운 정복자들인 게르만 사람들을 기독교로 개종시키면서 라틴 기독교 세계, 즉 가톨릭 세계를 만들어냈다.

로마 제국 황제가 콘스탄티노플로 천도하고 긴 세월이 흐르면서 로마의 주교는, 예수의 수제자인 베드로의 순교지에 세워진 로마 교회가 모든 교회에 대해 수위권(우두머리 권한)을 갖는다고 주장했다. 로마 교회의 이런 수위권 주장은 로마 제국의 정통성을 계승하고 있다는 자부심을 가진 비잔틴 황제나 동방 교회의 종교 지도자들의 주장과 대립할 수밖에 없었다. 특히 7세기 중엽 이후 이슬람 세력이 팽창하면서 소아시아와 팔레스티나, 이집트가 이슬람의 세력권으로 넘어가자 로마와 콘스탄티노플은 서로 힘을 합치기는커녕 오히려 더 심하게 대립했다.

1054년에 로마 교황과 콘스탄티노플의 총대주교는 서로를 파문함으로써 사실상 분열을 공식화했다. 이때 로마를 중심으로 서유럽 세계를 통괄한 서방 교회는 로마가톨릭으로, 콘스탄티노플을 중심으로 동유럽으로 교세를 확장한 동방 교회는 그리스정교회로 불리게 되었다.

였다. 로저는 곧바로 군대를 거느리고 시칠리아섬 메시나에 도착해서 기습적으로 항구를 포위하여 정복했다. 아랍인들은 노르만 사람들의 야만적인 흉포함과 영토를 휩쓰는 두려운 속도에 질려서 그들을 "늑대"라고 불렀다. 그런데도 로저가 곧바로 팔레르모까지 접수하려 했을 때 이는 쉬운 일이 아니었다. 1072년에 로베르 기스카르가 손수 많은 군사를 거느리고 도착해서야 팔레르모는 노르만 사람들의 손에 들어왔다.

로베르 기스카르 공작은 아풀리아, 칼라브리아, 시칠리아 등 남부 이탈리아에 남아있던 비잔틴 영토를 장악했다. 멈출 줄 모르고 승승장구하고 있으니 그는 이제 아예 비잔틴 제국 본토까지 정복할 계획을 세우고는 아드리아해안의 동부를 점령하기 시작했다. 이때 로마에서 하인리히 4세(당시 독일 왕이자 이탈리아 왕)에게 밀린 그레고리우스 7세 교황에게서 다급한 구조 요청이 왔다. 교황의 봉신이던 로베르는 아드리아해안을 버려두고 서둘러 로마로 달려가서 하인리히 4세를 쫓아내고 교황을 구출했다. 대신 그의 부하들은 로마를 잔인하게 약탈해서 교황을 곤란하게 만들었다. 이 이야기는 다음 장에서 다시 나온다.

로마에서의 일을 마친 로베르 기스카르가 비잔틴 제국 정복을 재개하기 전에 죽으면서(1085) 비잔틴 정복을 향한 그의 꿈은 그대로 끝났다. 비잔틴 제국을 정복하려는 그의 야망은 무산되고 말았지만, 그의 아들 타란토의 보에몽Bohemond of Taranto(보에몽 1세)은 10년 뒤에 시작되는 1차 십자군 전쟁에 남부 이탈리아의 노르만 기사들을 거느리고 참전한다. 그리고 십자군 전쟁 도중에 안티오키아 영주국의 영주가 되었다(1098).

시칠리아의 백작 로저 1세

1072년에 팔레르모를 정복한 로베르 기스카르는 동생 로저(1세)를 백

노르만 세력이 다스리던 12세기에 시칠리아 도시 팔레르모에 지어진 팔라티나 예배당 Cappella Palatina. 둥근 천장에 비잔틴 양식을 취하고 있다. ©Effems

작으로 임명했다. 그러니까 동생은 공작인 형의 봉신으로서 백작이 된 것이다. 로저 백작은 전제군주로서 시칠리아를 다스렸는데, 아랍인의 지배에 뒤이어 그의 견고한 손길과 그가 이끄는 두려운 군대는 시칠리아 역사에서 가장 빛나는 시대를 향한 길을 닦았다.

로저 1세는 아랍인의 문화적인 생활방식에 깊은 인상을 받았다. 시칠리아는 원래 비잔틴 제국에 속해있다가 9세기에 차례로 아랍인의 손으로 넘어갔다. 섬 주민들이 차츰 이슬람으로 개종하면서 11세기에는 주민의 $\frac{2}{3}$ 이상이 무슬림 신도였다고 한다. 아랍인들이 새로운 관개 기술을 도입하면서 농업이 비약적인 발전을 이루었다. 시칠리아의 팔레르모는 한동안 에스파냐의 코르도바와 나란히 당대 아랍 문명권의 최고 문화를 자랑했다. 로저는 아랍인 공학자, 관리자, 건축가 등을 계속 궁정에 두고, 행정이나 세금 문제에서도 사라센 방식을 많이 이어받았다. 이 때문에 기독교 세계를 깜짝 놀라게 만들기는 했지만, 덕분에 시칠리아섬은 더욱 번영을 누렸다.

로저 1세 백작은 1091년에야 시칠리아에 남아있던 마지막 아랍인의 거점까지 완전히 정복하고 이 거대한 섬을 평정했다. 하지만 노르만 백작이 정복한 다음에도 이곳으로 노르만 이주민의 물결이 뒤따라오지 않았기 때문에 노르만 사람들은 그냥 소수의 상류층을 이루었고 대부분의 원주민은 그대로 남았다. 로저 1세는 비잔틴 제국의 모범에 따라 범접하기 힘든 절대군주로서 통치했다.

그는 그곳에 미리 자리 잡고 있던 비잔틴 기독교와 그리스 수도원을 후원했지만, 1083년 팔레르모에 로마가톨릭 주교구를 도입했다. 시칠리아 대주교구였다. 이것은 시칠리아와 남부 이탈리아의 방향을 항구적으로 바꾼 일이었다. 이런 조치를 통해 시칠리아와 칼라브리아는 점차 그리스정교에서 벗어나 로마가톨릭으로 바뀌었으며, 남부 이탈리아는 동방 기독교가 아닌 서방 기독교 세계로 편입되었기 때문이다.

시칠리아의 왕 로저 2세

로저 1세의 아들 로저 2세는 어머니의 영토를 물려받고 아풀리아 공

로저 2세가 그리스도에게서 왕관을 받고 있는 장면을 묘사한 모자이크. 로저 2세는 실제로 교황에게서 시칠리아 왕이라는 인정을 받았고, 시칠리아와 남부 이탈리아를 항구적으로 로마가톨릭(라틴 교회)의 일부로 확정지었다. 산타 마리아 델라미랄리오 교회Santa Maria dell'Ammiraglio(일명 '라 마르토라나La Martorana')의 모자이크, 1143년경, 팔레르모.

ΟΓΕΡΙΟϹ ΡΗΞ
ΙϹ

노르만 세력이 지배하던 12세기 시칠리아 왕국 영토. 시칠리아와 수도 팔레르모는 이때 최고 번성기를 누렸다.

작령, 타란토 영주국, 이어서 나폴리 공작령까지 차지했다. 그가 다스리는 영토는 시칠리아 말고도 교황국가 남쪽의 이탈리아 전체를 포괄하는 것이었다. 그는 가톨릭 교황권이 분열되어 허약해진 틈을 타서 대립교황(이미 존재하는 교황을 인정하지 않고 새로 뽑은 교황)에 의해 1130년에 시칠리아 왕으로 등극할 수 있었다. 이어서 인노켄티우스

2세 교황도, 교황이 세속군주를 인정할 수 없다는 규정에도 불구하고 1139년에 로저 2세를 시칠리아의 왕으로 인정했다.

십자군 전쟁에도 강력하게 개입한 로저 2세는 아프리카 북부 지역까지 장악하고, 세금과 무역을 통해 더 많은 부를 축적했다. 1146년 튀니스를 정복하면서 그는 중부 지중해의 통치자가 되었다. 매우 뛰어난 교육을 받고 당대의 기독교와 아랍 세계에서 좋은 점을 모조리 받아들인 로저 2세는 유럽에서 가장 부유한 통치자였으며, 서방에서는 예가 없는 하렘을 거느렸다. 이는 그가 국제적으로 열린 안목을 가졌으면서도 아랍 방식의 통치자였음을 보여주는 사례다. 그의 치하에서 시칠리아와 특히 수도인 팔레르모는 역사상 최고 번성기를 누렸다.

하지만 이들 노르만 통치자들의 통치 기간은 매우 짧았다. 로저 2세의 후손들은 무능하고 이기적이어서 권력을 오래 이어가지 못했고, 노르만 사람들의 통치는 모두 합쳐 겨우 100년 정도 지속되었을 뿐이다. 다만 이 100년이 시칠리아와 팔레르모의 운명을 결정했을 뿐만 아니라, 또한 최고 번영기였다는 사실은 여전히 매우 인상적인 일이다. 이들 노르만 통치자들의 시대에 시칠리아는 아랍 통치자들에게서 완전히 벗어나 확고하게 기독교 유럽에 속하게 되었다.

14

그레고리우스 7세 교황, 진정한 가톨릭 시대를 열다

가톨릭교회와 강력한 교황

앞에서 이미 보았듯이, 교황은 8세기에 피핀의 선물을 약속받고 이어서 카를 대제에게서 영토를 얻었다. 하지만 기독교 세계의 영적 지도자가 지상의 영토를 얻은 것이 꼭 좋은 일만은 아니었다.

그것은 영토를 수호하는 문제를 만들어냈을 뿐만 아니라 동시에 그 영토를 누가 다스리느냐 하는 권력 문제도 만들어냈다. 세습 왕가가 없는 교황국가에서 권력 다툼은 당연히 치열했고, 10세기에는 마로치아라는 "여교황Papessa"까지 등장했다. 또한 그 혼란스럽던 시대에 얼마나 많은 교황들이 목숨을 잃었는가 하는 것도 이미 읽었다.

이런 혼란기가 지나간 뒤인 11세기에 강력한 교황 그레고리우스 7세Gregorius VII(재위 1073~1085)가 등장한다. 그의 재위 기간을 포함하는 1050~1130년에 비로소 가톨릭교회가 진짜로 시작된다고 말할 수 있을 정도다. 상당 부분은 그의 개혁을 통해서였다. 그 이전에는 교황의 지위가 그토록 탄탄한 적이 드물었다. 그렇다면 저 강력한 교황 그레고리우스의 상황은 안정된 것이었을까? 전혀 그렇지 못했는데, 이에 대해서

강력한 교황 그레고리우스 7세를 묘사한 삽화. 그의 개혁을 통해 가톨릭교회는 비로소 자리를 잡았다. 베른리트의 파울스Pauls von Bernried, 『그레고리우스 7세의 전기Vita Gregorii VII』(Cod. 12, fol. 181v.), 1087년, 빈, 하일리겐크로이츠 수도원Heiligenkreuz, 부속도서관Stiftsbibliothek.

는 곧 읽게 될 것이다.

어쨌든 현대 신학자 이브 마리-조제프 콩가르Yves Marie-Joseph Congar는 그레고리우스 7세와 그 추종자들이 지닌 신앙의 핵심 명제를 다음과 같이 표현했다.

> 하느님께 복종한다는 것은 곧 교회에 복종한다는 뜻이고, 그것은 다시 교황에게 복종한다는 뜻이다. 그 역도 성립한다.

이런 명제는 그레고리우스가 살아있는 동안에 어느 정도 구현되었다. 그전까지는 성직자와 세속인(특히 황제)이 함께 교회를 구성했다면, 이 명제에서 세속인은 교회의 지배구조에서 밀려난다. 세속을 대표하

그레고리우스 7세의 선출 과정

1073년 전임자인 알렉산더 2세 교황의 시신을 무덤으로 옮기는 도중에, 장례 행렬이 산 피에트로 인 빈콜리San Pietro in Vincoli(사슬에 묶인 성 베드로) 성당 옆을 지나가고 있을 때였다. 추기경 후고의 선동에 따라 민중이 이렇게 외치기 시작했다. "힐데브란트를 교황으로!" 곧이어 이 성당에서 새 교황의 즉위식이 이루어졌다. 새 교황은 위대한 교황 '그레고리우스 1세'의 이름을 따서 '그레고리우스'를 자신의 이름으로 선택했고, '그레고리우스 7세(일곱 번째 그레고리우스)'가 되었다.

이는 그가 교황이 되기 전, 아직 힐데브란트Hildebrand라는 이름으로 불리던 시절에 자신도 동참해서 만든 교황선출교령을 명백하게 어긴 행동이었다. 이 교령에 따르면 전임 교황의 장례식을 치르고 사흘째 되는 날에 추기경들이 새로운 교황을 선출해야 하는데, 이것을 위반한 선출이었기 때문이다.

는 황제라도 신앙의 문제에서는 교황에게 복종해야 한다는 뜻이다. 옛날 로마 제국의 황제가 기독교의 수장이던 방식에서 이제는 적어도 신앙의 문제에서만큼은 교황을 주축으로 하는 전혀 다른 질서가 주장되었다. 교회의 입장에서 이는 새로운 시대의 출발을 알리는 일이었다. 당시 이루어진 기독교의 정비와 개혁은 그레고리우스 7세의 이름을 달고 있다.

기독교(=로마가톨릭교)를 재정비하다

그레고리우스 7세의 개혁이 완전히 새로운 것은 아니었다. 다만 과거에도 이미 존재하던 내용을 그는 매우 과격한 방식으로 추진하고 실현했다. 핵심적인 요구는 성직매매 금지, 성직자의 독신 촉구, 세속인의 주교 임명 금지 등이었다.

① **성직매매 금지**: 성직매매는 예부터 엄격하게 금지되었다. 성서에는 마법사 시몬Simon이라는 사람이 사도들에게 돈을 내면서 사도의 권능을 사려고 한 이야기가 나온다(사도행전 8장 9~24절). 베드로는 "하느님의 선물을 돈으로 살 수 없다"고 대답하는데, 이 마법사 시몬의 이름에서 성직매매를 뜻하는 '시모니Simonie, Simony'라는 낱말이 나왔다. 그러니까 "시몬이 하려던 짓"이라는 뜻으로 생각할 수 있다.

거의 모든 시기에 걸쳐 성직매매는 금지되었지만 돈 좋아하는 인간의 본성은 변함이 없어서 그런 일은 여전히 번창했다. 1016년 나르본의 대주교 영토는 금화 10만 실링에 양도되었다. 알비Albi에서는 주교가 아직 살아있는 동안에 벌써 주교직이 5천 실링에 팔렸다는 등등의 기록들이 남아있다.

그레고리우스 7세는 성직매매를 의심받는 주교들을 자주 로마로 소환해서 아랫사람들을 시켜 그들을 심문했기 때문에, 대부분 고위 귀족 출신인 주교들은 자기들의 출신과 품위에 대한 도전이라고 느꼈다. 이들 귀족 출신 주교들의 반발이 몹시 심했는데도 그레고리우스는 성직매매를 계속 추적하고 심문했다.

② **성직자의 독신 촉구**: 당시에는 결혼한 사제들이 드물지 않았다. 11세기의 농부 사회를 배경으로 한 문학작품 『우니보스Unibos』에는 당대 사회를 짐작하게 하는 이야기들이 자연스럽게 등장한다. 소 한 마리(우니보스)밖에 가진 것이 없는 가난한 농부가 권력 있고 부자인 태수와 좌충우돌 부딪치는 이야기다. 이 마을에서 사제가 결혼을 하자 "신부 사모님" 자리가 만들어졌고, 사제가 죽은 다음에는 사모님이 자선활동을 했단다.

또한 11세기 중엽 프랑스 투르에서 기록된 150명가량의 신도 명부에

기적의 이야기들

그레고리우스 7세 교황이 성직매매를 조사하는 과정에 일어난 기적의 이야기들이 당시 사람들 사이에 널리 돌아다녔다.

한번은 여행 중이던 교황이 돈을 내고 성직을 얻은 제국 주교 한 사람에게 "성부와 성자와 성령께 영광을"이라는 문장을 말해 보라고 명령했다. 성직매매를 한 성직자가 이 문장을 말하려고 하자 문장의 뒷부분이 입 밖으로 나오지 않았다. 처음에는 "성령" 부분부터 말이 나오지 않았는데, 다시 시도하자 이번에는 "성자"부터 말이 안 나왔다. 마지막에는 "성부"라는 말을 아예 시작하지도 못했다. 이 성직자가 자신의 죄를 고백하자 마침내 전체 문장을 말할 수 있었다고 한다.

는 주교의 딸들과 두 성직자 아내들이 신심 깊은 신도로 기록되어 있다. 이런 문헌들에서 당시 결혼한 사제들이 드물지 않았을뿐더러 사회적으로도 받아들여지고 있었음을 알 수 있다.

그레고리우스 7세는 교황에 즉위하자마자 결혼한 사제들에게 적극적으로 맞섰다. 하급 성직자들은 유죄판결을 받았는데, 그들은 매우 다양한 방식으로 새로운 법에 저항했다. 콘스탄츠 주교구에서만 무려 3,600명의 성직자들이 공의회에서 이 결정에 반발했다.

그러자 교황은 신도들에게 결혼한 성직자의 미사를 피하라고 요구했다. 이는 교황에게도 몹시 위험한 요구였다. 신도들이 사제에게 반항하는 것을 허용하는 명령이었기 때문이다. 어쨌든 그의 개혁은 관철되었다. 평신도들이 이런 개혁을 강력히 지지했기 때문이다. 그들은 영혼의 구원을 얻지 못할까 두려워 일부는 폭력적인 수단까지 동원해서 사제들에게 엄격한 생활을 강요했다. 결혼한 사제들의 아내는 쫓겨나고 죄를 지은 성직자들은 린치를 당했다. 사제의 처들은 첩으로 여겨졌고, 자식들은 자유 없는 노예로서 교회 재산에 귀속되었다.

③ **세속인의 주교 임명 금지:** 세속인이 주교를 임명하거나 주교로 임명되는 것을 금지한 일은 그레고리우스 고유의 업적에 해당한다. 이제 성직의 재산과 세속의 재산을 한 손에 거머쥐는 것, 성사聖事의 직분과 세속의 고위직을 한꺼번에 지니는 일이 어려워졌다. 이는 결국 왕가나 귀족 가문의 권력을 제한하는 일이었다.

모든 개혁이 반드시 그레고리우스 7세의 업적이라기보다는 어느 정도는 시대의 요구에 따른 것이었다. 그때까지 느슨하게만 지켜지던 교회 규정들이 차츰 진지하게 받아들여지고 있었다. 따라서 그가 나타나지 않았다 해도 개혁은 결국 이루어졌을 것이다. 그럼에도 불구하고 중세 가톨릭교회의 중요한 개혁들 중 많은 것이 그레고리우스 7세 교황의 이름과 연결된다. 그가 과격하게 개혁을 추진했기 때문이다.

인기 없는 교황이 왕, 권력자, 부자 들에 맞서 개혁을 관철하다

그는 중세의 모범적인 교황이었다. 문헌에서도 그에 대한 기록이 꼭 나쁜 것만은 아니다. 다만 인기가 없는 교황이었다. 이 교황처럼 당대의 부자, 권력자, 왕 들과 대립하면서 그들의 권력을 제한한 개혁가가 고위층 사이에서 인기를 얻는다는 것은 상상할 수도 없는 일이다. 어느 시대나 마찬가지다. 다만 평신도들은 그의 개혁을 몹시 반겼다.

그레고리우스 7세 교황의 유해

그레고리우스 7세는 1085년 5월 25일 이탈리아 남부 살레르노에서 죽었다. 그의 시신은 밀랍으로 싸여서 살레르노 마테우스 성당의 측면제단 앞 유리관에 안치되었다.

1984년에 이탈리아의 고고-병리학자들과 의사들은 밀랍 싸개를 벗기고 현대의 해부기술로 유골을 조사했다. 그런 다음 유해는 새로 만든 관에 안치되어 도로 옛 자리로 돌아갔다. 1985년 그의 서거 900주년을 기념하는 사업의 일환이었다.

과학적인 조사 결과 다음과 같은 사실이 밝혀졌다. 그는 대략 70세가량 살았다. 신체 구조로는 알프스-지중해 유형 토착민에 속하며 따라서 노르만 계열 사람은 아니었다. 문헌들에서 그는 "상당히 검고 못생긴 얼굴", "허약한 체질의 작은 사내"라고 서술되었다. 유골 검사를 통해 원래 키가 163센티미터였다가 나이 들면서 157센티미터로 줄었을 것으로 추정되었다. 이렇게 많이 줄어든 것은 척추가 병들어 수축되었기 때문으로 여겨진다. 어린 시절과 청소년 시절에는 "상층 농부"에 어울리는 건강하고 훌륭한 식생활을 했던 것으로 보인다.

그런 탓에 그가 살아있을 때나 죽은 다음에도 그의 무덤에서 많은 기적들이 보고되었지만 그를 공식적인 성인聖人 반열에 올리기는 쉽지 않았다. 1606년에야 비로소 그가 사망한 살레르노에서 지역적인 숭배만 공식적으로 허용되었다. 1728년에는 전체 교회가 그를 숭배할 수 있게 되었지만, 가톨릭 절대주의 국가들은 그것을 좋아하지 않았다. 어떤 군주도 왕권신수설을 무시하고 군주를 망신시킨 교황을 숭배하려 하지 않았기 때문이다. 그 이야기는 다음 장에서 계속 읽기로 하자.

15

카노사의 굴욕, 교황과 황제가 성직임명권을 두고 싸우다

교황과 황제

우리말로 '교황'이라는 명칭과 '황제'라는 명칭에는 모두 '황'자가 들어간다. 이 두 낱말이 모두 로마 제국의 황제에게서 유래하기에 생겨난 현상이다. 우리 역사에는 왕국만 나타나고 있으니 우리는 그럭저럭 왕국을 이해한다. 신라, 고려, 조선 등이 모두 왕국이다. 즉 왕이 다스리는 나라다. 왕의 가족들도 부르기가 단순하다. 왕비, 왕세자, 왕자 등으로 입에 잘 붙고 부르기 쉽다. 일본이 만들어낸 '대한 제국'은 사정이 조금 다르지만, 이것은 그야말로 다른 맥락에 들어있다.

제국Imperium이 되면 개념이 그리 단순하지 않다. 실질적인 통치자가 있는 나라들 위에 다시 그런 나라 여럿을 통합하는 하나의 나라가 존재할 경우, 전체를 통합한 나라는 제국이라 불린다. 강력하고 부지런한 황제는 물론 제국의 거대한 영토 전체를 장악하고 다스렸다. 고대 로마 제국에서도 가장 강력한 황제들은 어느 정도 이 일을 해냈다. 대부분의 황제들은 그렇게 잘하지 못했다. 영토가 커지면 그만큼 통제나 통치가 어렵기 때문이다. 제국의 수장이 황제Emperor다. 그의 가족을 가리키는 명칭도 황후, 황자, 황태자 등으로 달라진다.

전체를 통합한 통치가 힘들기 때문에 로마 제국도 처음 5현제 시대가 지나자 동서로 나뉘고, 황제도 2명, 또는 4명이 되었다. 동로마 제국과 서로마 제국은 그렇게 탄생했다.

유럽의 중세 시대란 서로마 제국이 멸망한 다음에 유럽 대륙의 대략 1천 년 역사를 묶어서 부르는 명칭이다. 어지럽던 중세의 통치자들이 옛날 로마 제국의 통일된 통치 체제를 지향한 것은 당연한 일이다. 800년에 카를 대제는 (서로마) 제국 황제로서의 대관식을 치렀다. 그것은 물론 교황이 딴마음에서 행한 일이었고, 카를도 스스로 자신을 프랑크 왕국의 왕이라고 여겼다. 하지만 그가 여러 나라를 정복해서 다스린 것도 사실이다. 그는 오늘날 프랑스와 독일의 공동 조상이기도 하다.

중세 시대에 '황제'라는 낱말에는 로마 제국, 주로 서로마 제국 황제의 후예라는 생각이 깃들어 있었다. 오토 1세도 신성로마 제국의 황제가 되었을 때, 자신이 동로마 제국에 빗댄 서로마 제국의 황제라 여기고, 옛날 서로마 제국의 영토를 통합하려는 야심을 품었다.

옛날 로마 제국이 기독교를 국교로 받아들일 때, 제국 종교의 수장은 당연히 황제라고 여겼다. 덕분에 가톨릭교회의 전체 조직은 로마 제국의 체계를 따랐다. 로마 제국이 번영하는 동안에는 수장인 황제 아래로, 교구의 실질적 통치자 노릇을 하는 주교들이 있었다. 하지만 수도를 비잔티움으로 옮기고 그 이름을 콘스탄티노플로 바꾼 뒤로 황제는 콘스탄티노플에 머물고 로마에는 황제가 없었다. 그러다가 로마 제국이 동서로 나뉘고 서로마 황제도 다시 나타났지만, 서로마 제국이 멸망한 다음에는 로마 주교가 로마에서 황제를 대신하여 교회와 세속의 여러 문제들을 결정했다.

덕분에 로마 주교에게 교회의 황제라는 뜻으로 '교황Papst, pope'이라는 명칭이 주어졌다. 교황 아래에는 교황을 선출하고 스스로 교황 후

국가 권력과 교회 권력의 차이를 묘사한 12세기 필사본 세밀화. 예수 그리스도가 성직자에게는 베드로의 열쇠를, 왕에게는 세속의 칼을 주고 있다. 하지만 중세에는 교황과 황제의 권한과 영역이 일부 서로 겹치면서 둘 사이의 다툼을 피할 수 없었다.

보가 되는 추기경들이 있고, 또 그와는 별개로 고위 성직자와 주교들의 모임을 뜻하는 '공의회Synod'가 있다. 공의회는 교회의 의회 역할을 하는데, 다시 총(=세계)공의회와 지역공의회로 나뉜다. 교회의 교리나 여러 법적 문제들에 대해 교황과 공의회 중 어느 쪽 의견이 더 중요한가를 두고 가톨릭교회 내부에서 온갖 논쟁이 이어져 왔다.

이런 역사적 배경을 놓고 보면, 로마 제국 황제의 후계자인 황제와 교황이 이승에서의 권한을 두고 서로 다투는 것을 피하기 어려운 부분이 있음을 이해할 수 있다. 둘이 완전히 나뉘든지 아니면 어느 한편이 확실한 권력을 장악하기 전까지는 말이다. 원래는 두 사람의 권한과 영역이 달랐으니, 교황은 영혼과 신앙을 지배하고 황제는 이승의 국가를 지배하는 사람이었다. 따라서 각각의 무기도 달랐다. 황제는 군대를 지녔고, 교황은 명을 어기는 신도를 추방하는 권한, 곧 '파문'을 할 수 있었다.

하지만 중세에는 교황이 세속의 영토를 지녔고, 황제나 왕도 자기 영토에 속하는 교구의 성직자를 임명할 수 있었다. 이렇게 권한이 겹치는 부분에서 황제와 교황 사이의 다툼은 피할 길이 없었다.

'성직임명권 싸움', 중세의 빅 매치

그레고리우스 7세가 교황(재위 1073~1085)이 되기 전에 독일 왕으로 선출된 하인리히 4세는 처음에 교황과 사이가 나쁘지 않았다. 중세 시대에 독일 '왕'과 '황제'란 명칭은 늘 독자를 헷갈리게 한다. 하인리히 4세는 먼저 독일 왕(1053~), 이어서 이탈리아 왕(1056~), 그리고 나중에 신성로마 황제(1084~)가 되는 인물이다. 따라서 후세가 그의 호칭을 두고 헷갈리는 것은 너무나 당연한 일이다. 여기서 황제의 권력이 왕의 권력보다 더 강력한 것이냐는 별개의 문제다.

중세 시대의 왕은 국민을 기반으로 한 국가의 왕이라는 뜻이 아니라 그냥 자신이 (탄생이나 혼인을 통해) 물려받은 나라, 또는 점령한 영토의 왕을 가리켰다. 그런 왕이 이런저런 과정을 통해 황제가 될 수도 있었기 때문에 중세와 관련한 문헌에서 황제와 왕이 헷갈리는 일은 꽤 흔하다. 중세가 지나고 왕국의 영토가 제각기 정비되고 나서야 이런 혼란을 어느 정도 피할 수 있게 된다.

다른 말로 하면 중세 시대에는 왕이라고 해도 뒷날의 왕들처럼 매우 강력한 존재는 아니었다는 뜻도 된다. 이는 교황도 마찬가지다. 오늘날 생각하는 정도의 절대적 권위를 지닌 사람은 아니었다. 그냥 로마 주교로서 왕들과 권력을 다투던 사람이었다. 물론 간혹 예외적인 인물들도 등장한다.

어쨌든 하인리히가 그레고리우스와 한 판 붙기 시작하던 시절에 하인리히는 아직 왕이다가, 이 빅 매치가 끝날 때 황제가 되었다. 여기서 빅 매치란 우리에게 '카노사의 굴욕'이라는 이름으로 알려진 사건이다.

싸움의 발단

그레고리우스 7세의 전임 교황인 알렉산더 2세는 원래 밀라노 사람이었는데, 밀라노의 주교 임명을 두고 이탈리아 왕을 겸한 독일 왕 하인리히 4세와 심각한 갈등을 빚었다. 교황이 되기 전부터 교황청에서 막강한 영향력을 행사하던 그레고리우스는 교황과 세속의 왕이 성직 임명권을 놓고 다툼을 벌이는 것을 목격했다. 세속 영주와 교황 중에서 누가 밀라노 주교를 임명할 권한을 가졌느냐를 두고, 즉 교회 영토의 통치권을 놓고 양측은 심각한 싸움을 벌였다. 당시 많은 주교는 단순히 영적 지도자였을 뿐만 아니라 상당한 영토의 통치권까지 가졌다.

왕이 임명한 밀라노 대주교는 1069년에 귀족 고토프레도Gotofredo

da Castiglione를 대주교 휘하의 지역 주교로 임명했다. 그러자 교황의 후원을 받는 밀라노 개혁파(파타리아Pataria 운동) 시민들은 곧바로 새로 임명된(=서임된) 주교 고토프레도의 성城을 포위하고 머지않아 그를 체포해서 가두었다. 이어서 그를 주교로 임명한 대주교까지 감금했다. 그러자 교황은 재빨리 교회법에 정통한 아토Atto라는 사람을 밀라노 대주교로 임명했다. 이런 일을 주도한 파타리아 지도자 에를렘발도Erlembaldo는 성직자가 아닌 군인(기사)이었지만, 교황 편의 성직자에게서 그럴 권한을 위임받고 있었다.

때마침 하인리히 왕은 독일에서 자신의 반대파인 작센 사람들 문제를 해결하느라 바빴고, 그런 탓에 밀라노의 성직자 문제를 손수 해결할 수 없었다. 그래서 마뜩잖은 일이었지만, 그사이 새 교황으로 즉위한 그레고리우스 7세에게 밀라노의 성직자 문제를 해결할 권한을 넘겨주었다. 그러자 새 교황은 재빨리 아토를 대주교로 승인했다(1073). 하지만 밀라노에서 성직자 임명을 두고 벌어진 싸움이 아직 끝나기도 전인 1075년에 개혁파 지도자 에를렘발도가 거리 싸움 중에 전사하고 말았다.

덕분에 밀라노의 개혁파 세력은 위축되었고, 그 틈을 이용해서 하인리히 왕은 재빨리 자신의 궁정 교회 사제인 테달트Tedald를 밀라노의 대주교로 임명했다. 이제 밀라노에는 2명의 대주교가 존재하게 되었고 혼란이 일어났다. 누가 진짜 대주교냐? 교황이 승인한 아토냐, 원래 임명권을 가졌던 왕이 새로 임명한 테달트냐? (말하자면 성직 임명에서 누구의 권한이 더 세냐? 왕이냐? 교황이냐?)

교황도 다시 개입했다. 다만 처음에는 간접적으로만 개입해서 왕에게 교황이 추방한 귀족들과 결별하라고 요구했다. 그리고 교황을 따르지 않는 주교들과 성직매매 의혹을 사고 있는 제국의 주교들에게는 로마로 오라는 소환령을 내렸다. 하지만 이들 제국 주교들은 하인리히 왕

성인이 된 기사와 성직자

밀라노의 성직자 임명을 두고 벌어진 싸움에서 살해된 성직자 아리알도Arialdo와 전사한 개혁파 기사 에를렘발도는 모두 가톨릭 성인聖人이 되었다.

의 주요 지지 세력의 일부였다.

밀라노의 성직자 임명을 두고 벌어진 싸움은 이제 제국의 수많은 귀족과 왕과 교황의 운명을 가르는 문제로 걷잡을 수 없을 정도로 커져버렸다.

서로 해임하다

하인리히 왕은 1076년 1월 24일 보름스Worms에서 제국의회를 소집했다. 당시의 관습대로 제국공의회(=지역공의회)도 함께 열렸다. 이 제국의회에서 분위기는 점점 더 교황에게 적대적으로 변했다. 특히 그레고리우스 7세의 추대를 연출했지만 교황의 총애를 잃고 당파를 바꾼 추기경 후고 칸디두스가 교황을 도덕적으로 심하게 비판했다.

이렇게 고조된 분위기에서 의회는 교황에게 보내는 편지를 작성했다. 선언문 방식의 이 편지는 공격적인 어조로 시작된다. "교황 아닌 가짜 수도사 힐데브란트에게"라는 수신자 표현에 이미 비하와 공격성이 드러나있다. 종결부는 그보다 더욱 심각하다. 교황의 해임을 선언하고 있기 때문이다.

신의 은총을 받은 하인리히 왕은 짐의 모든 주교들과 한목소리로 그대에게 말하노라.

내려오라, 내려오라.

보름스에서 보낸 이 편지는 하필 교황이 개혁 원칙을 천명하려고 준비하던 1076년 2월의 사순절 공의회에 맞추어 교황에게 전달되었다. 이런 특별한 날에 교황을 향한 이런 도발은 용서할 수 없는 일이었다. 왕의 편지에 대해 교황은 하인리히 4세의 파문 및 파면으로 응수했다. 이 편지는 사도 베드로에게 올리는 기도문 형식을 취한다.

사도 중에 으뜸이신 거룩한 베드로 님, 여기 당신 종의 말을 들으소서. 당신의 교회를 지키고 또한 교회의 명예를 위해, 전능하신 하느님의 이름으로 당신의 전권全權을 빌려…… 전례 없는 불손함으로 교회에 맞선 하인리히 왕에게 독일과 이탈리아의 통치를 금지하는 바입니다. 모든 기독교도들이 그에게 이미 했거나 앞으로 행할 맹세를 해지하며, 이로써 누구도 그를 왕으로 섬기고 봉사하는 것을 금지하는 바입니다.

이렇게 되자 교황과 왕 양측이 서로 상대방의 해임을 선언한 꼴이 되었다. 이제 독일의 귀족과 주교들이 둘 중 어느 편을 드느냐에 따라 승패가 가려질 판이었다. 결과는 금방 나타났다. 교황의 파문 선언이 엄청난 효과를 내면서 왕은 갑자기 주변이 서늘해진 것을 느꼈다. 왕의 지지 세력은 흩어졌다. 하인리히의 왕권이 강화되는 것을 죽도록 싫어하던 독일 영주들이 이 기회를 이용해서 왕과 결별하기로 마음먹었던 것이다.

1076년 10월에 독일의 트레부르Trebur에서 관계자들이 모였는데, 교황 사절단도 참가했다. 파문당한 왕은 회의장에는 들어가지도 못하고 라인강 저편 오펜하임Oppenheim에 진지를 구축하고 영주들의 결정이 나오기를 기다렸다. 왕은 추방된 고문관들과는 이미 결별을 선언했고, 교황에게도 복종과 참회를 약속하는 서신을 보내놓았다. 어쨌든 하인리히 왕과 독일 영주들은 파문이 선언된 지 1년, 즉 이듬해 2월 안에 하인리히가 파문에서 풀려나지 않는다면 왕권을 잃어버리는 것으로 합의를 보았다.

카노사의 굴욕

이때가 10월이니 정해진 기한까지 시간이 빠듯했다. 영주들은 교황에게 1077년 2월 2일에 맞추어 아우크스부르크로 와서 이 문제에 대한 중재 재판관이 되어 주십사 하고 요청하고는, 이탈리아로 가는 가장 가까운 알프스 길목을 지켰다. 하인리히가 교황에게 청원하러 가는 것을 막기 위해서였다.

하인리히는 다급했다. 1076년에서 1077년으로 넘어가는 겨울은 알프스산맥 이북의 모든 강이 얼어붙고 이탈리아 중부까지 한파가 밀어닥친 특별히 가혹한 겨울이었다. 이 추운 한겨울에 그는 아내와 두 살짜리 아들을 데리고, 영주들이 점거한 가까운 길을 피해 알프스를 넘어 몹시 고생한 끝에 교황이 머물던 이탈리아의 롬바르디아에 도착했다.

교황 그레고리우스 7세와 맞섰던 하인리히 왕이 파문을 피하기 위해 교황을 찾아왔다. 왕은 굳게 닫힌 카노사 성문 앞에서 꼬박 이틀을 맨발로 서서 기다려야만 했다. 사흘째 성으로 들어간 하인리히는 교황에게 무릎 꿇고 참회를 했다. '카노사의 굴욕'으로 알려진 이 사건은 교황의 권위가 왕보다 우위에 있음을 온 세상에 알렸다. 에두아르트 슈보이저Eduard Schwoiser, <카노사의 하인리히Heinrich vor Canossa>, 1862년경, 뮌헨, 막시밀리아네움 재단Stiftung Maximilianeum.

모두들 그가 교황에 맞서 군사를 동원할 것이라고 예측했다. 교황도 이렇게 짐작하고는 아우크스부르크로 가는 도중이었지만, 서둘러 근처의 카노사Canossa 요새로 갔다. 아펜니노산맥 가장자리에 위치한 견고한 이 요새는 오늘날에는 폐허로만 남아있다. 모두의 예상을 깨고 하인리히는 군대를 동원하지 않은 채 카노사 요새로 교황을 찾아가 참회를 위한 알현을 요청했다. 성문은 굳게 닫히고 알현 허가는 나오지 않았다. 왕은 굳게 닫힌 성문 앞 황량하게 얼어붙은 땅 위에 맨발로 서서 이틀 밤을 보냈다. 사흘째 되는 날에야 성 안으로 들어갈 허가를 받았다.

왕은 교황 앞에서 무릎을 꿇고 참회를 했다. 이렇게 참회하는 사람을 교황이라도 끝까지 거부할 수는 없다. 그것은 성서의 가르침에 맞지 않는다. 교황은 마지못해 왕의 파문을 거두어들이는 의식을 거행했다. 바닥에 십자가 형태로 엎드린 왕을 일으켜 세우고, 왕과 수행원들에게 만찬을 베풀었다. 1077년 1월 28일의 일이었다.

이 사건은 동시대와 후세 사람들을 깜짝 놀라게 만들었다. 교회가 제국을 부수었기 때문이다. 왕을 굴복시킨 그레고리우스는 역사상 교황 권력의 절정을 맛보았다. 그는 지상의 기독교 세계를 교황이 지배해야 한다고 믿었던 사람이다. 신에게서 받은 왕위가 건드릴 수 없는 것이라고는 하지만, 왕도 죄 많은 인간으로서 교황의 권위 아래 선다는 것을 만천하에 드러내 보인 사건이었다.

뒷이야기

이는 우리에게도 어느 정도 윤곽이 알려진 이야기다. 하지만 그 뒷이야기는 그리 널리 알려지지 않았다. 교황과 왕의 다툼은 그리 쉽게 결판날 문제가 아니었다. 하인리히는 파문을 면하자 도로 적법한 왕이 되었다. 교황도 독일 영주들도 이런 결말을 원하지는 않았지만 그리되었다. 독일 영주들은 원래 하인리히 왕과의 약속대로라면 그를 왕으로 받아들여야 했겠지만, 새로운 왕을 선출하기로 했다. 이것은 단순한 약속의 문제가 아니라 권력을 놓고 벌이는 정치적인 다툼이었기 때문이다.

1077년 3월에 교황의 대사도 참석한 가운데 영주들은 슈바벤 공작 루돌프 폰 라인펠덴Rudolf von Rheinfelden을 왕(대립왕Antikönig)으로 선출했다. 그러니까 독일 왕이 2명이 된 것이다. 교황은 1077~1080년까지 이 문제에 대해 중립을 선언했다. 교황이 중립을 선언하자 두 왕 사이의 갈등은 해결의 기미를 보이지 않았다.

3년을 기다리고 나서 그레고리우스 교황은 1080년 사순절 공의회에서 독일 왕 하인리히를 한 번 더 파문하고, 이로써 그를 왕위에서 해직했다. 파문의 힘을 굳게 믿은 교황은 하인리히가 8월 1일까지 참회하지 않는다면 루돌프가 독일의 왕이 될 것이라고 선언했다. 하지만 이번 파문은 지난번과 같은 효력을 내지 않았다. 교황에게서 배신감을 느낀 영주들이 이번 파문에 별 반응을 보이지 않았기 때문이다.

두 왕 사이에서 전투가 계속되는 중에 루돌프가 오른손을 잃고 나서 죽었다. 이것은 중세에 널리 퍼져있던 '신의 판결'이라는 효력을 냈다. 곧 하느님은 옳은 사람의 편을 들어 이기게 한다는 믿음이었다. 교황의 두 번째 파문은 오히려 독일 주교단을 둘로 나누었다. 대부분의 주교들이 왕의 편이 되었고, 일부 주교만이 교황의 편이었다.

하인리히 왕은 독일의 상황이 이렇게 안정되자 군대를 거느리고 오랫동안 벼르던 이탈리아 출정을 감행했다. 1080년 브릭센Brixen(이탈리아어로 브레사노네) 공의회는 그레고리우스 7세 교황에 대한 복종을 해지했다. 이어서 라벤나의 대주교가 교황 후보로 지명되었다. 그는 클레멘스 3세라는 이름을 선택했다. 이제는 교황이 2명이 될 참이었다.

하인리히는 로마로 편지를 보냈고, 1084년에 13명의 추기경이 하인리히 편으로 넘어왔다. 그레고리우스 교황은 로마에도 적이 많았던 것이다. 마지막에 로마인들은 하인리히 왕에게 굴복하여 로마의 성문을 열었다. 그레고리우스 교황은 당시 난공불락으로 여겨지던 천사성Sant' Angelo으로 피신했다. 곧이어 천사성에서 얼마 떨이지지 않은 성 베드로 성당에서 클레멘스 3세가 교황(대립교황Antipapst)으로 즉위했다. 그리고 하인리히 왕도 신성로마 제국 황제로서 대관식을 거행했다. 그는 독일 왕을 넘어 신성로마 제국 황제가 된 것이다. 무력해진 교황 그레고리우스 7세는 천사성에 숨어서 그 꼴을 그대로 지켜보는 수밖에 없었다.

다급해진 그레고리우스는 자신의 봉신인 이탈리아 남부의 노르만 기사 로베르 기스카르를 로마로 오라고 불렀다. 비잔틴 제국을 정복할 셈으로 아드리아해 동편에 나가있던 로베르는 이슬람 용병을 포함한 자신의 군대를 거느리고 로마로 밀려왔다. 하인리히 황제 일행을 로마에서 몰아낸 다음 로베르의 부하들은 로마를 심하게 약탈했기에 그레고리우스는 이제 로마에서도 목숨이 위태로운 지경이 되었다.

로베르가 로마에서 물러날 때 그레고리우스도 그들을 따라 함께 떠

대립왕, 대립교황, 대립그리스도(적그리스도)

대립왕Antikönig, Antiking, 대립교황Antipapst, Antipope 등의 표현을 역사에서 우리는 이따금 만난다. 정식 절차를 거친 왕이나 교황이 이미 있는데, 여러 이유에서 또 다른 왕이나 교황으로 자처하거나 선출된 사람을 일컫는 말이다. '왕 또는 교황을 사칭 또는 자처하는 자' 정도의 의미다. 성서에는 '대립그리스도Antichrist(적그리스도)'도 등장한다. 가톨릭 역사에는 여러 번이나 대립교황들이 있었다.

중세 역사가 오토 폰 프라이징Otto von Freising의 『연대기Die Weltchronik』에 실린 그레고리우스 7세 이야기. 위는 그레고리우스 7세가 로마에서 도망치는 장면(1084)이고, 아래는 살레르노에서 망명 생활을 하다 죽는 장면(1085)이다. 1177~1185년, 예나, 튀링엔 예나 대학 도서관Thüringer Universitäts- und Landesbibliothek Jena.

났다. 이어서 피난처인 남부 이탈리아 살레르노에서 교황 노릇을 하며 대접을 받기는 했지만, 많은 일을 할 수는 없었다. 로마에 교황이 있었기 때문이다. 로마가톨릭의 기틀을 세운 위대한 교황 그레고리우스는 로마에서 멀리 떨어진 살레르노에서 쓸쓸히 죽었다. 그의 마지막 말은 다음과 같다.

> 나는 옳은 일을 사랑하고 불의를 미워했다. 그래서 나는 유배지에서 죽는다.

16

교황의 가짜 뉴스가 불러온 세계사의 전환점: 십자군 전쟁이 시작되다

교황이 가짜 뉴스를 전하다

오늘날 우리 세계에도 여전히 영향을 미치고 있는 중세의 십자군 전쟁은 1095년에 프랑스 출신의 교황 우르바노(우르바누스) 2세Urbano II가 시작한 일이었다. 그가 프랑스 남부 도시 클레르몽Clermont 대성당 앞에서 대중에게 설교를 하면서부터였다. 교황은 수많은 사람들이 설교를 들으러 올 것에 대비해 좁은 성당이 아닌 건물 밖을 설교 장소로 선택했다.

하지만 11월 마지막 주간의 추워진 날씨 탓에 청중은 생각보다 적어서 300~400명에 지나지 않았다. 이들 청중을 앞에 두고 교황은 앞으로의 인류사에 중대한 전환점이 되는 사건을 만들어낼 설교를 시작했다. 그의 설교에는 다음과 같은 끔찍한 서술이 들어있었다.

하느님을 전혀 모르는 종족(셀주크)이 그리스도교의 나라(비잔틴 제국)로 침입해서 칼과 강탈과 불로 인구를 줄였습니다. 이 종족은 자기들의 더러운 관행으로 제단을 오염시키고 파괴했어요. 그리스도교

교황 우르바노 2세는 클레르몽 대성당 앞에서 무슬림의 끔찍한 살상 행위를 규탄하며 복수를 부추기는 설교를 했다. 설교 내용의 핵심은 가짜 뉴스였지만, 전쟁에 능숙한 노르만-프랑크 귀족들의 열망에는 부합하는 것이었다. 이로써 역사상 악명 높은 십자군 전쟁이 시작되었다. 프란체스코 하예즈Francesco Hayez, <클레르몽 광장에서 1차 십자군 전쟁을 부추기는 교황 우르바노 2세Papa Urbano II sulla piazza di Clermont predica la prima crociata>, 1835년, 밀라노, 이탈리아 갤러리Gallerie d'Italia.

도에게 할례를 행하고, 할례의 피를 제단에 묻히거나 세례 함지에 쏟아부었습니다. 사람들을 고문해 죽일 경우에는 그들의 배를 열어 가장 중요한 내장을 잘라내, 그것으로 그들의 몸을 말뚝에 묶거나, 아니면 묶어서 이리저리 끌고 다닌 다음에야 죽이니, 가여운 희생자들은 내장을 모조리 바닥으로 쏟아놓고 엎어지는 겁니다. 침묵보다 말하는 것이 더 큰 해악이 되는, 여자들에 대한 악행이야 어찌 이루 다 말할 수 있겠습니까?

이런 행동에 대한 복수의 임무는 여러분 말고 누구에게 지워지겠습니까? 여러분이 아니라면, 이 상황을 올바르게 고칠 과제는 누구의 몫이란 말인가요? 하느님은 여러분에게 무장하고 모든 사람 위에 우뚝 설 영광을 주셨지요. 너그러운 마음과 유연한 몸을 선물해 주시고, 여러분에 맞서 저항하는 어떤 사람이라도 쉽게 꺾을 힘을 주셨습니다.

교황의 입에서 나온, 동양의 전쟁에 대한 이런 끔찍한 서술과 더불어 역사상 십자군 전쟁은 촉발되었다. 교황이 서술한 구체적 내용은 실은 가짜 뉴스로서 순전히 선동에 지나지 않는 말이었다. 무슬림이 지난 수백 년 동안 오리엔트 지방과 소아시아에서 이교도에게 행한 박해라고 해봐야, 가톨릭교도들이 이교도나 이단에게 자행한 일에 비하면 오히려 더 온건한 편에 속하는 것들이었다.

우르바노 2세 교황, 그는 누구인가?

① **11세기 프랑스 태생:** 우르바노 2세는 그레고리우스 7세 교황이 발탁한 인물로서 그레고리우스의 추종자였다. 1035년 무렵 오늘날의 북부 프랑스, 당대의 프랑크 왕국에서 귀족으로 태어나 50대에 교황(재위 1088~1099)이 되었다.

그가 태어난 11세기 전반의 프랑크 왕국 북부에서는 바이킹-노르만 세력이 막강해져서 왕의 세력이 위축되어 있던 시절이었다. 머지않아 노르망디 공작 윌리엄이 잉글랜드 왕좌를 차지했다. 바이킹 출신 귀족들이 프랑크 북부를 지배하던 이 시대에 우르바노 2세가 자란 샹파뉴 지역도 유혈 다툼과 복수로 얼룩져 있었다. 평화를 좋아하는 귀족들마저도 강탈이나 약탈을 예사롭게 여겼고, 권력이나 땅을 차지하기 위해 서로 죽고 죽이는 일이 다반사였다.

이토록 폭력적이고 살상에 익숙한 노르만 귀족들은 다른 한편 매우 열성적인 기독교 신자들이었다. 정복자 윌리엄의 아버지 노르망디 공작도 이 무렵 예루살렘으로 순례여행을 떠났다가 그곳에서 죽었다. 중세 시대가 전체적으로 신앙의 시대이긴 하지만, 이들 노르만 귀족들의 신앙심은 상당히 특이할 정도였으니, 오늘날 우리의 관점으로는 퍽 이상해 보인다. 사랑과 복종을 가르치는 기독교 신앙은 용맹함과 군사력으로 권력을 키우는 이들 노르만 귀족들의 가치관과는 잘 어울리지 않아 보이기 때문이다.

하지만 잔인성을 보이는 귀족들의 신앙심은 그들이 폭력적일수록 오히려 더욱 절실한 측면을 지녔다. 당시 사람들은 거의 평생 '죄'와 저승에 대한 크나큰 두려움을 지니고 살았기 때문이다. 죽어서 심판을 받아야 하는데, 죄로 더럽혀진 영혼은 영원의 시간을 고통 속에서 보내야 한다고 굳게 믿었다.

당시 귀족들은 봉건영주든 신하든 모두 전투를 통해 자기들의 세력을 확보했으니, 폭력과 살상을 피할 길이 없었다. 귀족 신분 자체가 그것을 요구했다. 하지만 그런 만큼 자기들이 저지르는 폭력과 살인이라는 죄를 씻으려는 그들의 열망 또한 몹시 간절한 것이었다. 그래서 일부 귀족들은 머나먼 예루살렘 성지聖地 순례라는 몹시 위험한 길을 선택했던 것이다.

② **클뤼니 수도원 출신**: 이 시대에 성지 순례 말고 영혼을 깨끗하게 보존할 수 있는 또 다른 방법이 있었으니 바로 수도사가 되는 길이었다. 우르바노도 이 길을 선택했다. 그는 일찌감치 랭스 대성당 학교에서 공부를 마치고 성직을 받아 교회에서 일했다. 하지만 당시 사제들과 주교

들은 악명이 자자할 정도로 부패한 사람들이 많았고, 실제로 결혼한 사제들도 많았다. 그레고리우스 7세 교황이 이런 교회 내부의 부패를 정화하기 위해 얼마나 많은 노력을 기울였던가.

우르바노는 부패한 세속 교회의 영역에서 벗어나 부르고뉴의 클뤼니 수도원 수도사가 되었다. 10세기 초에 설립되어 당시 세력의 절정에 도달한 클뤼니 수도원은 중세에 가장 중요한 수도원의 하나로, 교황 직속이었다. 덕분에 세속의 귀족들이 수도원의 인사 문제에 개입하지 못하고 교회가 수도원장을 선출했다. 베네딕트 수도회의 일파인 클뤼니 수도원의 계율들은 당시 가톨릭 세계 전체의 모범으로 여겨져서 널리 퍼져 나갔다.

③ **그레고리우스 7세 교황의 노선**: 이 거대한 수도원 조직에서 우르바노는 총장에 뒤이은 2인자 자리까지 올라갔으니 뛰어난 행정 능력을 지녔음이 분명하다. 덕분에 그레고리우스 7세 교황의 주목을 끌었고 그는 이탈리아 북부의 강력한 교구인 오스티아Ostia의 추기경-주교가 되었다. 추기경 시절 그는 그레고리우스 7세 교황의 광신적 신념과 불운에도 불구하고, 끝까지 그의 열렬한 지지자로 남았다. 그레고리우스 교황이 죽은 뒤에 하인리히 4세가 내세운 대립교황 등 복잡한 문제로 다른 교황이 등장했다가, 그 교황이 죽은 다음 마침내 우르바노가 교황으로 선출되었다(1088).

우르바노 2세는 교황이 되고 난 다음에도 대립교황과 맞서 싸우다가 1094년에야 겨우 이 문제를 어느 정도 해결하고 로마로 입성할 수 있었다. 그는 세속 권력에 맞서 교황의 권위를 강화하려는 그레고리우스의 노선을 그대로 이어받았다. 광신적·급진적인 그레고리우스 교황은 심지어 교황 군대라는 생각까지도 지녔으니, 이는 십자군에 중대한 초석이 되는 이념이었다. 다만 우르바노는 직설적이고 강경한 그레고리우스보다 훨씬 더 많은 외교적인 수단을 이용했고, 시간을 두고 더 효율적으로 교황의 권위를 회복했다.

④ **십자군 전쟁을 시작**: 1095년 초에 포위당한 동로마 제국 황제에게서 도움을 요청하는 편지가 우르바노 2세에게 도착했다. 우르바노는 "가능한 한 돕겠노라"고 맹세했지만, 실질적인 도움을 줄 수는 없었다. 그러다가 같은 해 가을에 프랑스로 대규모 선교여행을 떠나 클레르몽에서 앞서 인용한 저 유명한 설교를 했던 것이다. 그 뒤로도 그는 프랑스의 여러 지역에서 십자군을 일으키라는 이런 선동 연설을 계속했다.

하지만 무슬림은 이미 오래전에 예루살렘을 정복했고 또한 무슬림이 비잔틴 제국과 동방 교회를 공격한 것도 어제오늘의 일이 아니었다. 이것은 이미 수십 년, 아니 수백 년이나 계속된 일이었지만, 로마에서는 그동안 그에 대해 거의 아무런 반응도 하지 않았다. 오히려 비잔틴 제국이 약해진 틈을 이용해 남부 이탈리아의 동방 교회를 슬그머니 로마가톨릭으로 바꾸는 것을 앞서 이미 보았다.

그런 만큼 우르바노 2세가 클레르몽에서 갑자기 신도들에게 동쪽의 이교도에 맞서 일어서라고 촉구하는 연설을 한 것은 동방 교회를 돕기 위해서라기보다는 당시 교황 자신의 정치적 필요성에 따른 것이었다. 외교적인 힘과 온갖 노력을 다 기울여, 아직 건재한 대립교황 클레멘스 3세에 맞서 중부 이탈리아에서 자신의 세력 근거를 확보하기 시작했으니, 이참에 교황의 권한을 확고히 다지고 로마의 영향력을 더욱 확대하려고 했던 것이다. 그래서 그는 자기 연고지인 프랑스에서 이 연설을 했고 과연 프랑스 사람들은 이에 열렬히 반응했다.

물론 교황의 의도가 오로지 정치적 계산만 따른 것은 아니었다. 다른 측면에서 정당한 야심도 작동하고 있었다. 우르바노는 동방 교회와의 우호 관계를 회복하려는 소망을 지녔다. 1054년의 대분열을 통해 동방 교회와 서방 교회가 서로 갈라섰지만, 이제 콘스탄티노플의 구원 요청에 대해 로마 측이 긍정적인 반응을 보임으로써 새로운 신뢰 관계를 구축하고 싶었던 것이다.

덧붙여서 소아시아, 시리아, 팔레스티나 등 레반트 지역의 기독교도들 사이에서도 라틴 교회의 영향력을 확장하고, 또한 유럽의 순례자들이 성지 예루살렘을 안전하게 순례할 수 있도록 하려는 순수한 열망도 가지고 있었다.

순례여행과 성지 탈환을 한꺼번에, 일석이조의 기회

교황의 설교는 뜻밖에도 엄청난 흥행 성과를 거두었다. 동방 교회를 돕고, 무엇보다도 성지 순례를 위한 안전을 확보한다는 목적을 지닌 십자군의 열광이 유럽 전역으로 퍼져 나갔다. 심지어 교황도 이런 열기를 통제할 수 없을 정도였다.

특히 자신이 지은 죄를 속죄하기 위해 순례여행을 원하던 노르만-프랑크 귀족들에게는 원래 지니고 있던 성지 순례의 열망에 덧붙여, 자기들이 잘하는 전쟁을 통해 교회에 봉사할 기회가 생긴 셈이었다. 경험을 통해 그들은 전쟁에서 승리하면 영토와 통치권을 얻을 수 있다는 사실을 너무나 잘 알고 있었다. 신앙을 위한다는 전쟁이라도 이 점에서는 차이가 없었다. 노르만 기사들은 북방 출신으로 정복전쟁을 통해 이미 수많은 왕국의 통치권을 장악한 자들이 아니었던가?

교황의 설교를 듣자 곧바로 이들 노르만 귀족들이 움직이기 시작했다. 프랑스 북부의 노르만 귀족들과 이탈리아 남부의 노르만 통치자들, 심지어 정복자 윌리엄의 아들까지도 이 대열에 적극 합류했다. 이들 노르만 기사들이 1차 십자군 전쟁의 핵심 세력이었다.

17

1차 십자군 전쟁으로 예루살렘 왕국이 세워지다

주변국들과 대립하는 비잔틴 제국

서로마 제국의 멸망(476)을 중세가 시작하는 시점으로 잡고 우리의 이야기를 시작했다. 중세 시대 대부분 기간에 동로마 제국은 멸망하지 않고 그대로 남아있었다. 서로마 제국이 사라진 다음에도 동로마 제국은 여전히 동유럽과 북아프리카, 아라비아 지역을 포함하는 거대한 제국이었다. 특히 유스티니아누스 대제는 옛날 로마 제국의 영토 일부를 회복했다. 하지만 이슬람이 출발한(622) 뒤로 아랍의 여러 제국들과 왕조들이 세력을 확장하면서 동로마 제국(=비잔틴 제국)은 아라비아 지역과 북아프리카 영토를 잃어버렸다.

다만 963년부터 1025년까지 비잔틴 제국은 일종의 '비잔틴 전성기'를 이루면서 일시적으로 소아시아, 발칸반도, 남부 이탈리아 등지를 포괄하는 거대한 제국을 이루었다. 3명의 황제들이 연속적으로 찬란한 무공을 세우면서 이룩한 위업이었다.

하지만 바로 이 11세기에 비잔틴 제국은 동쪽으로 아프리카와 아랍 세계뿐만 아니라, 서쪽으로 그사이 힘을 회복한 로마 교회와도 심각하

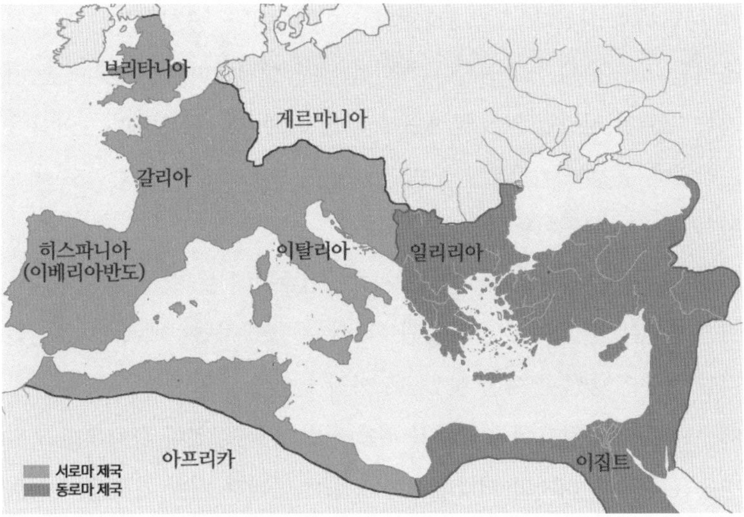

서로마 제국과 동로마 제국(395년 무렵). 서로마 제국이 멸망한 476년 이후에도 동로마 제국은 천 년가량 이어졌다.

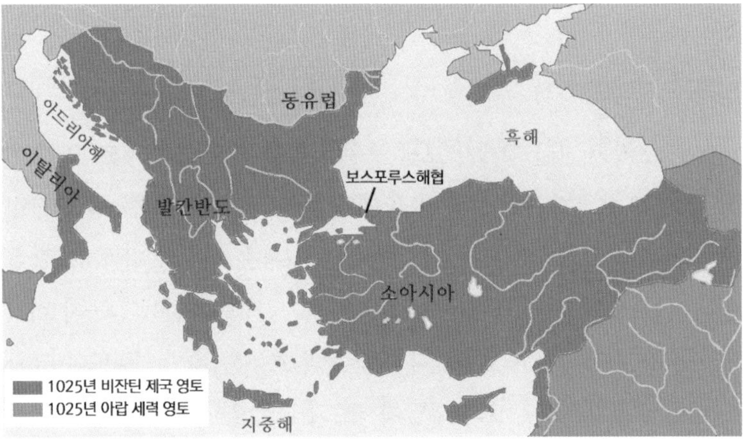

비잔틴 제국은 11세기에 일시적 전성기를 맞으면서 소아시아, 발칸반도, 남부 이탈리아까지 포괄하는 제국을 이루었다. 그 결과 주변에 있는 아프리카와 아랍 세계뿐 아니라 로마 교회와도 대립하게 되었다.

게 대립하게 되었다. 그리스정교와 로마가톨릭이 공식적·명시적으로 분리된 것도 11세기의 일이다. 게다가 남부 이탈리아와 시칠리아를 차지한 노르만 사람들은 노골적으로 비잔틴 제국을 정복하려는 야욕을 드러냈다. 동시에 이집트를 노리던 셀주크(투르크 일족) 사람들도 비잔틴 제국으로 쳐들어왔다.

1081년에 알렉시오스 1세Alexios I가 비잔틴 제국의 황제가 되었다. 그는 봉건제 방식으로 군대를 확보해서 셀주크 사람들에게 맞섰다. 하지만 셀주크 종족은 이미 발칸반도까지 들어와 있었다. 알렉시오스 황제는 셀주크 사람들에게 맞서기 위해 서방의 (신성)로마 황제에게 구원병을 요청했다. 하지만 서방에서는 용병이 아니라 개별 기사들이 독립적으로 군대를 이끌고 콘스탄티노플로 왔다. 비잔틴 제국을 돕기 위해서라기보다 예루살렘을 이교도에게서 되찾겠노라는 단순한 생각을 지닌 사람들이었다.

십자군 전쟁의 시작

1095년 초에 비잔틴 황제가 보낸 구원 요청을 받은 교황 우르바노 2세가 같은 해 11월에 프랑스 도시 클레르몽에서 세계공의회를 열었다. 이때 비잔틴 제국의 대사도 여기 참석했다. 교황은 서방의 기독교도들을 향해, 이교도 셀주크 사람들에 맞서 싸우는 기독교 신앙의 동지 비잔틴 제국을 후원하자고 호소했다. 사람들의 호응은 매우 열렬했다. 교황은 이어서 프랑스의 투르와 루앙에서도 주교회의(=공의회)를 열고 같은 호소를 했다. "신께서 원하신다!"는 것이 좌우명이었다.

교황의 메시지는 빠른 속도로 널리 전파되었다. 중세에 많던 떠돌이 설교사들까지 합세하여 교황의 메시지를 전달하면서 수많은 단순한 사람들, 모험가, 범죄자, 심지어 농부들까지 이 전쟁에 동참하겠다고 나셨다. 전투에 나서는 사람들에게는 죄의 사면이 약속되었다.

교황의 이런 호소는 물론 거룩한 땅을 되찾고 무슬림의 핍박을 받는 기독교도들을 해방시키겠다는 순수한 마음에서 나온 것이었다. 하지만 서로 나뉘어 싸우고 있는 유럽의 여러 세력들 사이에서 주도권을 되찾으려는 교황의 정치적 계산도 작용했다. 11세기에는 교황이 주도권을 차지할 만한 유리한 토양도 준비되어 있었다. 유럽은 저 북쪽 끝까지 이미 완전히 기독교로 개종한 상태였다. 그레고리우스 7세 교황의 개혁이 상당히 성공했다는 사실에서 볼 수 있듯이, 당시 사람들은 신앙심이 매우 강했고, 덧붙여서 세계의 종말에 대한 두려움도 무척 컸다.

당시에는 참회하고 죄를 벗을 기회로 그리스도의 성묘聖廟와 사도들의 성지를 순례여행하는 것이 널리 유행했다. 그 길이 무척 멀고 험했으나 이는 오히려 그런 열망을 더욱 부채질했다. 그 힘든 고난을 극복한다면 분명 구원을 얻을 것이라는 마음이 더욱 커졌던 것이다. 그러다 보니 이교도가 차지한 가장 거룩한 기독교의 성소들을 되찾으려는 각오와 필요성도 함께 커졌다.

게다가 유럽의 많은 지역에 있던 하급 귀족 출신의 수많은 젊은이들은 조상에게서 물려받을 것이 거의 없었으니, 어떻게든 전쟁에 나가 자신의 힘으로 재산이나 영토를 얻을 기회를 노렸다. 마침 교회가 이런 전쟁 욕구에 정당한 이념과 기회를 제공해 주고 있었다.

다만 귀족 기사들이 군대를 모으고 출발 준비를 마치기까지 상당한 시간이 필요했다. 그사이 일반인 패거리가 무턱대고 먼저 동쪽으로 출발했다. 민중 십자군이었다.

은둔자 피에르와 민중 십자군

교황의 십자군 설교가 전파되자마자 이듬해 초에 벌써 조직조차 제대로 되지 않은 채로 한 무리의 사람들이 모여 멋대로 동양을 향해 출발했다. "은둔자 피에르Pierre l'Ermite"라 불리는 설교사가 일부 기사들과 작당하여 사람들을 그러모았는데, 거기 몰려든 사람들은 주로 단순한 사람들로서 농부들과 심지어 그 가족까지 포함되어 있었다. 덕분에 이들은 '민중 십자군'이라 불린다.

서프랑크(=오늘날 프랑스)에서 출발한 이들은 동양은커녕 동프랑크(=오늘날 독일)에서 벌써 많은 수의 유대인 주민들을 매우 잔인하게 죽였다. 이어서 베오그라드 등 발칸반도에서도 학살과 약탈을 자행하다가 현지 주민들의 강력한 저항에 부딪치기도 했다.

그런데도 이들 민중 십자군은 행진을 계속해서 비잔틴 제국의 수도 콘스탄티노플에 도착했다. 비잔틴 황제 알렉시오스 1세는 수도를 보호하기 위해서 이들을 재빨리 보스포루스해협 건너편 소아시아반도로 보냈다. 민중 십자군은 1096년 10월에 니케아 근처에서 룸 셀주크Rum Seljuk 군대와 부딪쳤는데, 셀주크 군대는 훈련도 없이 떠나온 민중 십자군 패거리를 거의 궤멸하다시피 했다. 간신히 살아남은 자들은 콘스탄티노플로 되돌아와서 뒤따라오는 십자군을 기다렸다.

십자군의 정비와 출발

민중 십자군이 궤멸당한 이 해에 훨씬 제대로 조직된, 당시로서는 엄청난 규모의 십자군 부대가 만들어졌다. 주로 프랑스 사람, 프랑스와 남부 이탈리아의 노르만 사람, 플랑드르와 로렌 사람들로 구성된 군대였다. 유명한 십자군 기사들이 이들을 지휘했다. 정복자 윌리엄의 아들이자 노르망디 공작인 '짧은 바지 로베르Robert Courteheuse'(로베르 2세), 고드프루아 드 부용Godefroy de Bouillon, 남부 이탈리아 로베르 기스카르 공작의 아들 보에몽 1세Bohemond I, 툴루즈의 백작 레몽 4세Raymond

IV, 보두앵 드 불로뉴Baudouin de Boulogne, 플랑드르 백작 로베르Robert de Flandre, 위대한 위그Hugues de Vermandois 등이다.

유명한 독일(=신성로마 제국) 황제 하인리히 4세와 프랑스 왕 필리프 1세는 모두 교회의 파문을 당한 처지라 1차 십자군 전쟁에 동참하지 못했다. 덕분에 십자군 지도자들 중 누구도 전체를 통합할 최고 지휘자의 권위를 갖지 못했고, 이것은 십자군 안에서 지속적인 갈등의 원인이 되었다. 최고 지휘자가 없는 상태에서 유명한 기사들이 많을수록 결과가 여러 갈래로 갈라질 것이 분명했다.

큰 무리를 이룬 십자군은 제각기 출발해서 시차를 두고 모두 콘스탄티노플 근처에 집결했다. 오늘날 추산으로는 대략 7천 명의 기사와 귀족들, 그리고 2만2천 명의 보병으로 이루어진 군대였다. 무장하지 않은 인원까지 합치면 대략 5만에서 6만 명 정도였을 것으로 여겨진다. 따로 출발하여 다른 길을 거쳐 온 이들이 1097년에는 모두 도착하면서 십자군은 진영을 갖추었다. 이들은 콘스탄티노플의 황제가 길을 터주어야 해협 건너편의 소아시아로 건너갈 수 있었다.

서방에서 온 대군이 콘스탄티노플 근처에 집결해 있는 상황이었다. 비잔틴 제국의 알렉시오스 1세 황제로서는 이들을 믿을 수 없었다. 십자군을 이끄는 지휘자나 군인들 중에는 노르만 사람들이 상당수였는데, 이들 중에는 비잔틴 제국을 정복하려는 야욕을 여러 번이나 노골적으로 드러낸 사람 또는 그 후손들도 있었다. 그런 만큼 이들 중 누군가가 비잔틴 영토를 차지하겠노라고 덤빌지도 모르는 일이었다.

비잔틴 제국의 황제는 십자군 지도자들에게 비잔틴 황제의 봉신이 되어, 황제인 자기에게 충성을 다하겠노라는 맹세를 하라고 요구했다. 이는 그들이 무슬림에게서 정복하는 모든 영토가 명목상 비잔틴 황제의 것이 된다는 뜻이었다. 서쪽에서 온 기사들은 일단 맹세를 했지만, 그 맹세를 진지하게 여기는 자는 없었다. 맹세를 받고 나서 알렉시오

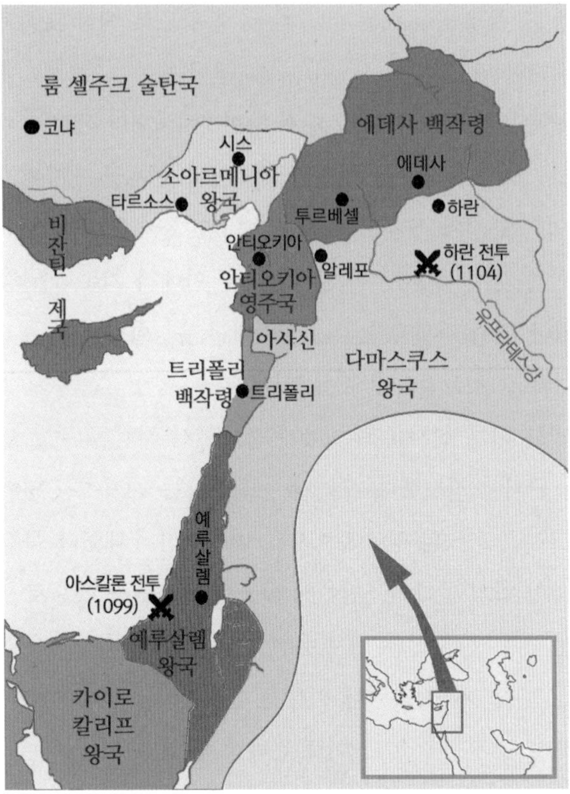

1차 십자군 전쟁 이후의 레반트 지역 상황. 에데사 백작령, 안티오키아 영주국, 트리폴리 백작령, 예루살렘 왕국 등이 보인다. ©MapMaster

스는 서둘러 십자군을 보스포루스해협 건너편 소아시아로 보냈다.

경과

소아시아로 건너간 통합 십자군은 머지않아 룸 셀주크 부대와 대결하면서 곧바로 그들의 수도인 니케아를 포위했다. 하지만 작은 규모이던 비잔틴 제국 부대가 셀주크 사람들과 잽싸게 담판을 지었고, 이들 셀주크 사람들이 비잔틴 편으로 넘어가면서 십자군에게는 약탈의 기회가 사라졌다.

① **에데사 백작령**: 아나톨리아반도 동남부 킬리키아에서 십자군 지휘자들 사이에 내분이 점점 더 심해졌다. 보두앵 드 불로뉴와 그 부하들은 본대를 이탈하여 에데사Edessa로 갔다. 보두앵은 1098년 그곳에 정착했다. 그는 알렉시오스 황제에게 행한 봉신 서약을 깨뜨리면서 에데사 백작령을 세우고 스스로 그곳의 영주가 되었다. 이는 서방 출신 십자군이 동양에 만든 최초의 작은 영토였다.

② **안티오키아 영주국**: 보두앵을 뺀 나머지 십자군은 시리아 쪽으로 남하하여 1097년 10월에 안티오키아Antiochia를 포위했다. 7개월 동안이나 포위가 계속되었는데, 식량이 부족하여 수많은 십자군이 굶어 죽거나 대오를 이탈했다. 1098년 6월에 마침내 안티오키아가 함락되었고, 기독교도 이외의 주민은 거의 학살을 당했다. 십자군은 원래부터 약탈군의 면모를 가지고 있었지만, 그동안 굶주린 탓에 더욱 노골적인 약탈자가 되었다. 그래 봤자 오래 포위되어 있던 성 안에는 식량조차 거의 남아있지 않았는데도 그랬다.

안티오키아를 차지한 십자군은 머지않아 그들 자신이 성벽 안에 포위당한 신세가 되고 말았다. 성이 함락되고 5일이 지나자 모술, 알레포, 다마스쿠스 등지에서 무슬림 군대가 원군으로 달려왔기 때문인데, 원군은 모두 합쳐 20만 명에 달했다. 십자군은 비전투 요원까지 합쳐야 겨우 2만 명을 넘지 못했다. 절망적인 상황에서 그들은 3주 동안의 금식 기간을 선포했다.

보에몽 1세(로베르 기스카르의 아들)는 성창聖槍의 소문을 퍼뜨렸다.

성창이란 로마 군인들이 예수를 십자가에 못 박고 나서 예수의 옆구리를 찔렀다는 창을 가리킨다. 어떤 수도사도 자기 꿈에 안드레 사도가 나타나서 성창이 있는 곳을 일러주었다고 말했다. 사람들은 처음에 지도자의 말을 믿지 않았으나 설교사 한 사람도 비슷한 말을 하니 의심이 사라졌다. 머지않아 사람들은 땅을 파다가 정말로 창을 찾아냈고, 모두들 이것이 성창이라고 여겼다.

이런 기적을 목격한 십자군은 그야말로 기적적인 힘으로 거대한 무슬림 원군에 맞설 용기를 냈고, 10 대 1이라는 터무니없는 전력 차이에도 불구하고 무슬림 군대를 물리쳤다. 반대로 무슬림 군대는 쭈뼛거리다가 작은 패배를 겪고는 도망치고 말았다.

보에몽 1세는 스스로 안티오키아의 성주라고 선포했고, 이로써 그도 비잔틴 황제에 대한 봉신의 맹세를 깨뜨리고 자기가 점령한 영토를 차지했다. 그는 서둘러 십자군 활동을 종결하고, 자신의 영토를 보살피는 일에 전념했다. 이는 십자군이 동양에 세운 두 번째 영주국이다. 다만 그의 조카는 십자군에 남았다. 나머지 사람들은 예루살렘 방향으로 진군을 계속했다.

③ **인육을 먹은 십자군**: 하지만 십자군이 맞닥뜨린 식량난은 좀처럼 해결될 기미를 보이지 않았다. 그들은 사방으로 돌아다니며 닥치는 대로 주변 지역을 약탈했다. 굶주린 병사들 사이에서 전염병까지 창궐하면서 지휘자들 중에도 병으로 죽는 자들이 생겨났다. 1098년 12월 십자군은 오늘날 시리아의 마라트-알-누만Maarat-al-Numan을 정복하는 과정에 사람을 잡아먹는 일까지 저질렀다. 캉의 라둘프Radulf von Caen는 이렇게 보고했다. "마라트에서 우리 편은 이교도 어른들을 솥에 삶고, 아이들을 꼬치에 꿰어 구워서 먹었다."

마라트에서 한 행위는 아랍 세계에 이교도(=기독교) 침입자들의 야만성과 잔인성을 알리는 예로 널리 퍼졌다고 한다. 오늘날까지도 아랍의 노래에는 "인육을 먹는 자들"이라는 말이 나오는데 이는 그 옛날 십자군 전쟁 시기에 쳐들어온 프랑크 기사들을 가리킨다고 한다.

④ **예루살렘 왕국**(1099): 1099년 1월에 나머지 십자군은 다시 길을 떠났다. 대략 14,000명 정도의 병력으로, 그중 1,500명 정도가 기사들이었다. 그들이 지나가는 마을이나 도시들은 자발적으로 그들에게 식량을 내주어 얼른 지나가게 만들었다. 그들의 목적지는 예루살렘이었으니, 그들이 얼른 지나가는 쪽이 훨씬 나았기 때문이다.

레몽 4세 백작은 안티오키아에 남은 보에몽이 차지한 것과 같은 정도의 영토를 트리폴리Tripoli 주변에 세우기로 마음먹었다. 그래서 트리폴리 근처 아르카 성을 포위했지만, 얼른 예루살렘으로 가려는 다른 기사들의 성화에 못 이겨 성과 없이 도로 길을 떠났다. 그들은 지중해 연안을 따라 예루살렘으로 진군했다.

1099년 초에 마침내 십자군은 예루살렘에 도착했다. 예루살렘은 1098년부터 이집트 파티마 왕조의 지배 아래 있었다. 십자군은 여기서 뜻밖의 복병을 만났으니, 식량과 물 부족 말고도 엄청난 더위와 전염병이 침입군의 기를 꺾었다.

방어군은 가톨릭 신자를 모조리 예루살렘에서 쫓아내고는 정기적으로 십자군을 향한 기습을 감행하곤 했다. 쫓겨난 사람들은 이제 예루살렘 성벽 밖에서 공격자들과 함께 목숨이 위태롭게 되었다. 방어자들이 미리 성벽 바깥의 모든 우물을 파괴하고 나무를 베어버렸기 때문이다. 멀리서 길어오는 물은 질이 나빴다. 상당수의 십자군이 쓰러지거나 아니면 진영을 떠나 홀로 귀향길에 올랐다.

그런데도 지휘자들은 예루살렘 성을 공격하려고 여러 번이나 시도해 보았지만 공성기가 없이는 성을 공략하기가 불가능했다. 그들은 멀리 떨어진 사마리아 지방에서 목재를 가져다가 포위탑, 공성용 망치, 투석기 등을 제조하기 시작했다. 1099년 6월에 십자군은 심각한 손상을 입으면서도 이런 공성기들을 동원하여 5주 동안이나 공격한 끝에 1099년 7월 15일에 예루살렘 성을 접수했다. 실로 엄청난 희생을 지불한 승리였다.

기독교와 이슬람 연대기 기록자들은 십자군이 성을 접수한 다음 무슬림과 유대인 주민들을 잔혹하게 학살했으며, 도시에 남아있던 기독교도들(콥트 기독교도와 시리아 기독교도)마저 죽였다고 기록하고 있다. 이슬람 기록으로는 7만 명이 죽임을 당했다고 하고, 기독교도 기록에 따르면 1만 명 정도로 추산된다. 물론 이는 오늘날의 연구로는 맞지 않는 숫자로 여겨진다. 히브리 문서를 토대로 계산해 보면 대략 3천 명 정도가 사망했을 것으로 추정된다. 중세의 수치가 얼마나 심하게 과장되었는지를 볼 수 있는 대목이다.

예루살렘 공격을 지휘한 고드프루아 드 부용은 예수 그리스도가 가시면류관을 쓴 도시의 왕이 되고 싶지 않다며 왕관을 거부했다. 그래서 그는 '성묘 수호자'라고 불리면서 새로 세워진 예루살렘 왕국의 섭정 노릇을 했다. 그의 지휘 아래 십자군은 파티마 군대를 아스칼론Askalon 전투에서 물리쳤다. 이로써 1차 십자군 원정이 끝난 것으로 간주된다.

⑤ **트리폴리 백작령:** 1100년에 고드프루아 드 부용이 죽자 그의 형제인 보두앵 드 불로뉴가 예루살렘 왕국의 왕좌를 차지했다. 야망이 컸던 그는 이미 멋대로 에데사 백작이 되었던 사람이지만, 에데사 백작령을 사촌에게 넘겨주고 자신은 예루살렘의 왕이 된 것이다. 툴루즈의 레몽 4세는 1109년 시리아 해안에 트리폴리 백작령을 세웠다. 이것이 예루살렘 왕국에 이어 동양에 세워진 네 번째 십자군 국가다.

영화 <킹덤 오브 헤븐Kingdom of Heaven>

리들리 스콧 감독의 이 영화는 '예루살렘 왕국'이 종말(1187)을 고할 때의 풍경을 담고 있다. 리암 니슨, 에바 그린, 올랜도 블룸, 제레미 아이언스 등 굵직한 배우들이 출연하는 큰 규모의 영화다.

영화 줄거리는 큰 틀에서는 역사 진행과 어느 정도 맞지만 세부사항이나 인물은 정밀하게 일치하지 않는다. 역사 다큐멘터리처럼 보아서는 안 된다는 뜻이다. 이 영화에서 성전기사단의 모습이 몹시 부정적으로 묘사되는데 이 또한 역사적인 근거가 없다.

주인공인 발리앙Balian이나 예루살렘 왕 보두앵 4세의 모습도 일부만 역사상의 인물과 일치할 뿐 세부사항에서는 맞지 않는다. 보두앵 4세는 실제로 나병을 앓았다고 한다. 역사상의 인물을 모델로 삼은 다른 등장인물도 모두 역사가들에 의해 사실과 다르다는 비판을 받았다. 또한 제레미 아이언스가 맡은 역할은 역사적인 모델이 아예 없다.

그럼에도 이 영화를 통해 우리는 예루살렘 왕국의 종말 장면을 볼 수 있고 2차 십자군 전쟁의 흔적도 일부 볼 수 있다. 무슬림에 비해 오히려 평화로운 공존을 거부한 기독교 기사들의 일부 행태도 볼 수 있다. 이는 상당 부분 역사적인 근거를 가지며, 특히 프랑스 출신 기사들의 야망과 욕심도 아주 틀린 것은 아니라고 한다. 우리 책이 들려준 십자군 전쟁의 이야기를 참조하며 차근차근 영화를 다시 본다면, 모르고 보았을 때와는 전혀 다른 인상을 얻을 수 있을 것이다.

결과

이렇듯 1차 십자군 출정은 동양의 레반트 지역에 여러 개의 십자군 국가들을 세우는 결과로 막을 내렸다. 하지만 이들 기독교 국가들은 서로 다투면서 차츰 힘이 약해졌고, 반대로 이슬람교도들은 처음에는 서로 통합을 이루지 못했지만 시간이 흐르면서 다시 힘을 합쳤다.

십자군이 동부 지중해의 해안 도시들을 점령한 기간에 유럽과 동양 사이의 무역은 상당히 번창했고, 이탈리아의 도시국가들인 제노바와 베네치아가 주로 그 혜택을 얻었다. 뒷날 베네치아의 번영은 십자군 전쟁 시절의 지중해 무역에 힘입은 것이다.

비잔틴 제국 및 아랍 세계와의 만남도 서유럽의 문화적 발전으로 연결되었다. 하지만 십자군을 지휘하던 기사귀족들은 비잔틴 제국 황제에 대한 맹세를 깨뜨렸고, 이로써 동방 제국과 서유럽 기독교도들 사이에 깊은 갈등이 생겨났다. 물론 유럽과 이슬람 세계의 대립은 그보다 더욱 깊어져서 이 갈등은 오늘날까지도 이어지고 있다.

십자군 전쟁을 통해 서방 세계에는 '기사도'라는 이념이 형성되었고, 이것은 전보다 더욱 가톨릭 특성과 결합되었다.

18

순례자들의 보호자, 성전기사단

성전기사단

성전기사단Templar은 중세 역사에서 아마도 가장 유명한 기사단일 것이다. 이 기사단은 처음에 엄청난 번영을 누리다가 뒷날 프랑스 왕에게 고발당하고 재판이 진행되는 도중에, 로마 교황에 의해 기사단 자체가 해체되었다. 교황의 특명으로 설립된 프랑스 기사단이 프랑스 왕의 고발을 받은 데다 교황에 의해 해체되었을 뿐 아니라, 기사단의 총장과 주요 인사들이 프랑스 왕과 전투를 벌이다가 체포되어 처형당하기까지 했다. 그런 만큼 이것은 그야말로 주목을 끄는 중세 사건들 중 하나다.

프랑스 기사들을 주축으로 한 이 기사단은 1차 십자군이 예루살렘을 정복하고 세운 예루살렘 왕국에서 탄생했다(기사단의 존속 기간은 1129~1312년). 1차 십자군 전쟁 자체가 프랑스 기사들을 주축으로 진행되었으니, 예루살렘 왕국에 프랑스 기사단이 세워지고 번영을 누린 것은 어찌 보면 당연한 일이었다.

기사단이란 기사수도회를 뜻한다. 그러니까 전쟁을 수행하는 기독

KNIGHT · TEMPLAR
KNIGHT · HOSPITALLER

교 기사들이 모인 수도회를 가리킨다. 하지만 성전기사단은 여기 덧붙여 유럽 대륙과 성지聖地를 오가던 수많은 기사들과 순례자들을 대상으로 오늘날의 개념으로 치면 일종의 은행 업무와 여행자 수표를 발행하는 일까지 겸하면서 엄청난 부를 축적했다. 하지만 이것이 오히려 화를 불렀던 것일까?

이 기사단은 동양의 기독교 점령지에서 유럽인들이 완전히 퇴각하는 마지막 순간까지 동양에 머물다가 1291년에야 키프로스로 물러났다. 엄청난 재산을 지닌 기사단 본부가 상당 기간 동양에 있었으니, 이들이 예루살렘을 떠날 때 그곳에서 수집한 온갖 보물과 특이한 것들을 유럽으로 가져왔을 것으로 짐작된다. 하지만 교황이나 프랑스 국왕은 이런 보물들을 거의 습득하지 못했다.

조금 더 상세한 역사

성전기사단의 원래 이름은 '그리스도와 솔로몬 성전의 가난한 전사들'(라틴어로 Pauperes commilitones Christi Templique Solomonici)이며, 속칭 '성전기사단'(프랑스어로 Ordre du Temple, Templiers, 영어로 Templar order, Knights Templars)으로 불렸다. 성전기사단은 1119년에 설립되어 1129년 무렵부터 활동을 시작해 1312년 무렵까지, 200년이 채 안 되는 기간 동안 활동했다.

예루살렘 왕국의 두 번째 왕인 보두앵 2세는 예루살렘 왕이 임시

성전기사단(왼쪽)과 요한기사단(=구호[=간호]기사단, 오른쪽)을 묘사한 스테인드글라스. 이들 기사단은 예루살렘 왕국을 지키고 성지를 오가는 순례자들을 보호하거나 환자를 간호했다. 각자 독자적인 정치 세력으로 활동했기 때문에 자기들끼리 알력 싸움을 벌이기도 했다. 1875년경, 워릭셔Warwickshire, 성 안드레 교회Church of St. Andrew.

궁전으로 쓰던, 성전산Temple Mount의 건물을 1119년에 프랑스 기사들에게 넘겨주고 자신은 다윗탑 근처에 새로 지은 궁전으로 옮겨 갔다. 덕분에 예루살렘의 왕이 쓰던 궁전이 기사단의 본부가 되었다.

성전기사단은 베네딕트 수도회의 계율을 따랐다. 기사들은 예루살렘의 장로들 앞에서 입단 서약을 했다. 수도사들에게 전통적인 청빈, 순결, 복종의 맹세 말고도 순례자 보호를 약속하는 서약이었다. 하지만 성전기사들은 순례자 보호만이 아니라 성지에서의 온갖 전투에도 동참했다. 1148년에 다마스쿠스 포위전에 참가했다가 많은 기사들이 전사했지만 전열은 곧 재정비되었고, 성전기사단은 다른 전투에도 계속 나갔다.

다른 기사단들이 그랬듯이 성전기사단도 예루살렘 왕국에 속박되지 않는 독자적인 정치 세력으로서, 성지聖地에서 역시 방위를 담당하던 요한기사단과 여러모로 세력 다툼을 벌였다. 12세기 중반에 성전기사단 조직이 정비되면서 총장이 기사단의 수장이 되었다. 총장은 투표로 선출되어 종신 예루살렘에 살면서 그곳에서 봉사했다.

귀족 출신 기사들로 이루어진 기사단 상층부만 붉은 십자가가 새겨진 겉옷을 입을 수 있었다. 조직에서 다수를 이룬 하층 계급 출신은 기사들의 명령에 복종하는 사람들이었다. 그 밖에 예배와 성사를 주관하는 수도사들도 있었다.

1291년 5월 동양의 마지막 십자군 도시이던 아크레Acre가 함락되자 성전기사단은 키프로스섬으로 물러났다. 시간을 두고 지중해의 다른 곳으로 거점을 옮기다가 결국 유럽 대륙으로 돌아왔다. 1300년에는 유럽에 여러 거점들을 만들었다. 성전기사단은 특히 에스파냐에서 무슬림 세력을 몰아내는 데(레콩키스타 즉 국토회복운동) 동참했다.

성전기사단의 재산

성전기사들은 전쟁 사업만 한 것이 아니었다. 에스파냐, 프랑스, 잉글랜드의 왕들과 대귀족들은 기사단에 통치권, 성Castle, 귀족들, 영지 등을 공급 또는 기증했고, 덕분에 12세기 중반에 성전기사단은 서유럽, 지중해, 성지聖地 등에 상당한 영지들을 소유하게 되었다.

기사단은 자체 보유한 군사력을 통해 이런 영지의 곡식들을 안전하게 보관할 수 있었고, 필요할 때면 유럽과 성지 사이에서 금괴를 안전하게 운송할 수도 있었다. 보관 장소의 안전함과 운송 조직의 능률성을 통해 기사단은 왕들과 성지 순례자들 모두에게 매력적인 은행으로 여겨지게 되었다.

처음에 성지의 본부들은 주로 금고 노릇을 했지만, 1135년부터는 탄탄한 재정을 바탕으로 일종의 대부업도 발전시켰다. 12세기 말에는 성전기사단의 대부업이 기사단의 정규 활동에 포함되었다. 게다가 이들의 신용이 좋아서 심지어 무슬림까지도 성전기사단의 은행 서비스를 이용했다. 또한 기사단은 유럽과 동양에서 일종의 여행자 수표를 발행했고, 매우 발전된 부기기술도 지녔다. 기사단에 속한 대략 1만5천 명의 사람들이 유럽 전역에 흩어진 9천여 곳의 영지를 관리했다고 한다. 성지에서 수행하는 전투 비용을 충당하고, 또한 계속 신참을 모집하는 데 돈을 쓰고도 기사단은 상당한 부를 축적했다.

런던의 템플 처치Temple Church는 성전기사단의 가장 유명한 유럽 본부의 하나다. 베를린에도 그 흔적이 남아있으니 바로 베를린 템펠호프Tempelhof 지역이다. 한동안 베를린 템펠호프 공항으로 알려져 있던 이곳에 오늘날에도 남아있는 튼튼한 요새 같은 교회가 그 옛날 성전기사단의 흔적을 보여준다. 거대하고 강성하던 성전기사단의 파리 본부는 모조리 파괴되고 그 자리만 남았다.

한때 성전기사단의 유명한 유럽 본부의 하나이던 런던의 템플 처치. 성전기사단은 성지 방어를 위한 전투를 담당했을 뿐 아니라 순례자들을 위한 은행 업무와 대부업까지 맡아 상당한 부를 쌓았다. 심지어 무슬림도 고객이었다. ©Smuconlaw

엄청난 재력에 은행까지 보유한, 게다가 독자적인 군사 집단인 기사단은 특히 왕에게는 두렵고도 위협적인 세력이었다. 기사단은 교황에게만 내부 사정을 보고할 뿐, 어느 나라의 국왕에게도 보고할 의무가 없었다.

성전기사단이 창단된 이후로 유럽에서는 천천히 교회와 국가 사이의 세력 판도가 바뀌고 있었다. 전에는 누구든 먼저 기독교도이고 그 다음에야 이를테면 프랑스 국왕의 신하였다면, 이제 이것이 반대가 되고 있었다. 먼저 프랑스 사람이고, 이어서 기독교 신자로 여겨지게 된 것이다. 그러니까 교회의 권한에 비해 왕권이 차츰 강해지는 정교 분리의 과정이 진행되고 있었다.

동양에서 성전기사단과 세력을 다투던 요한기사단과 도이치기사단은 이렇게 변화하는 정세를 알아채고 얼른 그에 적응했다. 제각기 자기들만의 세력 영토를 확보한 것이다. 요한기사단은 로도스섬을, 도이치기사단은 발트해 연안을 근거지로 선택했다. 요한기사단은 나중에 몰타로 본부를 옮겨서 '몰타기사단'이라고 불리기도 한다.

하지만 성전기사단만은 세상의 변화에 맞서 아무런 대책도 세우지 않았다. 특별한 세력 본부가 없이 유럽 전역에 부유한 영지들을 소유한 강력한 기사단이었다. 이 기사단은 나날이 교황보다 세력이 강해지던 왕에 맞설 뾰쪽한 방책도 없는 채로 독자적 군사력을 유지하고 있었으니, 왕에게는 점점 더 눈엣가시 같은 존재가 되고 있었다.

여기 덧붙여 성전기사단은 프랑스 국왕 카페 왕조의 필리프 4세가 기사단에 낸 입단 신청을 거부했다. 물론 국왕이 기사단에 들어오려는 이유는 뻔한 것이었다. 개인적으로 기사단에 많은 빚을 지고 있던 왕은 어떻게 해서라도 기사단의 금고를 주무르고 싶었던 것이다.

기사단의 해체

① 이유: 기사단의 설립이 그랬듯이 그 종말도 여러 단계를 거쳤다. 이유는 여러 가지였다. 앞에서 언급한 대로 왕권이 나날이 강해지면서 각 나라의 왕들은 민족과 국경을 초월해 조직된 교황의 기사단들을 차츰 불신의 눈길로 바라보기 시작했다. 이들이 풍부한 전투 경력을 지닌 매우 강력한 군대를 보유하고 있었으니 너무나 당연한 일이었다.

이것 말고도 동양의 기독교 국가들이 모조리 무너진 다음에 여러

학자들은 프랑스 국왕에게 새로운 십자군을 일으키라고 충고했다. 성전기사단을 파괴하고 그 재산을 압류한다면 십자군 경비를 마련할 수 있을 것이라 했다. 필리프 4세는 성전기사단에 막대한 빚을 지고 있었으니 새 십자군 창설 문제가 아니더라도 이런 충고를 달갑게 여겼다. 물론 왕이라 해도 무턱대고 일을 벌일 수는 없었다. 법학자들은 이렇게 회수한 재산을 성지의 기독교도를 위해 써야 한다고 명백하게 강조하고 있었기 때문이다.

② **고발 사유**: 1307년에 성전기사들은 이단과 동성애라는 죄목으로 고발당했다. 이 시기 교황은 프랑스 왕에게 거의 종속되다시피 했으니(교황청의 아비뇽 유수 직전의 상황) 기사단을 편들어 줄 형편이 못 되었다. 필리프 4세는 이 사건을 국가의 사건으로 만들었다. 필리프 왕은 프랑스 출신으로 교황이 된 클레멘스 5세를 능숙하게 조종해 교황청을 아비뇽으로 옮긴(아비뇽 유수, 1309~1377) 사람이다. 필리프는 교황이 성전기사단에 대한 후원을 철회하지 않는다면 프랑스 교회를 분열시키겠노라고 위협했다. 이른바 이단적이라는 성전기사단을 교황이 계속 옹호하다가는, 교황 자신도 이단자라는 평판을 얻을 지경이 되고 있었다.

③ **필리프 4세의 체포 명령과 체포 과정**: 1307년 9월 14일에 필리프 4세는 성전기사단의 모든 기사들에 대한 체포 명령을 내렸다. 국왕 비서실은 프랑스 전국의 담당관들에게 봉인된 편지를 보내면서 1307년 10월 13일에 편지를 개봉하고, 개봉 즉시 그 내용을 이행하라고 전달했다. 그 안에는 성전기사들에 대한 체포명령서가 들어있었다.

전국적으로 동시에 하달된 이 명령은 기사들이 서로에게 경고할 기회를 성공적으로 막았다. 거의 동시에 이루어진 수많은 체포를 통해 필리프의 영토에 있던 성전기사들은 기습을 당한 꼴이었다. 왕의 편에서는 겨우 12명의 기사를 잃었는데, 그중 한 명만 고위직이었다. 그 정도로 잘 조직된 사건이었다. 이때 파리에서만 138명의 성전기사들이 체포되고, 1309년에 교황 위원회가 열렸을 때는 파리로 이송된 사람을 합쳐서 총 546명의 수감자가 있었다.

종교재판 당국의 조사만 해도 여러 해가 걸리는 일이었다. 모든 수도사들이 똑같은 죄목으로 고발되었다. 주로 이단, 동성애, 우상숭배 등의 죄목이었다. 오늘날의 관점에서 보자면 성전기사들의 재판에서 실질적인 근거가 제시되지 않았지만 당시의 관점으로는 수도회 규칙의 상세한 실행 규정을 동원한, 근거가 매우 분명한 고발이었다. 예컨대 3명의 수도사들이 동성애를 시인했는데, 이런 것은 (설사 고문을 통해 얻어낸 자백이라 해도) 분명한 근거가 되는 일이었다.

성전기사단 총장인 자크 드 몰레Jacques de Molay는 고문을 받고 처음에는 죄를 시인했다가 곧 철회했다. 이 사건이 교황과 왕 사이의 갈등으로 비화했다가 그들은 서로 화해하고 기사단을 해체하기로 합의를 보았다. 성전기사단의 재산은 요한기사단, 그리고 에스파냐와 포르투갈에 설립된 새로운 기사단에 넘기기로 했다.

④ **교황 클레멘스 5세 치하에서 기사단의 해체**: 1312년 3월 22일에 교황 클레멘스 5세는 프랑스 비엔Vienne 공의회에서 기사단의 해체를 선언했다. 기사단이 없어졌으니 재판도 불가능했다. 수사 절차만 남았다. 기사단 전체는 유죄판결을 받지 않았지만, 개별 기사들은 유죄판결을 받았다. 남은 성전기사들 일부는 에스파냐, 포르투갈 기사단으로, 독일에서는 도이치기사단으로 합류했다.

1314년 3월 18일에 성전기사단의 마지막 총장인 자크 드 몰레가 파리에서 화형을 당했다. 자크 드 몰레는 원래는 종신형을 선고받았었다. 하지만 그가 자신의 고백을 철회하고 기사단에 주어진 죄목을 부인하

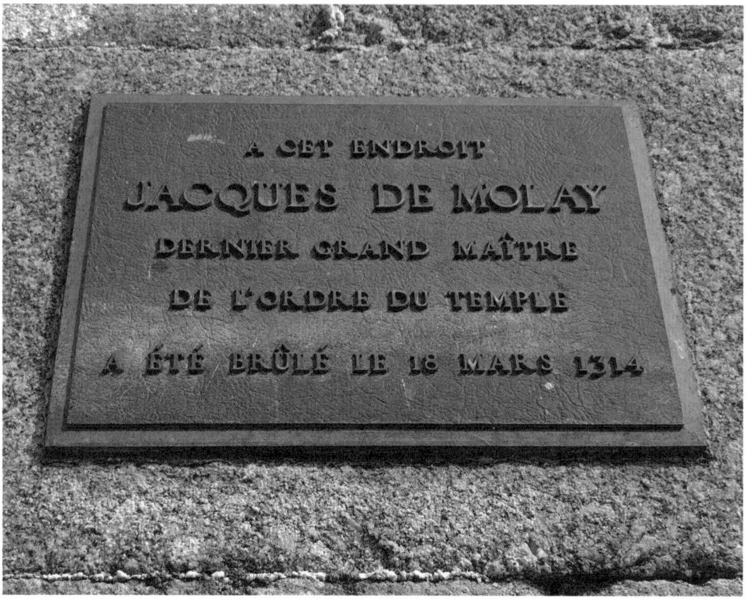

자크 드 몰레 성전기사단 총장이 처형당한 장소를 알려주는 기념서판. ©Alonso de Mendoza

자, "되돌아온 이단"으로 몰려 당시 법에 따라 화형 선고를 받은 것이다.

화형은 파리의 시테Cité섬으로 이어지는 다리인 퐁뇌프Pont Neuf 서쪽 면에서 이루어졌다. 다리 아래쪽에 놓인 작은 기념서판이 그의 처형 장소를 알려준다. 프랑스 왕 필리프 4세는 이렇게 큰일을 벌여서 마련한 권력과 재물의 이점을 그리 오래 누리지는 못했다. 자크 드 몰레가 죽던 같은 해에, 극히 우유부단하던 클레멘스 교황도 죽고 필리프 왕까지 죽었기 때문이다.

자크 드 몰레는 화형대에서 왕과 교황을 저주하면서, 그들이 한 해도 지나기 전에 신의 심판대에 설 것이라고 예언했다고 한다. 과연 클레멘스 5세 교황은 같은 해 암으로 죽고, 필리프 왕은 사냥 사고로 죽었으며, 왕의 아들들도 저주를 받았다고 한다. 필리프 왕이 속했던 카페 왕조는 7년 뒤에 종말을 고한다. 이렇게 자크 드 몰레의 저주가 실현되었다고 전해지며, 이는 중세의 유명한 전설의 하나가 되었다. 성전기사단의 전설적인 보물들은 오늘날까지도 발견되지 않았다.

전설이 된 기사단

성전기사단은 해체될 당시에 유럽(과 성지 양쪽)에서 매우 중요한 단체였고, 이미 신화와 전설의 일부가 되어있었다. 성전기사들은 성배聖杯 전설과 통합되어 중세의 성배성의 수호자들로 여겨졌다. 뒷날 18세기의 프리메이슨Freemason("자유로운 인간들의 윤리적 단체"라고 자처하는 국적 초월의 비밀단체)은 성전기사들이 지녔던 밀교密教 지식을 전수받았다고 주장했다.

성전기사들은 그노시스파로 여겨지고, 또한 다수의 음모설에 연루되었는데, 그런 음모설 중에는 그들의 후예가 프랑스 혁명의 배후 세력이었다는 설도 있다. 프랑스 혁명 중에 국왕 루이 16세가 처형당하자 프리메이슨 한 명이 헝겊 한 조각에 왕의 피를 묻히고는 "자크 드 몰레, 당신의 원수를 갚았다!"고 외쳤다고 한다.

기사단의 총장이 박해를 받다가 처형된 이후로 오늘날까지도, 성전기사단은 수많은 전설들과 음모설에 거듭 등장한다. 특히 중세를 배경으로 한 판타지 소설에 직접 등장하거나, 아니면 그 역사적 배경이 되곤 한다. 예를 들면, 댄 브라운의 소설 『다빈치 코드』(영화로도 제작)에도 성전기사단이 자주 언급된다.

프랑스 왕 필리프 4세와 아비뇽 유수 사건

카페 왕조의 필리프 4세(재위 1285~1314)는 중세 프랑스(서프랑크)의 왕권을 강력하게 만든 왕으로서, 교황청을 프랑스 아비뇽으로 옮겨간 사건(아비뇽 유수, 1309~1377)과 성전기사단을 파괴한 일 덕분에 특별한 역사적 의미를 얻었다.

프랑스인 추기경이 교황 클레멘스 5세로 선출되면서 필리프 4세의 권고와 압박을 받아 교황청을 로마에서 프랑스 남부의 아비뇽으로 옮겼다. 그러면서 프랑스 출신 추기경들이 대거 등용되었다. 이를 통해 교황은 프랑스 왕의 강력한 영향권 아래 놓이게 되었다. 클레멘스 5세는 1312년에 성전기사단을 금지하고 최종적인 해체를 결정했다.

프랑스 왕의 욕심과 야망에서 비롯한 교황청의 아비뇽 유수는 서방 교회 내부의 큰 분열schisma로 이어지면서 가톨릭교회를 안으로부터 심각하게 약화시켰다.

아비뇽 교황청의 일곱 번째 교황인 그레고리우스 11세(재위 1370~1378)는 오늘날 이탈리아의 수호성인聖人으로 숭배되는 시에나의 카테리나Caterina da Siena(1347~1380)에게 설득되어 교황청을 로마로 되돌리기로 결정했다. 하지만 그는 1377년에 로마로 돌아오고 얼마 지나지 않아 1378년에 죽었다. 로마의 교황청이 아직 확고하게 안정되기 전이었다. 당연히 로마에서 후임 교황을 선출했지만, 아비뇽에서도 교황 선출이 이루어졌다. 이로써 서방 교회에는 동시에 2명의 교황이 등장했는데, 1378년부터 1417년까지의 이 기간을(40년) "서방 교회의 대분열"이라 부른다.

이 기간에 두 교황은 서로 상대방을 "대립교황"이라 불렀다(오늘날에는 아비뇽 교황을 대립교황이라 여김). 이 문제를 해결하기 위해 1409년 피사 공의회는 새로 교황을 선출했지만, 기존의 두 교황이 모두 새 교황을 인정하지 않아 일시적으로 교황이 3명에 이르렀다.

콘스탄츠 공의회(1414~1418)에서 독일 왕(뒷날 황제) 지기스문트가 개입한 가운데 1417년 11월에 마르티누스 5세를 교황으로 선출하면서 마침내 이 대분열이 끝난다.

아비뇽 유수부터 시작해서 100년 이상에 걸쳐 벌어진 가톨릭교회의 혼란과 대분열은 교회 권력의 한계와 모순을 분명하게 드러내면서 교회의 힘을 약화시켰다. 이는 우리 책 3부 중세 말기의 중요한 배경을 이룬다. 이 기간에 유럽의 세속 왕국들이 빠른 속도로 강력해지고, 이탈리아에서는 르네상스가 시작되며, 대분열이 끝나고 100년 뒤인 1517년에 루터가 시작한 종교개혁이 뒷날 성공하면서 개신교가 등장하게 된다.

19

3차 십자군 전쟁, 신앙심과 이기심이 충돌하다

신앙심에서 시작된 전쟁

십자군 전쟁은 그리스정교를 믿는 동로마(비잔틴) 제국 황제가 무슬림 투르크 사람들의 침입을 받아 로마가톨릭의 수장인 교황에게 원조 요청을 하면서 촉발된 사건이다. 그러니까 기독교 세계가 이미 동서 교회로 나뉘기는 했으나 그래도 근본은 동일한 신앙이니, 이교도들에게서 서로를 지켜주자는 갸륵한 생각에서 시작된 사건이었다.

하지만 앞서 이미 보았듯이 교황은 이런 순수한 생각 말고도 정치적인 이해타산에서 비잔틴 제국이 마주한 위기를 슬그머니 왜곡하여 유럽인들에게 거짓 뉴스를 전해서 유럽인들의 마음을 불타오르게 만들었다. 설교사가 주축이 되어 민중 십자군이 먼저 달려나간 것을 보면 당대 사람들이 얼마나 감정적으로 대응했는지를 알 수 있다.

하지만 전열을 갖춘 군대를 이끌고 출발한 귀족 십자군 기사들도 처음에는 신앙심에서 시작하기는 했겠으나, 결국 개인적인 야욕이 더 큰 힘을 발휘하는 것을 이미 보았다. 기사단도 마찬가지고, 왕들도 마찬가지였다. 거의 언제나 그렇듯 신앙심에서 시작한 일은 중간에 이기심이 뒤섞이면서 변질되었다.

십자군 전쟁이 빚어낸 어처구니없는 에피소드 몇 가지를 3차 십자군 전쟁과 4차 십자군 전쟁에서 볼 수 있다. 재미로 읽어보자.

3차 십자군이 출정하다

이집트의 영특한 술탄 살라딘Saladin(정식 명칭은 살라흐 앗-딘 유수프 이븐 아이유브Salah ad-Din Yusuf ibn Ayyub)은 예루살렘 왕국을 파괴하고 예루살렘시를 정복했다. 이 사건을 담은 영화가 〈킹덤 오브 헤븐〉이다. 영화에서 사슬 갑옷 위에 붉은 십자가가 그려진 흰 겉옷을 입은 기사들을 볼 수 있는데, 이들이 바로 성전기사단이다. 예루살렘 왕국이 무너진 것은 1187년의 일이었다. 이 왕국이 1099년에 성립되었으니 채 100년도 지나지 않아 그 수명이 다했던 것이다. 이집트 술탄이 팔레스티나와 예루살렘을 정복하고 난 다음에 레반트 지역에는 해안선을 따라 군데군데 흩어진 작은 서방 영토들만 남았다.

이 소식이 유럽에 전해지자 유럽 세계는 큰 충격을 받았다. 당시 교황 그레고리우스 8세는 1187년 10월에 칙서를 내려, 유럽 안에서의 전쟁들을 멈추고 (3차) 십자군 전쟁에 나서라고 독려했다. 1189년 신성로마 제국 황제 프리드리히 1세의 지휘로 3차 십자군 전쟁이 시작되었다. 황제는 육로로 성지를 향했다.

잉글랜드와 프랑스는 전쟁 중이었기에 양국 군대가 함께 떠나지 않고는 십자군 전쟁에 나설 수 없었다. 마침 새로 왕이 된 잉글랜드의 리처드 1세는 프랑스의 필리프 2세와 만나 루아르에서 함께 십자군 맹세를 하고 십자군에 참가하기로 약속했다. 그러니까 전쟁 중이던 두 나라가 휴전을 하고 나란히 십자군에 나서기로 한 것이다.

중세에 십자군 출정이 유럽 사람들의 마음에 얼마나 대단한 열기

3차 십자군 전쟁에서 있었던 영국의 사자심장 왕 리처드와 이집트 술탄 살라딘의 싸움을 그린 상상 그림. 『러트렐 시편The Luttrell Psalter』, 1325~1335년 사이, 런던, 영국 국립도서관.

를 불러일으켰는지를 알 수 있게 해주는 부분이다. 또는 중세 기사들이 이유야 무엇이든 전쟁을 계속하려는 엄청난 열의를 지녔다고 해석할 수도 있을 것이다. 그러니까 중세 기사들은 본업이 전쟁이고, 전쟁의 이유는 그때그때 찾아냈다고 말이다. 두 나라의 왕은 제각기 병사들을 거느리고 출발했다(1190년 7월). 이들은 황제와 달리 배를 타고 지중해를 건너갔다.

프리드리히 1세 황제의 십자군

신성로마 제국 황제인 프리드리히 1세Friedrich I(프리드리히 바르바로사 Friedrich Barbarossa, 번역해서 붉은 수염 프리드리히)는 헝가리와 세르비아를 거치는 육로를 선택해서 진군했다. 황제는 상당한 경비를 모금하여 휘하에 대군을 거느리고 행진했다. 동방의 비잔틴 제국 황제는 서방의 신성로마 제국 황제에게 진군할 길을 열어주고 군대도 보태주어 후원하겠노라는 약속을 미리 해둔 상태였다.

하지만 프리드리히 황제가 비잔틴 제국의 국경선 근처로 접근하자 비잔틴 황제는 약속을 이행할 생각은 하지 않고 차츰 노골적으로 십자군에 대한 적대감을 드러냈다. 이해할 수 있는 일이다. 비록 성지를 회복하러 간다지만, 서방의 황제가 직접 막강한 군대를 거느리고 비잔틴 제국을 향해 다가오고 있으니, 비잔틴 황제의 마음이 불편할 수밖에. 이번에 비잔틴 제국은 서방 측에 원조 요청을 하지도 않았다. 게다가 주변 국가들 중에는 비잔틴 제국과 적대하는 세력이 많았는데, 신성로마 황제는 심지어 이들까지 거느리고 오는 중이었다.

겁이 더럭 난 비잔틴의 이사키오스 2세 앙겔로스Isaakios II Angelos는 원수인 살라딘과 동맹을 맺었다. 십자군에 함께 맞서자는 동맹이었다. 이를 알게 된 프리드리히 황제는 비잔틴 제국의 도시 아드리아노플을 점령하고 주변 도시들을 약탈했다. 그러면서 콘스탄티노플 공격을 계획하기 시작했다. 잘못하면 동방과 서방의 기독교 황제들끼리 맞붙을 참이었다.

그제야 비잔틴 황제는 십자군에게 소아시아로 넘어가는 길을 터주면서 배와 식량을 제공하고 그동안 붙잡아둔 인질을 풀어주었다. 십자군은 해협 너머 동양으로 갔지만, 이 사건은 두 황제들 각자의 속셈, 그리고 서유럽 제국과 동유럽 제국의 이해관계를 분명히 보여준 일이었다. 하지만 예루살렘에 도착하기도 전인 1190년 6월에 프리드리히 황제는 강물에 빠져서 죽었다. 그가 거느린 군대 대부분은 용기를 잃고 해로를 통해 집으로 돌아갔고, 당당하던 신성로마 황제의 십자군 전쟁은 이렇게 허무하게 끝나고 말았다.

잉글랜드의 '사자심장 왕' 리처드

3차 십자군은 예루살렘의 회복이라는 원래 목표를 이루지 못했다. '사자심장 리처드Richard the Lionheart'라는 별명이 붙은 리처드 1세의 공로로 아콘Akkon을 수도로 하는 예루살렘 왕국을 일시적으로 재건하기는 했지만, 진짜 예루살렘을 차지하지는 못한 것이다. 이 새로운 왕국은 이집트의 술탄 살라딘과의 평화조약(1192)을 통해 효력을 발휘했다. 그러니까 유럽에서 온 순례자들은 별문제 없이 예루살렘에 들어갈 수 있다는 보장을 받았던 것이다. 이듬해인 1193년에 살라딘이 죽자 이집트에서 그의 후계 자리를 놓고 혼란이 생기면서 십자군에 대한 위협은 일단 줄어들었다.

나름의 성과를 거두었지만, 십자군 안에서 수많은 갈등을 키우기도 하고 해결하기도 한 잉글랜드의 리처드 1세는 1192년 말에 서둘러 육로로 귀국길에 올랐다. 그해 봄에 잉글랜드에 남아있던 막냇동생 존이 형이 없는 사이에 잉글랜드의 왕권을 차지했다는 소식이 들려왔기 때문이다.

하지만 서두르던 리처드는 오스트리아에서 레오폴트 5세Leopold V 공작에게 포로로 붙잡혔다. 몸값을 받기 위해 벌어진 일이었다. 레오폴트 5세도 3차 십자군 전쟁에 동참해 리처드와 힘을 합쳐 싸우다가 리처드보다 조금 앞서 고향으로 돌아온 상황이었는데도, 그들 사이에 의리라곤 눈곱만큼도 없었다. 공작은 포로로 잡은 리처드를 신성로마 황제인 하인리히 6세에게 양도했다. 하인리히 6세는 엄청난 몸값을 받고 덧붙여서 봉신 서약까지 받아낸 다음, 1194년에야 리처드를 풀어주었다. 풀려난 리처드는 돌아와서 제 나라의 통치권을 되찾았다.

리처드 1세는 이렇듯 자기 나라에 상당한 부담을 안긴 왕이었지만, 그런데도 '사자심장' 리처드 왕의 이야기는 잉글랜드 사람들 사이에서 대단한 인기를 얻었다. 그의 영웅적인 태도와 서글서글한 인품이 그가 누린 인기 비결이었는지도 모른다. 그는 오늘날까지도 이런저런 영웅 전설에 등장한다.

영화 〈킹덤 오브 헤븐〉의 마지막 장면에도 그가 등장한다. 리처드는 고향으로 돌아온 주인공 발리앙에게 성지로 가는 길을 묻고, 함께 십자군 전쟁에 나서자고 권하지만 발리앙은 고향에서의 평화로운 삶을 선택한다. 여기서 리처드는 (3차) 십자군 전쟁을 위해 길을 떠나는 중이다.

3차 십자군 전쟁의 마지막에 리처드가 귀국하다 같은 편에게 포로로 잡혔다는 사정은, 십자군에 동참한 유럽 영주들의 개인적 이권이 기독교 공통의 전투라는 전체 이념과 동일한 것이 될 수 없음을 분명히 보여주었다.

20

4차 십자군 전쟁, 콘스탄티노플이 유린당하다

십자군 전쟁 전체에서 가장 그로테스크하고 부조리한 사건이 4차 십자군 전쟁(1202~1204)이다. 원래는 이집트 정복을 목표로 삼은 십자군이 복잡한 사유로 인해 비잔틴 제국의 수도인 콘스탄티노플을 공격하여 정복하고 약탈·유린한 전쟁이니 말이다.

콘스탄티노플에서 일어난 이탈리아 주민들의 내분

이 사건은 약간 복잡한 사연을 바탕에 깔고 있다. 12세기(1100년대) 중반에 인구 50만 명이던 콘스탄티노플에는 주민의 $\frac{1}{7}$ 정도가 라틴계 사람들이었다. 즉 서방 출신으로, 주로 아말피, 제노바, 피사, 베네치아 등 이탈리아의 도시국가 출신 주민이었다. 본국이 다른 이들은 각자의 본국들이 그렇듯 서로 경쟁하고 또 증오하고 있었다.

1171년에 콘스탄티노플의 페라Pera섬에 사는 제노바 상인 구역이 파괴되었는데, 가해자가 누군지 제대로 밝혀지지 않았다. 하지만 비잔틴 황제는 이것을 베네치아 사람들의 소행이라 여기고, 같은 해 봄에 제국 전체에 있는 베네치아 상인들을 모조리 체포해서 가두고 재산을 몰수했다. 소수의 사람들만 도망칠 수 있었다. 원래부터 제노바와 베네치아 사이의 경쟁이 치열하니 이런 유추가 가능했다.

그해 가을 베네치아 공화국은 120척의 전함을 파견했고, 그러자 콘스탄티노플 측이 협상을 제안했다. 협상은 이루어졌다. 하지만 그해 겨울을 넘기고 보니 비잔틴 황제가 약속을 이행할 마음이 전혀 없다는 것이 분명해졌다. 다만 그사이 베네치아 전함들에서 전염병이 돌아 상당수의 사람들이 사망하면서 전투를 할 수 없는 처지가 되었기에 그대로 고국으로 돌아오는 수밖에 없었다. 베네치아 공화국과 비잔틴 제국 사이의 동맹 관계는 이 사건으로 인해 심각한 손상을 입었다.

그러고 나서 3차 십자군 전쟁 기간에 비잔틴 황제 이사키오스 2세는 약속을 어기고 신성로마 제국 황제와 갈등하면서 이집트의 살라딘과 협의해서 십자군의 진로를 방해했었다. 그런 탓에 서방 황제가 이끄는 십자군이 비잔틴 제국의 도시들을 공격하여 점령하는 사태가 벌어졌다. 즉 두 기독교 세계 사이에 이미 전투가 있었던 것이다.

3차 십자군이 끝나고 얼마 지나지 않아 비잔틴 황제 이사키오스 2세는 동생 알렉시오스 3세의 반란으로 황위를 잃었다. 이제 알렉시오스 3세가 비잔틴 황제가 되었다. 이런 심각한 내분으로 인해 비잔틴 제국은 주변 국가들 사이에서도 차츰 정치적 영향력을 잃어버렸다. 게다가 더욱 심각한 것은 3차 십자군 전쟁 동안에 비잔틴 제국이 해군력 대부분을 잃었다는 사실이다. 그야말로 나라 안팎의 문제가 거듭 쌓이면서 그 옛날 거대 제국의 말기 증세들이 드러나는 중이었다.

4차 십자군에 적극 나선 베네치아 공화국

앞에서 이야기한 3차 십자군 전쟁이 실패로 돌아가고 몇 년 지나지 않은 1198년에 인노켄티우스 3세 교황은 다시 십자군을 소집했다. '레반트 지역 탈환'이라는 막연한 목표를 내세웠으니, 실은 제대로 된 목표나 이유가 없었다고 할 수 있을 정도다. 어쨌든 이는 당시 레반트 지역을 지배하고 있던 이집트를 공격한다는 의미였다.

① **베네치아의 사정**: 3차 십자군이 육로로 진군하다가 비잔틴 제국과 갈등을 겪었기 때문에 이번에 십자군은 거의 처음부터 해로를 이용하기로 합의가 되어 있었던 것 같다. 교황의 소집령이 나오고 베네치아로 사절단을 파견하여 협상을 시작하자, 베네치아 공화국은 십자군을 성지까지 배로 이동시키고, 공화국도 50척의 갤리선으로 구성된 함대를 지원하기로 약속했다. 그 대가로 상당한 돈과 약탈품의 50퍼센트를 약속받았다. 다만 선금은 없었다.

베네치아는 약속에 따라 200척 이상의 배를 건조하는 데 국가 재정을 거의 모조리 쏟아부었다. 이번 사업이 실패하면 이 해상 공화국은 국가 부도를 맞을 판이었다. 하지만 막상 때가 되고 보니 이번 십자군을 위해서 원래 예상했던 병력의 $\frac{1}{3}$만 집결했다. 병력이 이렇듯 절대적으로 부족한 판이니 이미 막대한 자금을 투자한 베네치아로서는 십자군의 성공을 기대하기가 어려워졌는데, 이제 와서 물러설 수도 없는 그야말로 심각한 상황이었다.

베네치아는 자기들은 이미 약속을 이행했으니 계약서에 합의된 금액을 지불하라고 십자군 측에 요구했다. 십자군은 그런 거금을 지불할 형편이 아니었다. 서로 꼼짝도 못 하게 된 상황에서 양측은 타협을 모색했다.

베네치아는 아드리아해에 면한 기독교 도시 차라Zara(오늘날 크로아티아의 자다르Zadar)를 공격하고 약탈해서 돈을 마련하고 그 돈을 자기들이 받을 총액에서 차감하겠다고 했다. 그리고 십자군은 베네치아의 차라 공격을 도와라. 이것이 베네치아의 요구였다. 이는 이교도를 물리치고 기독교도를 보호한다는 십자군 이념을 아예 위반하는 일이었다.

교황은 물론 십자군이 기독교 도시 차라를 공격하는 것에 확고히 반대했다. 차라는 당시 십자군을 적극 지지하던 헝가리 왕이 지배하던 도시였으니 이는 당연한 일이었다. 교황은 베네치아가 이런 일을 감행하면 베네치아를 파문하겠노라는 편지를 보냈지만, 편지는 중간에 십자군 지도자들이 가로채서 제대로 전달되지도 않았다. 차라 공격을 두고 십자군 내부에서 의견이 나뉘었다. 십자군 일부는 고향으로 돌아가고, 일부는 자기 비용으로 동양을 향해 떠났다.

하지만 대부분의 십자군은 그대로 남아서 1202년에 베네치아의 차라 공격을 돕는 것으로 4차 십자군 전쟁을 시작했다. (이후 차라는 100년 이상에 걸쳐 베네치아의 지배를 받는다.) 이 공격으로 4차 십자군은 이미 전쟁의 근거나 명분을 모조리 잃었다. 전 유럽에서 종교 수호를 위해 모여들었다는 연합 군대가 성지 회복은커녕 같은 기독교 도시를 공격하여 약탈하고 지배하는 깡패 집단으로 변질된 것이다. 이미 한 번 시작된 약탈의 버릇은 더욱 고약한 방향을 잡았다.

② **콘스탄티노플 공격**: 그사이 비잔틴 제국의 쫓겨난 황제 이사키오스 2세의 아들인 알렉시오스 앙겔로스가 아버지의 황위를 되찾으려는 일념을 품고 서방으로 와서 이리저리 청원하며 돌아다니다가 십자군 편에 붙었다. 십자군 지도자 한 사람은 그와 동서 관계였다.

4차 십자군은 기독교 수호라는 원래 기치와는 달리, 같은 기독교 도시인 차라를 공격하고 약탈했다. 이것이 십자군 전쟁의 추악한 민낯이었다. 안드레아 빈첸티노Andrea Vicentino, <1202년 차라를 공격하는 십자군The Crusaders Conquering the City of Zara in 1202>, 1580년대, 베네치아, 총독궁전(팔라초 두칼레Palazzo Ducale) 대회의실 벽화.

하지만 알렉시오스가 활동하기 이전부터 십자군 고위 지도자들 사이에서는 이미 콘스탄티노플 공격이 결정되어 있었다. 그들은 콘스탄티노플을 차지하면 성지를 되찾기가 훨씬 쉬워질 것이라고 교황을 설득하려 했다. 물론 교황은 기독교 도시인 콘스탄티노플 공격에 적극 반대했다. 원래 인노켄티우스 3세 교황이 십자군을 소집했지만, 십자군은 이제 교황의 말도 듣지 않았다. 경비를 제대로 마련하지 않고 소집된 전쟁에서 십자군 지도자들은 명분보다 돈이 더 다급했던 것이다. 실제로 많은 십자군 참가자들은 전쟁에서 보상을 얻기를 바라고 온 사람들이었다. 십자군 이념은 내부에서 이미 타락할 대로 타락해 있었다.

여기 덧붙여 비잔틴 왕자인 알렉시오스 앙겔로스는 십자군이 자신과 아버지가 황위를 되찾도록 도와주면 십자군에 엄청난 돈과 군대를 제공하겠노라고 제안했다. 실제로는 비잔틴 제국이 감당할 수 없는 비용이었다.

십자군은 해안선을 따라 콘스탄티노플을 향해 나아갔고, 결국 이 기독교 도시를 포위했다. 베네치아 사람들 중에는 콘스탄티노플 내부의 사정을 잘 알고 있는 사람들이 많았으니, 그들은 황금곶Golden Horn을 가로막은 사슬을 끊고 곶 안으로 들어갔다. 베네치아군은 이 도시를 둘러싼 튼튼한 성벽들 중에 가장 약한 곳(황금곶을 바라보는 성벽)을 공략해서 그곳의 방어 탑을 무너뜨렸지만, 방어군의 반격을 예상하고 재빨리 도로 물러났다. 방어군은 아직 방어의 기회가 있었건만 알렉시오스 3세 황제는 도망쳤고, 감금되어 있던 이사키오스 2세가 황위를 되찾았다.

이제 십자군 편에 선 비잔틴 황제가 돌아왔으니, 십자군이 콘스탄티노플을 공격할 명분은 사라졌다. 십자군 지도자들은 도시로 들어갔다. 하지만 십자군은 이사키오스 2세와 그 아들이 약속을 이행할 때까지 콘스탄티노플의 포위를 풀지 않고 기다렸다. 그들은 콘스탄티노플이 약속한 보상을 내놓는다면 그것으로 이집트 정복에 나서겠다는 생각을 하기는 했지만, 이미 말했듯이 황위를 되찾은 황제는 약속한 돈과 군대를 제공할 처지가 못 되었다.

콘스탄티노플의 내부 상황은 걷잡을 수 없이 악화되었다. 사람들의 미움을 받는 이사키오스 2세 부자는 어차피 아무런 힘도 없었다. 비잔틴 사람들은 새로 황제를 뽑고, 그 와중에 여러 명이 암살당하는 등 이루 말할 수 없는 혼란이 계속되었다. 새로 황제가 된 사람은 알렉시오스 5세였다. 하지만 그로서도 이사키오스 2세 부자가 십자군에 했던 약속을 이행할 길이 없었다.

콘스탄티노플 점령과 약탈

십자군은 최종적으로 콘스탄티노플을 점령하고 약탈하기로 결정했다. 어차피 아무도 빈손으로 고향에 돌아갈 생각이 없었고, 비잔틴 황제가 약속을 저버렸으니 억지로라도 그 대가를 받아내기로 한 것이다. 십자군은 약속을 저버린 그리스계(비잔틴) 황제를 밀어내고 라틴계 인물을 황제로 앉히기로 미리 계약서를 작성했다. 또한 비잔틴 제국의 나머지 지역에 대해서도 분할하기로 하고, 어느 땅을 누가 차지할 것인지에 대해서도 계약서에 명시했다.

그에 따르면 십자군이 승리할 경우 영토와 약탈품에 대해 베네치아 공화국이 $\frac{3}{8}$, 나머지 십자군이 $\frac{3}{8}$, 새로운 비잔틴 황제가 $\frac{1}{4}$ 등으로 나눠 갖기로 했다. 그리고 향후 콘스탄티노플의 라틴계 통치자는 베네치아 선거인 6명과 프랑크 선거인 6명이 모여 선출하기로 합의를 보았다. 파이를 차지하기도 전에 벌써 파이의 분할이 약속되었다.

1204년 4월에 십자군은 콘스탄티노플 성벽의 공격을 시작했다. 새로 황제가 된 알렉시오스 5세는 십자군에 맞서 도시를 방어하기 위해 최

1204년 4차 십자군이 같은 기독교를 믿는 비잔틴 제국 수도 콘스탄티노플을 점령하고 약탈했다. 이로써 전쟁의 명분은 사라지고 십자군은 깡패 집단으로 전락했다. 다비드 오베르 David Aubert, <1204년 십자군의 콘스탄티노플 점령Conquest of Constantinople by the Crusaders in 1204>, 15세기 세밀화.

선을 다했다. 하지만 아직 비잔틴 군대가 도시 대부분을 장악하고 있는데도 지레 겁을 먹은 황제 알렉시오스 5세는 도주를 감행했고, 이로써 도시의 저항력은 그대로 무너졌다. 도주하던 황제는 붙잡혀 처형당하고 말았다. 성을 점령한 십자군은 군대에 3일 동안의 약탈을 허용했다. 이 기간에 수많은 주민이 이루 말할 수 없는 학대와 강간을 당하고 또 살해되었다.

수백 년이나 로마 제국 황제가 거주해 온 찬란한 황제 도시는 무자

4차 십자군 전쟁의 결과물. 비잔틴 제국의 주요 지역이 라틴 제국으로 바뀌었다.

비한 약탈에 노출되었다. 오래 묵은 귀한 보물들이 약탈의 대상이 되었고, 수많은 이콘Icon화와 모자이크가 훼손되고, 성유물도 파괴되었다. 약탈된 보물들은 유럽 전역으로 퍼져 나갔다. 프랑크 사람들은 황금 장식품의 약탈에 열성이었지만, 베네치아 공화국은 예술품 전문가들로 이루어진 탐색조를 구성해서 가장 가치 있는 물품들을 베네치아로 가져갔다. 오늘날에도 베네치아의 총독궁전(팔라초 두칼레Palazzo Ducale)에 그때의 보물 일부가 장식 또는 전시되고 있다.

결과

비잔틴 제국의 주요 부분은 이른바 '라틴 제국'으로 바뀌었다. 라틴계 황제는 한때 세계의 중심지였다가 이제는 파괴되고 약탈된 도시를 물려받았다. 여러 제후국들이 형식적으로 이 라틴 제국에 소속되었다. 하지만 이 제국은 오래가지 못했다. 군사력이 없었기에 콘스탄티노플 접수 1년 뒤에는 벌써 불가리아에 패배하면서 도시는 러시아 차르의 손으로 넘어가고 말았다.

나중에 니케아의 통치자(그리스계)가 콘스탄티노플을 되찾기는 했으나, 비잔틴 제국은 다시는 이전의 영광을 회복하지 못했다. 500년 이상에 걸쳐 이슬람 세력이 유럽으로 확장하는 것을 막아온 마지막 요새이던 비잔틴 제국은 이로써 저항력을 상실했다. 기독교도들의 손에 이토록 심각한 약탈을 당하고 250년이 지난 뒤(1453)에는 오스만 사람들의 손으로 완전히 넘어가고야 만다.

십자군의 콘스탄티노플 유린을 통해 비잔틴 제국은 회복할 길 없이 약화되어 결국은 멸망에 이르게 된다. 그러니까 이교도인 오스만 사람들이 공격하기 훨씬 전에 같은 기독교 신앙을 내세운 십자군이 옛날 동로마 제국의 핵심을 결정적으로 파괴했던 것이다. 이 사건으로 인해 로마가톨릭과 그리스정교 사이의 간극은 메울 길 없이 깊어졌다. 그리고 뒷날 서유럽이 아니라 러시아가 그리스정교의 후계자가 되었다.

십자군은 총 8차까지 이어졌다.

십자군 전쟁 연표

1050	1100	1150	1200
	1095~1098 1차 십자군	1147~1149 2차 십자군	
		1171 콘스탄티노플에서 베네치아 사람들 추방	
		1189~1192 3차 십자군	
			1202~1204 4차 십자군
			1202 차라 유린
			1204 콘스탄티노플 유린

21

이단 십자군 전쟁과 종교재판

4차 십자군을 소집한 교황 인노켄티우스 3세(재위 1198~1216)는 중세에 가장 중요한 교황들 중 한 명이다. 그는 원래 교회법 전문가로서 교황권을 법적으로 확립하는 일에 관심이 많았고, 동시에 교황국가의 영토를 확장하는 데도 열성적이었다. 실제로 그의 치하에서 중부 이탈리아 영토를 되찾아 교황국가 영토는 거의 두 배로 커졌다. 세속 왕국에 대한 교회의 우위를 지키기 위해 열정적으로 활동한 이 교황은 이단 종파들에 대해서도 단호히 맞섰다. 이단에 맞서 싸우기 위해 그는 유럽 대륙 안에서 십자군을 소집했다.

인노켄티우스 3세가 서유럽 안에서 이단에 맞서 소집한 십자군은 역사상 알비파-십자군 전쟁Croisade albigeoise, Albigenserkreuzzug(1209~1229)이라는 이름으로 알려졌다. 알비Albi는 프랑스 남부에 있는 작은 도시의 이름으로, 중세 가장 유명한 이단인 카타리파Cathari의 거점 중 한 곳이었다. 따라서 알비파란 곧 카타리파를 가리킨다. 카타리파에 맞선 십자군 전쟁이 진행되는 도중에, 가톨릭교회의 종교재판Inquisition이 교회 밖에서도 신앙의 문제를 놓고 벌어지는 일에 대해서도 심문과 판결을 하게 되었다.

과격한 이단 '카타리파'가 등장하다

카타리파는 중세에 등장한 가장 유명하고 과격한 이단이다. '카타리'라는 말은 그리스어의 '카타로스katharos'라는 낱말에서 유래한 것으로 '순결한'이라는 뜻이다. 따라서 "순결파"라고도 불리고, 주요 활동 지역명을 따서 "알비파"라고도 불린다. 이들은 12~13세기에 남부 프랑스의 옥시타니아Occitania(오늘날의 옥시타니Occitanie보다 훨씬 큰 지역)를 중심으로 퍼져 있었고, 이탈리아, 에스파냐 등지에도 일부 있었다. 툴루즈 백작령이 이 지역의 핵심을 이루었다.

11세기는 유럽에서 화폐와 상품의 유통이 활발해지고 도시들도 커지면서 상인 계층이 점점 부유해지기 시작하던 때였다. 고위 귀족과 고위 성직자들은 성직 판매, 십일조, 신용거래 등을 통해 이런 변화에 적응하고 거기서 이익을 얻었지만, 농민들과 하위 귀족 및 하위 성직자들은 제대로 적응하지 못해 더욱 가난해졌다. 1022년에 이미 오를레앙에서 일부 설교자들은 물질을 불결한 것으로 여기고 정통 교회와 성사聖事에 대한 거부감을 표현한 적이 있었다. 그러면서 차츰 세속인들이 주도하는 종교 및 청빈운동인 카타리파가 형성되었다.

이들 카타리파는 단일한 교리 체계를 만들지 않아서 지역마다 믿음이나 의식儀式이 달랐는데, 과격한 이원론 체계를 가졌다는 것만이 공통점이다. 하느님은 정신적·영적인 세계만을 창조했고, 이승의 물질적 세계는 사악한 원칙(또는 악마)이 창조한 것이라 여겼다. 또한 『구약 성서』를 거부하고 『신약 성서』만을 받아들였다. 카타리파의 삶은 인간에게 좋은 것, 즉 영혼이 사악한 세상에서 구원받아 하늘나라로 들어가는 것을 목표로 삼았기에 육신의 욕망을 극단적으로 멸시했다. "정신의 세례Consolamentum"를 통해 영혼을 해방시키는 것이 삶의 가장 중요한 목표였다. 이런 강력한 이원론 세계관과 『구약 성서』의 거부를 빼고는 이렇다 할 교리가 따로 없었지만, 바로 이 점이 정통 신앙과의 차이이기도 했다.

이들은 "정신의 세례"를 받으면 결혼과 성관계를 금지하는 금욕적인 생활을 했다. 옷도 극히 검소하게 입었고, 심할 경우에는 옷을 입지 않기도 했다. 거짓말과 맹세가 금지되고, 고기를 먹지 않고, 노동의 의무를 가졌다. 영혼은 원래 남성적인 것이라 여자라도 죽을 때는 영혼이 남성적인 것으로 된다고 믿었다. "정신의 세례"를 받으면 "완전인들Perfecti"이 되는데, 이들은 성性이 없는, 무성적 존재다. 따라서 여자도 설교를 하고 성직자의 임무를 수행할 수 있었다.

카타리파는 청빈, 겸손, 금욕을 실천했고, 덕분에 옥시타니아 민중 사이에서 인기가 있었다. 카타리파 교회에서는 십일조를 내지 않았으니 특히 더 환영받았다. 옥시타니아에서 알비, 아쟁Agen, 툴루즈, 카르카손Carcassonne 등 4개 교구가 생겨나고 북부 이탈리아의 롬바르디아 지역에도 6개 교구가 있었다.

카타리파가 궤멸당하고 종교재판이 확립되다

카타리 운동은 교회에는 완전히 새로운 종류의 위협이었다. 유럽에서 처음으로 반反교회파가 자리 잡으려는 시도였으니 교황들의 눈에는 당연히 이단heresy으로 보였다. 물론 이들의 믿음은 교회의 전통적 관점에서 상당히 벗어나 있었다.

1179년에 교황 알렉산더 3세는 처음으로 카타리파에 유죄판결을 내리고 파문했다. 그러다가 1184년 베로나 공의회에서 나온 교서 〈폐지에 대하여Ad Abolendam〉는 모든 이단 종파 및 이단적 개인들에 대한 유

교회는 처음에는 이단 카타리파와 대화를 통해 문제를 해결하려 했다. 이를 위해 교황 인노켄티우스 3세는 수도사들을 특사로 파견했다. 성 도미니쿠스가 카타리파들이 보는 앞에서 가톨릭 성서와 카타리 성서를 불 속에 집어넣자 카타리 성서만 불탔다고 한다. 페드로 베루게테Pedro Berruguete, <성 도미니쿠스와 알비의 카타리파Santo Domingo y los albigenses>, 1493~1499년, 마드리드, 프라도 미술관.

죄판결을 명시했다. 이 문서에서 카타리파는 맨 먼저 이단으로 불리고 있다. 나아가 여기서 이단에 대한 구체적 조치들이 처음으로 언급되었다. 예를 들면 모든 주교는 교구 안의 이단자를 신고해야 한다는 규정이 이 문서에 들어있다. 하지만 실효는 별로 없었던 모양이다.

인노켄티우스 3세는 카타리파에 맞선 싸움에서 처음에는 유화 정책을 썼다. 1206년에 젊은 시절의 도밍고(뒷날 도미니크 수도회를 창설한 성 도미니쿠스St. Dominicus)를 포함한 시토 수도회 수도사들을 남프랑스로 보내서 그곳의 카타리 사람들과 대화를 통해 선량한 합의 방식으로 그들을 다시 교회로 불러들이려 했다. 수도사들은 그곳에서 카타리 "완전인들"처럼 소박한 의상과 겸손한 태도를 취했다. 그리고 온갖 논의와 설교들을 했지만, 1208년에 수도사 한 사람이 살해당하는 사건이 발생했다.

그러자 교황은 모든 시도가 실패로 돌아갔다고 여기고 같은 해 카타리파에 대항하는 십자군 전쟁을 선포하고, 1209년에 실제로 군대를 동원했다. 옥시타니아 귀족 대부분은 프랑스 왕과도 대립 중이었기에 처음에는 카타리파의 편에 섰다. 귀족들의 요새는 카타리파의 거점 겸 도주지가 되었다. 하지만 몽포르의 시몽 4세Simon IV de Montfort가 지휘하는 십자군은 엄청난 파괴와 인명 손상을 불러왔다. 베지에Béziers(1209), 미네르브Minerve(1210), 라보르Lavaur(1211) 등지에서 대량 학살이 있었다. 교황이 소집한 군대가 청빈과 금욕을 신조로 살고 있는 허약한 민간인을 상대로 무자비한 학살을 저질렀던 것이다. 가톨릭 교회는 이단에 맞선 십자군 전쟁을 통해, 그리고 거기에 더해 종교재판까지 차츰 정비해 나가면서 카타리파 신앙운동을 파괴할 수 있었다.

원래 종교재판은 교회 안에서 성직자들을 대상으로 행해지다가 카타리파 척결을 계기로 인노켄티우스 3세에 의해 완전히 새로운 길로 접어들었다. 회유가 실패로 돌아간 다음에 교황은 십자군을 소집했을 뿐만 아니라 비록 신앙 문제라 해도 민간을 향한 심문과 판결에 종교재판을 동원하기 시작했던 것이다. 이로써 종교재판은 교회와 성직자의 영역을 넘어 신앙과 관련된 세속의 문제도 다루게 되었다. 그리고 인노켄티우스의 특사였던 성 도미니쿠스는 뒷날 이단을 추적하기 위한 탁발수도회인 도미니크 수도회를 창설했다.

카타리파를 파괴하는 과정에서 교회는 1229년(그레고리우스 9세)에 소집된 툴루즈 공의회를 통해 옥시타니아의 모든 교구에 종교재판의 그물을 촘촘하게 쳐서 이단자들을 잡아들이도록 했다.

카타리파가 거의 사라지고 또한 그들을 후원한 영주들도 대부분 군사적으로 몰락했지만, 카타리파 운동은 완전히 파괴되지 않았다. 얼마 안 남은 사람들은 저 산악 지대에 자리 잡은 몽세귀르Montségur 요새로 들어갔고 추적은 계속되었다. 프랑스 왕의 후원을 받는 가운데, 십자군 기사들과 병사들은 1243년에 몽세귀르 성을 포위했다. 몽세귀르 주민들은 카타리 신앙을 버리거나 아니면 화형대에 서거나 둘 중 하나를 선택하라는 강요를 받았다. 카타리파 주교를 포함하여 225명이 이때 화형을 당했다. 이것은 카타리파의 최후 장면이다. 일부 카타리 잔재는 더 오래 남았지만, 이렇다 할 의미는 없었다.

1229년에 프랑스 왕의 동생이 툴루즈 백작령의 상속녀와 결혼하면서 이곳은 카페 왕조의 방계혈통에 속하게 되었다. 카페 왕조가 종말을 고하면서 툴루즈 백작령은 랑그도크Languedoc라는 이름으로 프랑스 왕의 직접 지배 아래로 들어갔다.

프랑스는 2016년에 '옥시타니Occitanie'라는 주를 신설했다. 이것은 중세에 있었던 역사상의 옥시타니아의 이름을 따서 생겨난 것이지만 원래 옥시타니아 지역의 일부에 지나지 않는다. 이곳에서 카르카손을 비롯하여 옛날 카타리파의 흔적을 찾아볼 수 있다.

1209년에 카르카손에서 추방당하는 카타리파의 모습. 『프랑스 대연대기 Grandes Chroniques de France』에 실린 세밀화, 15세기, 상트페테르부르크, 예르미타시 미술관The State Hermitage Museum.

19세기에 복원된 카르카손 성. 1997년에 유네스코 세계문화유산으로 지정되었다. ©GNU General Public License

22

음유시인들의 시대와 강력한 여왕 엘레오노르 다키텐

랑그도크 또는 옥시타니아 지역

12~13세기에 남부 프랑스(중세의 랑그도크 지방)에서 중세 프로방스 지방어인 옥시탕Occitan어로 사랑 노래를 쓴 시인들을 음유시인 또는 연가戀歌시인Troubadour, Trobador이라고 한다.

시인들 이야기를 시작하기 전에 먼저 옥시탕 또는 랑그도크에 대한 설명이 필요할 듯하다. 랑그도크는 프랑스 말로 langue d'oc, 곧 오크어語라는 뜻을 가진 말인데, 여기서 오크어가 바로 옥시탕어를 가리킨다. 그러니까 랑그도크란, 언어를 기준으로 붙여진 이름이었다. 로망스어의 일종인 이 언어는 옥시타니아(이어서 랑그도크)를 중심으로, 모나코, 현재 이탈리아의 옥시탄 골짜기Valli Occitane, 에스파냐에 속하는 카탈루냐의 아란 골짜기Val d'Aran 등지에서 사용되었고, 오늘날까지도 그 흔적이 남아있다고 한다. 오늘날의 국경선을 기준으로는 짐작하기 어려운 광범위한 지역이다.

이 지역은 몇 가지 점에서 북부의 프랑크 왕국과는 분위기가 달랐다. 지중해 가까이 위치한 이 지역은 중세 시대에도 에스파냐, 북이탈

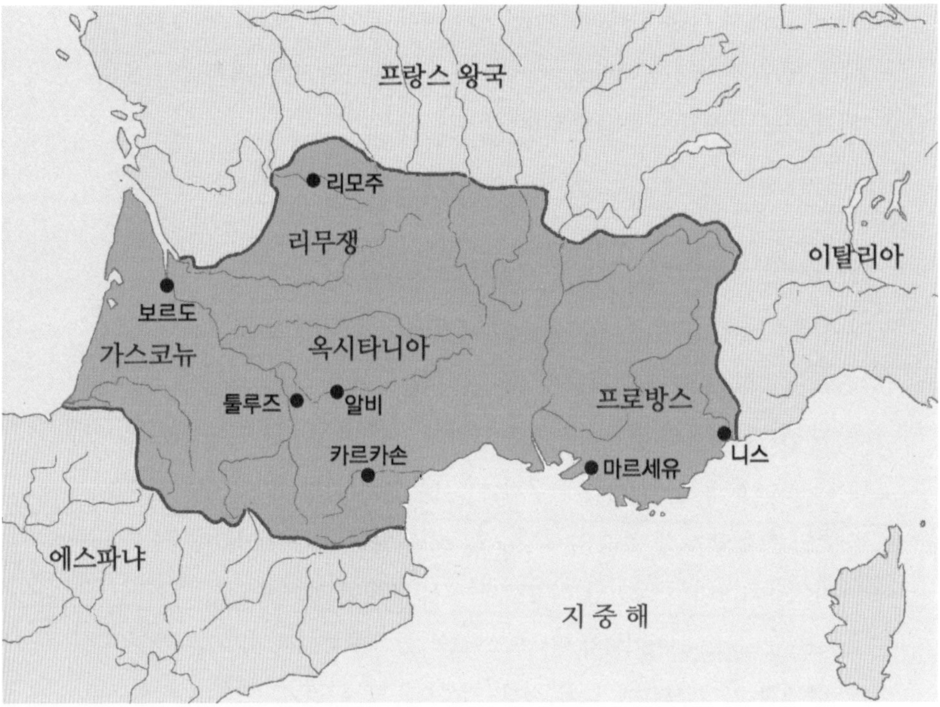

중세의 옥시타니아(또는 랑그도크) 지역. 오늘날의 프랑스 행정 구역인 옥시타니와는 많이 다르다.

리아, 북아프리카, 이집트 등과의 무역이 상대적으로 활발했다. 11세기부터는 이런 무역을 통해 상인 등 시민 계급이 일찍부터 부를 쌓았고 고위 귀족과 고위 성직자도 그런 부의 혜택을 누렸다. 은행과 대부업 등이 번성하고 방직산업과 가죽제품도 발달했으며, 상인들은 십자군에 장비를 공급하고, 십자군이 가져온 약탈물을 매입하거나 판매해서 돈을 벌었다. 또한 무슬림 사회와도 일찍부터 접촉했기에 이곳은 특이하게도 열린 사회였다. 특히 로마 제국의 유산이 아직도 많이 남아있었기에 대단히 높은 수준의 궁정 문화도 발전했다.

이 지역에서 주로 하층민들 사이에 퍼져 나간 청빈운동과 종교운동이 앞 장에서 다룬 카타리파 이단 사상이다. 부가 늘어나면 언제나 그렇듯 빈부 격차가 심해지고, 카타리파 이단은 그런 빈부 격차에서 불거져 나온 문제라는 측면도 있다.

연가시인, 궁정의 사랑과 낮은 사랑을 노래하다

옥시탕어로 글을 쓴 연가시인들은 시를 쓰고 거기에 곡을 붙이고 노래도 불렀다. 오늘날의 개념으로는 싱어-송라이터singer-songwriter라고 할 수 있다. 최초의 연가시인으로 알려진 사람은 아키텐 공작 윌리엄 9세William IX(1071~1126)인데 그가 이 시詩 형식의 창시자로 여겨진다. 이들이 사용한 중세 언어 옥시탕은 프랑스어와는 다른 언어였다.

아키텐의 9대 공작인 윌리엄 9세는 저 유명한 엘레오노르 다키텐Eleonore d'Aquitaine(아키텐의 엘레오노르)의 할아버지로서 이 가문 출신의 유명한 인물들의 맨 앞에 선다. 엘레오노르는 '연가시인들의 여왕'이라 불릴 정도로 연가시인들을 후원했는데, 할아버지가 바로 이런 시 형식을 시작했다는 사실을 알고 보면 이해가 된다.

엘레오노르의 두 아들인 잉글랜드 왕 '사자심장' 리처드(3차 십자군의 주역)와 그 동생 존 역시 연가시인들을 후원했다. 엘레오노르 다키텐이 프랑스 왕 루이 7세와의 혼인에서 얻은 딸 마리(마리 드 샹파뉴Marie de Champagne)도 어머니처럼 문인들을 후원했다. 이 딸은 자신의 궁정에서 북부 프랑스 출신 작가 크레티앵 드 트루아Chrétien de Troyes를 후원했다. 그러니까 어머니와 아들들은 남프랑스 시인들을, 딸은 북프랑스의 작가를 후원했던 것이다.

중세의 연가문학Trobadorlyric은 두 개의 얼굴로 등장한다. 윌리엄 9세 공작은 "두 얼굴 연가시인trovatore bifronte"으로 알려져 있다. 그가 한편으로는 궁정 세계와 무관한 거칠고 자연스럽고 투박한 노래들을 쓰고,

다른 한편으로는 주로 '궁정의 사랑amour courtois', 또는 '섬세한 사랑fin'amor'을 노래한 비교적 엄격한 내용의 시들도 썼기 때문이다.

이런 구분은 중세 도이치 문학에도 영향을 미쳐서 도이치 문학사에서는 '낮은 사랑niedere Minne'과 '높은 사랑hohe Minne'이라는 개념으로 나타난다.

아키텐 공작 윌리엄 9세는 총 11편의 노래들을 남겼는데, 이들이 모두 그의 작품인지 아주 분명하지는 않다. 어쨌든 그의 이름을 달고 오늘날까지 전해지고 있다. 여기에는 섬세한 사랑을 노래한 시들뿐만이 아니라 감각적 쾌락을 즐거워하는 시편들도 있다. 그가 동시에 두 명의 애인을 두었으니 이해할 수 있는 일이다. 분류번호 1번 노래의 한 구절을 들어보자.

내 안장 아래에 말 두 마리가 있으니, 참 좋구나;
둘은 전투 훈련을 받아 용감하다;
하지만 그 둘을 함께 둘 수 없네. 그들이 서로 상대방을 참지 못하니.

또한 그의 시들 중에는 전달하기 곤란할 정도로 난잡한 장면을 묘사한 것들도 있다. 특히 분류번호 5번인 매우 긴 시에는 오늘날에 보아도 민망한 장면이 묘사되어 있다. 이것은 "궁정 방식이 아닌" 시로 분류되어 초기에는 제대로 소개되지도 못했다. 잠깐 들어보자.

주인공이 혼자서 오베르뉴Auvergne 지방으로 갔을 때 두 유부녀를 만나 인사를 나누었다. 아녜스Agnes 부인과 에르메상Ermessen 부인이었는데, 그녀들은 그와 인사를 주고받으며 그의 모습이 아름다운 것을 보고 먼저 말로 그를 시험한다. 이 낯선 순례자가 그곳 말을 몰라 제대로 말을 못 하고 웅얼거리는 것을 보자 여인네들은 그를 겉옷으로 가리고 방으로 데려가 난롯가에서 따뜻하게 보살핀다. 이어서 실컷 먹고 마시게 한 다음 여인네들은 구역질 나는 긴 털이 달린 (이름을 알 수 없는) 커다란 짐승을 데려다가 그의 곁에 두었는데, 그는 심한 두려움 속에서도 아무 말도 하지 않는다. 이어서 수고양이 한 마리를 데려왔고, 이 고양이가 그를 100번 이상이나 몹시 할퀴어 깊은 상처가 났는데도 그는 차라리 죽을지언정 아무런 몸짓도 하지 않았다. 여인네들은 이렇게 말한다. "그가 말이 없네. 이걸 알게 되니 좋은걸."

이런 모진 시험을 거친 끝에 여인들은 나그네가 다른 사람들에게 아무 말도 전하지 않으리라 믿고 그가 마음에 들어서 자기들이 하고 싶은 일을 했다. 그러니까 목욕물을 마련하고 좋은 시간을 위한 준비를 했다. 그는 거기서 8일 이상을 머물며 그들과 188번이나Cen e quatre vint et ueit vetz 섹스를 했단다.

윌리엄 9세 말고 다른 시인들도 더 있었다. 하지만 우리 책을 위해서는 이것으로 충분할 것 같다.

바그너 오페라 《탄호이저》에서 높은 사랑과 낮은 사랑

19세기의 음악가 리하르트 바그너는 중세 문학작품이나 이야기들을 이용해서 손수 오페라 대본을 쓰고 작곡을 했다. 중세 전성기를 배경으로 하는 바그너의 오페라 《탄호이저Tannhäuser》에서는 '높은 사랑'과 '낮은 사랑'을 두고 기사-시인들이 대판 격돌을 벌이는 이야기가 등장한다. 줄거리는 바그너의 창안이 아니고 중세 시인 탄호이저에 얽힌 전설에서 가져온 것이다.

여기서 높은 사랑이란 우리가 흔히 정신적 사랑, 또는 플라토닉 러브라 부르는 것을 뜻한다. 이는 현실에 존재하는 사랑이라기보다는 중세에 왕이나 귀족의 궁정에서 기사들이 영주 부인에게 바치는 숭배를 시로 승화시킨 것이다. 물론 젊고 아름다운 영주 부인을 두고 젊은 기

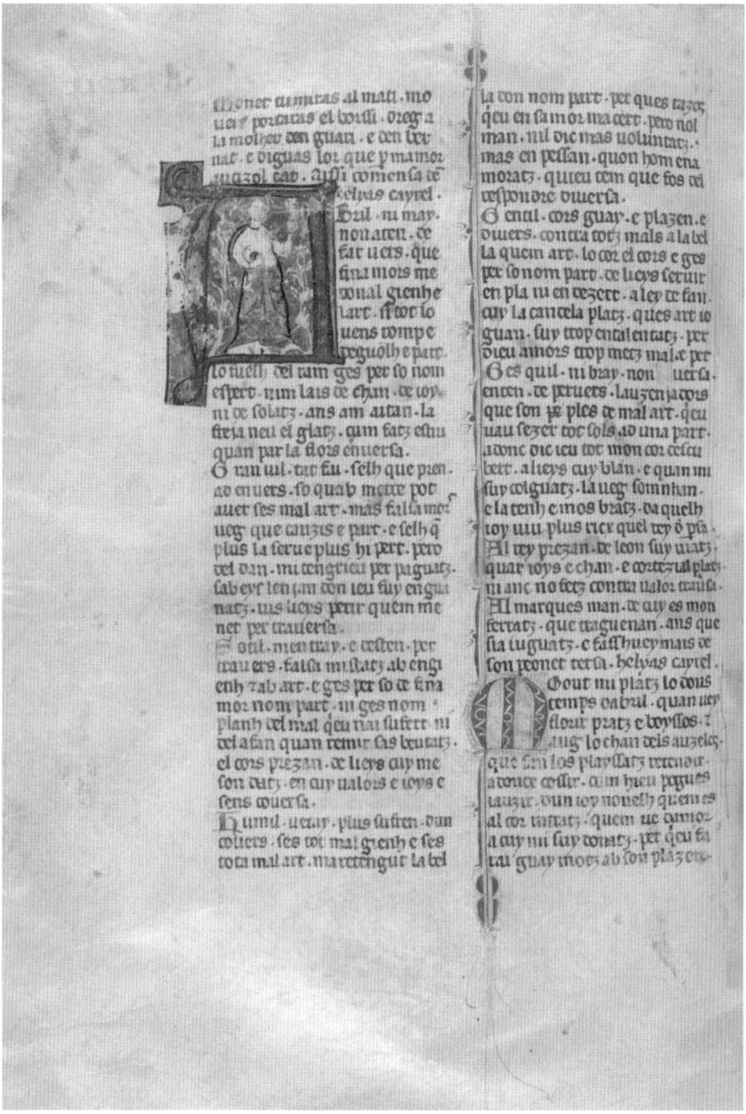

아키텐 공작 윌리엄 9세가 쓴 시들 중 하나(분류번호 5번)의 필사본. 이 시에는 오늘날 보아도 민망한 장면이 묘사되어 초기에는 제대로 소개되지도 못했다. 14세기, 파리, 프랑스 국립도서관Bibliothèque nationale de France.

사들이 연정을 품는 경우도 없지 않았고, 그런 사정을 반영한 애타는 사랑 노래도 있었다고 보아야 할 것이다. 이 또한 인간사에 나타날 수 있는 일들이니 말이다. 하지만 그래도 높은 사랑은 현실의 사랑이라기보다는 기사들을 위한 이념적인 이상理想이었다.

그에 비해 낮은 사랑은 그냥 보통의 육체적 관계를 전제로 하는 사랑을 뜻한다. 물론 이쪽이 훨씬 자연스럽고 일상적인 사랑이다. 잠시 《탄호이저》 이야기를 들어보자.

주인공 탄호이저는 기사이면서 시인이기도 했는데, 어떤 사연에서인지 한동안 '베누스의 동굴'에 머문 적이 있었다. 그곳은 아름다운 이교異教 여신 베누스가 다스리는 영역으로 질펀한 육욕과 쾌락이 지배하는 곳이었다. 그곳에서 탄호이저는 베누스 여신의 애인 노릇을 했다.

하지만 죽지도 않고 영원히 지속되는 육체의 탐닉에 물린 나머지 그는 여신의 저주를 뒤로한 채 베누스의 동굴을 떠나 현실로 돌아왔다. 독일의 튀링엔 지방에 있는 바르트부르크Wartburg 성 앞으로 돌아온 것이다. 그곳 바르트부르크 성주의 조카딸 엘리자베트는 전에 탄호이저를 본 적이 있었고 그를 사랑했는데, 지금도 그를 잊지 못하고 그가 돌아오기를 늘 기도하고 있었다.

하지만 이교의 여신 곁에 머물며 육체적 사랑에 탐닉했던 탄호이저는 죄의식에 사로잡혀 그곳을 그냥 지나치려 한다. 그때 엘리자베트를 '높은 사랑'으로 흠모하는, 동료 기사이자 가수인 볼프람이 그를 붙잡는다. 그녀가 그를 기다리고 있으니 그냥 떠나지 말라고 만류해서 탄호이저는 그와 함께 성으로 들어온다. 성주인 헤르만은 조카딸이 사랑하는 탄호이저가 돌아온 게 기뻐서 그를 위해 '가수들의 노래경연'을 벌이기로 결정한다. 주제는 '사랑'. 이 경연에서 우승한 사람은 엘리자베트와 결혼하고 헤르만 백작의 영토를 물려받기로 되었다.

경연이 벌어지고, 한 기사 시인이 높은 사랑을 노래한다. 그러자 육체적 사랑의 기쁨을 맛본 탄호이저는 참지 못하고 '낮은 사랑'이 진짜라고 주장한다. 그들의 대립은 점점 거세지고, 나중에는 여러 기사들이 나서서 높은 사랑을 옹호한다. 그러자 낮은 사랑이 진짜 사랑이라고 느끼는 탄호이저가 이렇게 외치고야 만다.

너희들이 사랑을 아느냐, 알고 싶다면 베누스의 산에 가보아라.

이렇게 해서 그는 자기가 이교의 여신 베누스의 동굴에 머물며 낮은 사랑의 쾌감을 맛보았음을 고백하고 말았다. 그것도 순수한 신앙을 간직한, 거의 성스러운 엘리자베트의 눈앞에서 벌어진 일이었다. 이는 단순히 사랑의 문제에 그치는 것이 아니라 기독교 신앙까지도 배신한 일이었으니, 그는 영혼이 지옥에 떨어질 일을 고백한 것이었다.

깜짝 놀란 기사들이 격해져서 칼을 빼 들고 신앙의 배신자인 탄호이저에게 덤벼드는데, 그 순간 엘리자베트가 그들의 앞을 가로막고 나선다. 그를 사랑한 자신이야말로 이런 고백을 통해 가장 큰 상처를 입었지만, 그런데도 이 순간 그런 건 문제가 아니다. 탄호이저의 영혼의 구원이야말로 진짜로 중요한 일이라고 외친다. 그녀는 그에게 참회의 기회를 주어야 한다고 주장한다. 아니면 그의 영혼이 영원히 지옥에 떨어질 것이니 말이다.

바르트부르크 성주인 헤르만 백작은 탄호이저를 놓아 보내면서 그가 로마로 순례여행을 떠나 교황을 찾아가 용서를 구하라고 일러준다. 탄호이저는 온갖 고행을 감수하며 맨발로 걸어서 알프스를 넘어 로마로 갔다. 하지만 그가 이교의 여신 베누스 산에서 지냈다는 고백을 들은 교황은 그를 향해 지팡이를 흔들면서, 이 지팡이에서 새싹이 돋아날 수 없듯이 너의 죄도 용서받을 수 없다고 선언한다. 아무리 교황이라도 참회하는 영혼에게 그렇게 대답하면 안 될 일이었지만 아마 교황

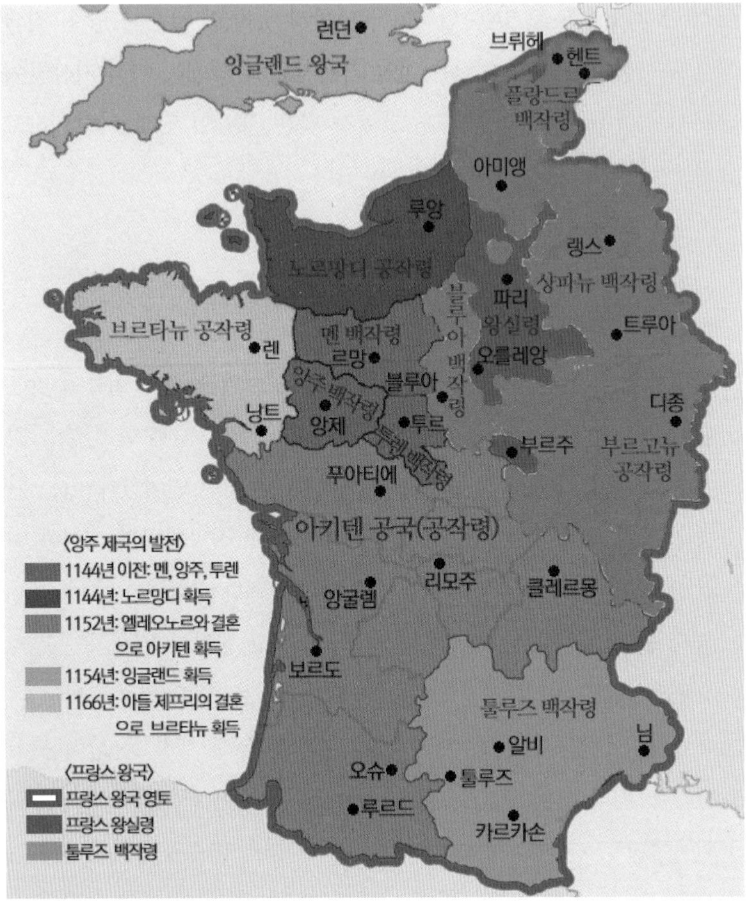

12세기 후반의 프랑스. 아키텐 여공작 엘레오노르 다키텐과 앙주·노르망디 공작 헨리 플랜태저넷(나중에 잉글랜드 왕 헨리 2세)이 결혼하면서 거대한 앙주 제국이 탄생했다. 프랑스 안의 노란색, 붉은색, 갈색 지역이 앙주 제국 영토이다. ©Sémhur

이 몹시 흥분했나 보다.

용서가 거부되면서 깊은 절망감에 빠진 탄호이저는 베누스 산으로 돌아갈 셈으로 바르트부르크 성 쪽으로 돌아온다. 그는 그곳 길가의 십자가 앞에서, 엘리자베트가 탄호이저의 영혼을 구원해 주십사 하고 기도를 드리다가 기진해서 죽었다는 소식을 듣는다. 때마침 엘리자베트의 장례 행렬이 그의 앞으로 다가오는 것을 보며 그는 영혼 깊은 곳에서부터 통한에 젖어 "엘리자베트!" 하고 외친다. 그 외침과 동시에 그는 자기가 용서를 받았음을 깨닫는다.

마침내 영혼의 평화를 얻은 그가 엘리자베트의 뒤를 이어 죽어가는데, 로마에서 돌아오는 다른 순례자들이 특별한 소식을 전한다.

교황님 지팡이에서 잎사귀가 돋아났다.

강력한 여왕 엘레오노르 다키텐 이야기

아키텐 공작 윌리엄 9세의 손녀인 엘레오노르 다키텐(1122~1204)은 거대한 영토를 지닌 아키텐 공국을 이어받은 적법한 후계자였다. 그러니까 본래 아키텐 여공작이다. 또한 옛날 카롤링 왕조의 후손이라는 후광도 지녔다. 그녀는 일찌감치 프랑크 왕국의 왕위 후계자인 루이 7세와 혼인하고 머지않아 프랑크 왕국의 왕비(=여왕)가 되었다. 하지만 이 혼인은 오래가지 못하고 두 사람은 적법한 방식으로 이혼했다. 당시만 해도 교황은 이런 이혼을 승인해 주었다. 다만 그녀는 이 결혼에서 딸 하나를 얻었다.

이 이혼은 역사상 가장 큰 흔적을 남긴 이별의 하나였다. 이혼 뒤에 엘레오노르가, 장차 잉글랜드의 왕이 될 사람과 재혼하면서 아키텐 영토는 300년 이상에 걸쳐 프랑스와 잉글랜드의 영토 분쟁의 중심에 서기 때문이다. 백년전쟁(1337~1453)이 끝나면서 겨우 두 나라 사이에 영토가 정리된다.

이혼한 직후에 엘레오노르는 역시 프랑스 태생으로, 앙주와 노르망디의 공작인 젊은 헨리 플랜태저넷Henry Plantagenet(1133~1189)과 재혼

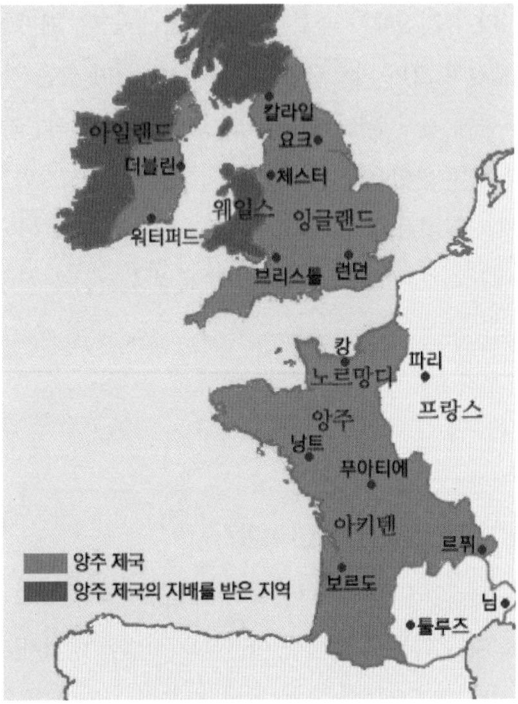

앙주 제국과 그 지배를 받은 지역들. 앙주 제국은 앙주와 노르망디를 본거지로 하여 아일랜드, 잉글랜드, 웨일스까지 지배했다.

했다. 그는 노르망디 공작이면서 잉글랜드 왕위에 대한 권리도 가진 사람이었다. 헨리는 그녀보다 11살이나 아래였다. 처음에 그들은 사이가 좋았던 모양이다. 둘 사이에 아들 5명과 딸 2명이 태어났다. 두 사람은 결혼하고 2년 뒤에는 잉글랜드의 왕과 왕비가 되었다. 헨리는 플랜태저넷 왕가를 시작한 인물로, 역사상 잉글랜드의 헨리 2세로 알려져 있다.

이들은 각자의 영토를 합치면서 광대해진 지역을 통치한 당대의 강력한 영주였다. 프랑스를 주요 본거지로 삼고 있던 헨리 2세는 앙주와 노르망디 말고도 아일랜드의 절반, 그리고 잉글랜드와 나란히 웨일스의 통치권을 차지했다. 엘레오노르와의 혼인을 통해 프랑스 서부에 위치한 아키텐 공국(=공작령, 오늘날의 아키텐보다 훨씬 거대한 영토)의 통치권도 그의 손에 들어갔다. 헨리는 평생 이 영토들(통칭해서 앙주 제국)을 강건하게 만드는 것을 자신의 목표로 삼았다.

하지만 그의 이런 대단한 야망은 제일 먼저 아내 엘레오노르를 통해 엄청난 방해를 받았다. 태생이 아키텐 여공작인 엘레오노르는 중세의 보통 여성들처럼 자기 영토의 통치권을 남편에게 전적으로 맡기고 자신은 뒤로 물러나 있는 종류의 여성이 아니었다. 그녀에 대한 역사의 기록이 많지 않아 정확한 것은 알려져 있지 않지만, 그녀는 아키텐 공국을 독자적인 것으로 유지하고, 자기가 직접 그곳의 통치권을 행사하려고 했던 것 같다.

이들 유명한 커플은 자식을 많이 두었다는 것 말고도 평생 동안 그야말로 사생결단으로 싸움질을 계속했던 것으로도 유명하다. 아들이 많았던 것은 복이 아니라 아들들 사이에 후계 자리를 놓고 싸움이 벌어지는 계기로 작용했다. 아들들은 연합해서 부왕에게 두 번이나 합동 반기를 들었는데, 어머니 엘레오노르마저 아들들과 한편이 되었고, 고립된 왕은 심각한 위기의식을 느꼈다. 그는 아내를 15년 동안이나 가택 연금에 처했다. 물론 자신은 연인을 두었으며, 심지어 엘레오노르와 이혼하려는 시도를 한 적도 있었다. 정식 이혼을 요청하는 사절을 로마 교황에게 보냈으나 진짜로 이혼하지는 않았다.

이들 두 사람과 아들들의 이야기는 우리나라에는 그리 널리 알려지지 않았지만 앤서니 하비Anthony Harvey 감독의 유명한 영화 〈겨울의 라이온The Lion in Winter〉(1968)에서 상당히 깊이 있게 다루어졌다. 캐서린 헵번과 피터 오툴, 앤서니 홉킨스 등 유명한 배우들이 출연했다.

앞서 3차 십자군 전쟁 이야기에서 만나본 '사자심장' 리처드는 헨리와 엘레오노르 사이에 태어난 셋째 왕자다. 그의 이야기와 또 다른 유명한 전설 아서 왕과 원탁의 기사들 이야기의 상당수는 잉글랜드가 아닌 프랑스를 배경으로 한다. 특히 앙주 백작령 또는 공작령은 자주 아서 왕의 핵심 거처로도 등장한다. 이 또한 헨리와 엘레오노르 시대에 오늘날 프랑스의 서쪽 거의 절반이 잉글랜드 왕권에 속했다는 사정과 관계있다.

그러니까 아서 왕이 실제로 살았다는 (전설의) 시대보다는 아서 왕 이야기를 하던 시인들이 살던 시대에 잉글랜드 왕이 광범위한 프랑스 영토를 소유했다는 사정이 이야기에 반영되어 있는 것이다.

23

『카르미나 부라나』, 떠돌이 수도사들의 노래

골드문트 이야기

헤르만 헤세의 『나르치스와 골드문트』는 20세기 작가가 쓴 소설이기는 해도 페스트가 유행하던 중세 유럽을 배경으로 하는 작품이다. 학자들은 이 소설의 등장인물 하나가 15~16세기에 실제로 독일의 주교 도시에서 활동한 목조각가를 모델로 한 것이라고 보고 있으니 아마도 중세 말기의 이야기로 읽어야 할 것 같다. 물론 이 소설은 여러 가지 면에서 전형적인 중세 이야기는 아니다. 하지만 중세의 특성이 많이 들어 있으니 잠깐만 줄거리를 들여다보자.

15살가량의 아름다운 소년 골드문트는 아버지에 의해 수도원 학교에 맡겨진다. 아버지는 아들이 수도원 학교에서 그리스어와 라틴어 등 필요한 공부를 마치고 수도사가 되어 평생 수도원에서 보내기를 바란다. 아들을 수도원에 맡기고 떠난 아버지는 다시는 아들을 만나러 오지 않으니 이로써 부자는 지상에서 이미 영원히 작별을 고했다. 골드문트는 이곳에서 학생으로 여러 해를 보낸다.

이 학교에서 골드문트는 자기보다 겨우 몇 살 위인 젊은 그리스어 교사 나르치스를 만난다. 나르치스는 아직 정식으로 수도사 서약을 거치지 않은 수련수사이지만, 워낙 뛰어난 재능과 정신적 힘을 인정받아 보조 교사 노릇을 하고 있다. 나르치스와 골드문트는 스승과 제자로 만났지만 비슷한 또래로서 영혼의 교유를 갖는 특별한 친구가 된다.

나르치스는 골드문트가 자기와는 전혀 다른 종류의 인간임을 금방 알아본다. 골드문트는 감각을 통해 세계를 체험하고 또 파악하는 인간으로서, 논리적 사색과 직관을 통해 핵심 원리를 찾아내고 규칙적인 생활 속에서 신에게 자신의 모든 것을 바치려는 나르치스와는 전혀 다른 부류의 인간이다. 나르치스는 골드문트가 본래 타고난 자신의 본질과 소명을 알아내도록 적극적으로 돕는다. 나르치스의 도움으로 자신의 소명이 수도원 생활에 있지 않음을 깨달은 골드문트는 수도원을 떠나 세상으로 나가 방랑 생활을 시작한다.

여자들을 만나 짧은 사랑을 나누고, 숲속이나 들판을 헤매며 온갖 열매를 먹고, 마을을 찾아내면 그곳에서 구걸하며 연명한다. 골드문트의 여성 편력이 많은 남성 독자의 마음을 사로잡기는 하지만, 그의 삶은 실로 고단하고 힘든 것이었다. 다행히도 그가 아직 젊고 아름답고 선량한 용모를 지니고 있어 쉽사리 여자들의 마음을 얻을 수 있었기에 떠돌이 삶치고 상대적으로 나은 편이었지만, 그래도 근본적으로 힘들었다. 결국은 떠돌면서 구걸로 연명하는 삶이기 때문이다. 죽을 고비도 여러 번이나 넘기면서 그는 자기처럼 정처 없이 떠도는 다른 떠돌이 수도사를 만난다.

말이 수도사지, 이런 사람들은 수도원 학교에서 잠시 교육을 받은 적이 있는, 또는 잠시 수도사 노릇을 한 경력을 지닌 뜨내기 부랑자였다. 오랜 구걸 행각으로 영혼이 타락할 대로 타락한 떠돌이 수도사 하나가 골드문트의 주머니에서 금화를 훔치려다가 뜻대로 되지 않자 그를 죽이려 덤볐고, 거기에 맞서 자신을 지키려던 골드문트는 상대방을

『카르미나 부라나』 필사본에 그려진 운명의 바퀴Wheel of Fortune. 중세 떠돌이 수도사들이 지은 작품을 모아놓았지만 오늘날 우리 삶의 정서와 다르지 않다. 1230년경, 뮌헨, 바이에른 주립도서관Bayerische Staatsbibliothek.

죽이고 만다. 하녀들과의 짧은 사랑이나 농부 아낙네들과의 간통으로 점철된 그의 방랑 행각은 온갖 고난에 더해 이제 살인까지 이르렀다. 소설의 이야기는 계속되지만 우리는 여기서 멈추기로 하자. 남은 이야기는 뒤에서 잠깐 더 나온다.

떠돌이 수도사들의 노래 『카르미나 부라나』

앞에 등장하는 골드문트의 방랑 생활은 중세의 떠돌이 수도사, 또는 떠돌이 대학생이라 불리던 사람들의 삶의 일부를 보여준다. 이들은 과거에 수도사나 학생이라 불릴 만한 경력을 가지긴 했지만 딱히 수도사나 학생이라 부르기도 어려운 사람들이다. 그냥 깨진 라틴어를 조금 할 줄 아는, 먹물 좀 먹은 뜨내기들이다. 그중에는 진짜 협잡꾼이나 범죄자들도 있었다. 물론 진짜 수도사들이 일시적으로 떠돌아다니는 경우도 있었다.

이들 중세의 떠돌이 수도사들이 쓴 작품들을 모아놓은 작품집이 오늘날까지 전해진다. 『카르미나 부라나Carmina Burana』라는 이름으로 알려진 수집본이다. 『베네딕트 수도원 노래』라고 불리기도 하는데, 베네딕트 수도원에서 『카르미나 부라나』의 중세 필사본이 발견되었기에 붙여진 이름이다. 여기 수록된 작품들은 11, 12, 13세기에 쓰인 것들이다. 주로 (깨진) 라틴어와 중세 도이치어가 뒤섞여 있고, 많은 작품들은 일부 또는 상당 부분이 소실되어 몹시 불완전한 형태다. 옛날 필사본에 적힌 작품들이 지닌, 피하기 힘든 운명이다.

당대 도덕을 풍자하는 노래 55편, 사랑 노래 131편, 술과 도박 노래 40편, 종교극 2편 등이 여기 들어있다. 중세 떠돌이들의 생활 감정과 세계관이 상당히 노골적으로 표현되어 있는 이 작품집에서 우리는 그야말로 더도 덜도 말고 딱 오늘날 우리가 지닌 삶의 감정들을 상당수 발견하게 된다. 그냥 시대 배경만 중세일 뿐이다.

오늘날 지상에서 최고로 높은 왕은 돈.
왕들은 돈에 경탄하고, 돈에 봉사하지.
돈으로 살 수 있는 주교직도 여기 더해지네.
……
돈이 황제급 여인들조차 살 수 있게 만들고,
……
돈은 강도조차 귀족으로 만들지.

이 방대하고 산만한 중세 작품집에서 일부를 뽑아 20세기 독일 작곡가 카를 오르프Carl Orff(1895~1982)가 칸타타로 만들었다(1935~1936). 오늘날 가장 유명한 클래식 작품의 하나라고 할 수 있는《카르미나 부라나》24편 노래가 그것이다. 영화와 CF, 드라마 등 우리나라에서도 흔히 접할 정도로 대중성이 뛰어나서 클래식 음악이라는 생각이 별로 안 든다. 특히 1번 노래가 그렇다. 술과 여자, 노래를 찬미하고 변화무쌍한 삶을 탄식하는 이 작품의 원본 텍스트와 번역 몇 편을 이어서 소개한다.

음악과 함께 들어보면 라틴어의 리듬감이 느껴진다. 또한 떠돌이 기사들이 왕이 되었다가 목숨을 잃는 꼴을 직접 목격하거나 그런 이야기들을 들으며, 삶의 흥망성쇠와 행운의 변덕을 경험한 중세 사람들의 생활 감정 일부를 여기서 직접 감상할 수 있다.

카를 오르프의 칸타타 《카르미나 부라나》의 가사

① 〈오 운명의 여신이여O Fortuna〉

오 운명의 여신이여,	O Fortuna, velut luna
달처럼 변덕스럽구나!	statu variabilis,
점점 커지다가 점점 작아지며,	semper crescis aut decrescis;
수치스럽게 몰아간다!	vita detestabilis
이것저것 망쳐놓곤 도로 고쳐주네,	nunc obdurat et tunc curat
정신의 예리한 장난질 치면서.	ludo mentis aciem,
가난도 재산도	egestatem, potestatem
허망한 얼음처럼 깨뜨린다.	dissolvit ut glaciem.
두려운 행운, 속이 비어	Sors immanis et inanis,
빙글빙글 도는 너 바퀴야,	rota tu volubilis,
고난도 편안함도	status malus, vana salus
언제나 스러지고 말지.	semper dissolubilis,
불길하게 베일 쓴 모습으로	obumbrata et velata
너 이제 내게 맞서는구나.	michi quoque niteris;
나는 맨 등짝 내놓고	nunc per ludum dorsum nudum
네 못된 장난질 당하네.	fero tui sceleris.
기적의 힘 가득한 치유하는 행운은	Sors salutis et virtutis
이제 내 반대편에 있네.	michi nunc contraria,
소망과 결핍이	est affectus et defectus
끊임없이 압박하네.	semper in angaria

그러니 즉시 Hac in hora sine mora
현악기를 뜯어라. corde pulsum tangite;
행운의 주사위가 강자强者를 쓰러뜨리나니, quod per sortem sternit fortem,
모두 나와 함께 탄식하자! mecum omnes plangite!

② 〈운명의 상처에 탄식하노라Fortune plango vulnera〉

운명이 입힌 상처에 탄식하며 눈물 흘린다,
운명이 제 선물을 내게서 빼앗아가니.
옛날에 읽은 것 맞아, 운명의 앞머리엔 머리카락이 있어,
하지만 기회가 와서 잡으려 하면 보통 뒤가 대머리더라고.
Fortune plango vulnera stillantibus ocellis,
quod sua michi munera subtrahit rebellis.
verum est, quod legitur fronte capillata,
sed plerumque sequitur Occasio calvata.

나도 운명의 옥좌 꼭대기에 앉았었네,
성공의 오색 화관을 쓰고
행운과 행복 속에 정말 잘나갔었지,
하지만 지금은 꼭대기에서 추락한다, 그 영광 다 뺏기고.
In Fortune solio sederam elatus,
prosperitatis vario flore coronatus;
quicquid enim florui felix et beatus,
nunc a summo corrui gloria privatus.

운명의 바퀴는 빙글빙글 돈다, 나 아래로 바닥까지 떨어졌는데,
바퀴는 다른 이를 들어올리네. 저 높고 높은 꼭대기에
왕이 한 명 앉아있네－추락을 조심해야 할걸!
여기 아래서 보면 바퀴에 헤쿠바* 여왕이라 쓰인 게 보이거든!

Fortune rota volvitur: descendo minoratus;
alter in altum tollitur; nimis exaltatus
rex sedet in vertice - caveat ruinam!
nam sub axe legimus Hecubam reginam.

⑫ 〈구워진 백조의 노래Olim lacus colueram〉

1.	1.
나 한때는 호수에 살았었지,	Olim lacus colueram,
나 한때는 아름다웠거든,	olim pulcher exstiteram,
내가 백조이던 때에.	dum cygnus ego fueram.
(후렴)	(후렴)
가련한 나, 가엽구나!	miser! miser!
이제는 검고도	Modo niger
아프게 타버렸네.	et ustus fortiter!

* 헤쿠바는 그리스군에 패한 트로이 왕 프리아모스의 아내를 가리킨다. 맏아들 헥토르는 그리스 장군 아킬레우스 손에 죽고, 그리스 군인들은 며느리를 노예로 끌고 가면서 어린 손자를 성벽 아래로 던져 죽였다.

2.
나는 눈보다도 하얬었지,
그 어떤 새보다 아름다웠어,
지금은 까마귀보다 더 검다.
(후렴 반복)

2.
Eram nive candidior,
quavis ave formosior;
modo sum corvo nigrior.
(후렴 반복)
(노래에 빠진 부분)

3.
장작이 나를 너무 태우네,
부엌 심부름꾼이 나를 빙글빙글 돌리고,
이제 하인이 나를 식탁으로 내간다.
(후렴 반복)

3.
Me rogus urit fortiter,
gyrat, regyrat garcifer;
propinat me nunc dapifer.
(후렴 반복)

4.
저 호수에 나는 살고 싶어,
언제나 자유로운 하늘 아래서,
이렇듯 후추에 절여지는 건 싫어.
(후렴 반복)

4.
Mallem in aquis vivere,
nudo semper sub aere,
quam in hoc mergi pipere.
(후렴 반복)
(노래에 빠진 부분)

5.
나 이제 그릇 속에 놓였네,
이젠 날아갈 수 없다,
번뜩이는 이빨들이 보이네.
(후렴 반복)

5.
Nunc in scutella iaceo
et volitare nequeo;
dentes frendentes video.
(후렴 반복)

24

〈롤랑의 노래〉, 전설이 된 상아 뿔나팔

중세 프랑스의 무훈시

중세 프랑스의 무훈시武勳詩, chanson de geste 중에서 가장 유명한 것이 〈롤랑의 노래Chanson de Roland〉다. 무훈시란 용감한 귀족 기사들이 싸움터에서 공을 세우고 승리하는, 또는 비장하게 전사하는 이야기를 다룬 노래들이다. 그중에서도 가장 오래된 것이 바로 〈롤랑의 노래〉로, 이는 중세 프랑스어로 쓰인 대서사시다. 무훈시는 1150~1250년에 전성기를 맞이해서 오늘날 약 60편 정도가 전해진다.

원래는 노래처럼 낭송해서 사람들에게 들려주는 시詩로 되어있지만 오늘날의 개념으로는 소설에 가깝다. 주인공 롤랑은 샤를마뉴(=카를 대제)의 조카이자 충신인데, 그가 이야기 도중에 죽고 나면 서사시의 뒷부분에서는 샤를마뉴가 주인공이다. 곧 '롤랑의 죽음과 샤를마뉴의 복수' 이야기가 노래의 핵심이다.

1100년 무렵에 쓰인 서사시는 778년 사건을 노래한다. 오늘날 우리에게는 그때가 그때 같고 그냥 모두 중세의 이야기일 뿐이지만, 잘 따져보면 300년 이상의 시차가 있다. 즉 서사시는 약 300년 전 기사 영웅들의 이야기를 노래로 들려준다. 물론 누가 언제 썼는지 모르는 작품이므로, 정말로 300년 전의 이야기를 다룬 것인지 장담할 수는 없지만.

팩트fact와 픽션fiction

이 서사시에서 샤를 대왕(샤를마뉴)은 프랑크 왕국의 수많은 귀족 기사들을 거느리고 이교도 사라센 사람들이 장악한 에스파냐로 넘어가서, 이교도들을 유럽에서 몰아내기 위한 전쟁을 벌인다. 이교도의 손에서 에스파냐의 주요 도시들을 이미 되찾았고, 사라센 왕 마르실리Marsilie가 자리 잡은 사라고사Zaragoza만 정복하지 못한 것으로 되어 있다. 역사상 사라센 사람들의 대단한 공격을 막아낸 사람은 샤를 대왕이 아니라 그의 할아버지인 마르텔이었다(711/712).

실제 역사에서 샤를마뉴도 에스파냐 대부분을 정복한 이슬람 사라센 사람들에 맞서 778년에 에스파냐를 되찾으려는 원정에 나서기는 했다. 하지만 이 원정은 처음에 잠깐 성과를 거두고는 곧바로 중단되었다. 군대 안에 질병이 퍼지고 또한 프랑크 왕국 안에 다른 심각한 문제가 있어서 대왕은 원정을 중단하고 팜플로나Pamplona를 거치는 귀국길에 올랐다. 다만 이 기회에 피레네산맥에 위치한 나바라 지역의 '바스크 종족의 기독교 도시'인 팜플로나를 부하 병사들이 약탈하는 것을 허용해 주었다.

도시 주민들이 느낀 배신감은 엄청났다. 기독교의 이름을 걸고 이교도를 정복하러 온 대왕의 군대가 기독교 도시를 약탈하면서 그야말로 피바다로 만들었기 때문이다. 절대로 있어서는 안 되는, 있을 수 없는 이런 일은 역사에서는 이따금 되풀이된다. (뒷날) 십자군 전쟁 때도 이와 비슷한 일이 더욱 큰 규모로 되풀이된 것을 우리는 이미 앞에서 읽었다.

앙심을 품은 바스크 사람들은 대왕의 군대가 피레네산맥의 좁은 고갯길인 론세스바예스Roncesvalles(프랑스어로는 롱스보Roncevaux)를 통과할 때, 맨 뒤를 따라가던 후미 부대를 급습했다. 이 롱스보 전투에서 후미 부대를 지휘하던 프랑크 왕국의 두 백작이 전사했다. 이것이 팩트다.

팩트(사실)에 근거한 체하면서 픽션(허구)을 다루는 서사시는 정밀한 역사적 사실에는 물론 별 관심이 없다. 이 작품의 완전한 필사본이 7종이나 전해지는데, 이들의 제작 시기는 12~14세기 무렵이다.

기독교도인 바스크 사람들은 자기들로서는 정당한 이유에서, 대왕의 후미 부대를 롱스보에서 급습했던 것이지만, 서사시는 팩트와는 무관하게 사라센 왕 마르실리가 먼저 거짓 화평을 맺고 나서 나중에 비열하게 대왕의 후미 부대를 기습한 것으로 바꾸었다. 그래서 역사적으로는 기독교도들끼리의 싸움이던 것이 서사시 〈롤랑의 노래〉에서 갑자기 기독교와 이교도의 전투로 바뀌었다.

문학작품에서 꼭 역사적 진실을 밝혀야 하는 것은 아니지만, 그래도 팩트와 픽션을 제대로 구분해야 한다. 팩트는 존중하고 픽션은 입맛대로 다루어도 된다는 뜻이 아니다. 오히려 원래 사실적 배경이 되는 팩트를 제대로 알고, 다시 픽션은 픽션대로 정밀하게 다루어야 진짜 문학작품을 읽는 재미가 나온다. 중세 유럽이 우리에게 너무 멀고, 또 그 이름들이 지나치게 낯설어서 어렵긴 하지만 그래도 그것은 당연한 일이다.

원전이 옛날 문헌인 고전작품을 다루는 일은 항상 정교한 문헌학의 특성을 동시에 지닌다. 어떤 문학작품의 줄거리나 일부를 다른 창작품에 이용하는 것은 창작자의 자유에 속하지만, 작품 자체를 제멋대로 변조해서 해석하는 것은 문학의 원래 특성에 맞지 않는다. 이것은 정통 문학작품을 망가뜨리는 후세의 못된 방식이다.

어쨌든 우리는 여기서 중세 시대의 문학작품들이 팩트를 다루지 않고 역사적 사건을 자유롭게 변조해서 환상적으로 다루고 있음을 볼 수 있다. 문학작품이 다큐 기록이 아닌 예술품인 만큼 이는 어찌 보면 당연한 일이고, 문예학에서는 이를 두고 "시인의 특권"이라 부른다.

<롤랑의 노래> 줄거리

4002행에 이르는 이 거대한 서사시는 두 부분으로 나뉜다. 2396행까지의 앞부분은 충신이자 영웅인 롤랑이 주인공이고, 나머지 부분에서는 샤를 대왕(=샤를마뉴)이 주인공이다.

시인의 특권license

역사적 사건을 토대로 작품을 쓸 때에, 특히 사극史劇에서, 운율이나 작품 구성, 전체 흐름 등을 고려하여 역사적 사실이나 내용을 변조하는 특권이 작가에게 주어져 있다고 보는데, 이를 "시인의 특권"이라고 부른다. 이것은 오늘날 영화나 온갖 팩션faction 등에서 널리 행해지는 일이니만큼 딱히 새로울 것도 없다.

다만 진지하고 근엄한 옛 작가들은 사극에서 역사적 사실을 변조하면서도, 그 역사적 사건 자체를 연구하는 진지함을 동시에 보여주었다.

독일 극작가 프리드리히 실러Friedrich Schiller(1759~1805)를 대표적인 예로 꼽을 수 있다. 그는 〈돈 카를로스〉, '발렌슈타인 3부작' 등 독일의 대표적인 사극을 쓰면서 동시에 이 사극들의 바탕이 되는 『30년 전쟁사Geschichte des Dreißigjährigen Kriegs』라는 대규모 역사 연구서도 남겼다. 이 저술을 토대로 그는 예나 대학교에서 역사학 강의를 했다. 그러니까 역사가 실러는 정밀한 역사 연구서를 쓰고, 작가 실러는 자기가 잘 아는 역사의 사건을 문학작품에서 변조해서 그려냈던 것이다.

① **기독교 대왕이 이교도를 물리치는 전쟁을 7년간 이어가다**: 앞부분의 이야기에 따르면 샤를 대왕은 프랑크 왕국의 기사들을 거느리고 벌써 7년 세월을 이교도들이 다스리는 에스파냐에서 정복전쟁을 하며 보냈다. 그사이 프랑크 기사들은 이교도가 장악한 에스파냐를 상당 부분 되찾았고, 사라고사만 아직 정복하지 못했다. 긴 세월 외국에서 전투를 계속한 기사들은 몹시 지쳐서 고향으로 돌아갈 날만 손꼽아 기다린다.

② **두려움에 떨던 이교도 왕이 거짓으로 화평을 요청하다**: 사라고사를 거점으로 삼은 이교도 사라센 왕 마르실리는 대왕의 용맹함이 두려워 간계를 꾸민다. 그는 샤를 대왕에게 사신을 보내 자신과 부하들이 대왕께 굴복하고 또 기독교로 개종하겠노라고 약속한다.

"그러니 대왕께서는 많은 선물을 받으시고 먼저 아헨으로 돌아가 계십시오. 그러면 사라센 왕은 부하들을 거느리고 곧 아헨으로 뒤따라가 그곳에서 기독교로 개종하겠습니다."

이것은 사라센 왕이 두려운 프랑크 군대를 어떻게든 퇴각시키려고 꾸며낸 거짓 제안이었다.

③ **화평파와 주전파가 어전 회의에서 맞붙다**: 사라센 왕의 전갈을 듣고 대왕은 회의를 소집한다. 대왕의 조카인 롤랑 백작과 절친 올리비에, 그리고 롤랑의 계부로서 대왕의 매제이기도 한 가늘롱Ganelon 백작도 회의에 참석했다. 화평이냐, 아니면 전쟁을 계속할 것이냐를 결정하기 위한 어전 회의였다.

롤랑은 저 사라센 왕이 전에도 배신한 적이 있으니, 그의 말을 믿지 말고 전투를 계속해야 한다고 주장한다. 그에 반해 가늘롱은 사라센 왕의 말이 진심이니 그의 말을 받아들여 화평을 맺어야 한다고 주장한다. 화평을 맺으면 전투 없이 곧바로 귀국할 수 있으므로, 많은 사람의 귀에 가늘롱의 말이 훨씬 더 달콤하게 들렸다. 가늘롱을 지지하는 사람들이 적극적으로 나서면서 결국 사라센 왕과의 화평이 결정되었다. 그렇다면 화평을 맺을 사신으로 누구를 사라센 왕에게 보낼 것이냐?

롤랑은 가늘롱이 적임자라고 추천하고, 그의 추천이 받아들여진다. 가늘롱은 사라센 왕에게 사신으로 갔다가는 살아서 돌아오지 못할 것이라고 생각한다. 화평을 주장하기는 했지만 속생각은 달랐던 것이다. 가늘롱은 엉뚱하게 롤랑에게 원한을 품고 복수를 맹세한다. 그는 대왕께 작별을 고하고 사라센 왕의 사신 일행과 함께 사라고사로 출발한다. 가늘롱은 가는 길에 벌써 상대편 사신과 모의하여 롤랑을 죽이기로 합의를 본다. 우리 편 장수를 죽이기로 적과 내통을 했으니, 가늘롱이 간신이며 배신자임이 분명해졌다.

④ **대왕의 사신 가늘롱이 배신을 하다:** 사라센 왕 앞에서 가늘롱은 능숙한 처신으로 샤를 대왕의 사신으로서의 당당한 모습을 보인다. 하지만 동시에 그는 사라센 왕과 협의를 한다. "샤를 대왕은 나이가 많기는 해도, 조카 롤랑과 그 친구 올리비에가 있는 한에는 전투를 중단하지 않을 것이다. 이들 뛰어난 용사들이 다른 2만 명의 프랑크 기사들과 힘을 합쳐 샤를을 보위하면 대왕은 무적이 된다. 그러므로 전쟁을 종결시키기 위해서는 롤랑과 친구가 죽어야 한다"는 내용이다.

사라센 왕과 가늘롱은 롤랑과 그 친구를 죽일 계책을 논의한다. 가늘롱은, 대왕에게 돌아가면 자기가 퇴각하는 프랑크 군대의 후미 부대를 롤랑이 지휘하게 만들겠다, 그러면 사라센 왕은 대군을 이끌고 와서 이 후미 부대를 기습하라고 말한다. 이렇게 가늘롱은 자신의 의붓아들을 죽일 셈으로, 그리고 어서 고국으로 돌아가고 싶은 일념에서 기독교 신앙과 샤를 대왕을 배신하고 적과 내통하여 거짓 화평을 맺었다.

사신 가늘롱은 샤를 대왕에게 돌아와 사라센 왕의 화평 약속이 진

<롤랑의 노래>에 등장하는 여덟 장면을 한 그림에 담은 삽화. ① 샤를마뉴에게 화평을 제안하는 사라센 사절, ② 사라센군의 기습, ③ 롤랑의 죽음, ④ 서둘러 돌아온 샤를마뉴, ⑤ 천사들에 의해 천국으로 올라가는 롤랑의 영혼, ⑥ 사라고사에 집결한 사라센 대군, ⑦ 배신자의 처형 등이 그려져 있다. ⑧ 아래 오른편에 등장한 사람은 시인일까? 『프랑스 대연대기』에 실린 세밀화, 15세기, 상트페테르부르크, 예르미타시 미술관.

심이라고 전했다. 그러자 기독교 대왕은 에스파냐에서 퇴각하여 피레네산맥을 넘어 고국으로 돌아가기로 결정한다. 대왕이 후미 부대의 지휘자를 뽑으려 할 때 가늘롱이 얼른 나서서 가장 용감한 기사인 롤랑을 추천했다. 롤랑이 그 임무를 받아들이자 다른 귀족 기사 11명이 그와 함께하겠다고 나서고, 그래서 총 12명의 기사들이 프랑크 왕국의 배후를 지키기로 했다.

⑤ **상아 뿔나팔 올리판트:** 롤랑은 위급할 때 도움을 요청할 상아로 만든 뿔나팔 올리판트Olifant를 갖고 있었다. 그가 뿔나팔을 불면 그 소리를 듣고 대왕이 재빨리 구하러 돌아오기로 했다. 샤를 대왕과 본대는 재를 넘어 프랑스 쪽으로 하산하고, 고개의 이편 에스파냐 쪽에는 12명의 프랑크 귀족 기사들만 남았다.

롤랑의 친구 올리비에는 높은 곳에 올라 에스파냐 쪽을 내려다보다가 수많은 갑옷과 투구가 햇빛에 번쩍이는 것을 발견했다. 수를 헤아릴 수도 없을 정도로 엄청난 대군이다. 올리비에는 롤랑에게 달려와 어서 올리판트를 불어서 대왕과 군대를 도로 불러들이자고 청하지만, 롤랑은 그까짓 이교도 하나 봤다고 구원을 요청할 수는 없다며 버틴다.

그래서 12명의 기사들은 자기들끼리만 남아있다가 몰려온 사라센 왕의 귀족 기사들과 대군에 맞서 용감하게 싸운다. 서사시는 지칠 줄 모르고 이 싸움 장면을 일일이 묘사한다. 하지만 이런 수적인 열세에서 결과는 시간 문제, 결국 자기편의 기사들이 대부분 쓰러지고 일부만 남은 것을 보고 롤랑은 마침내 구원의 나팔을 분다. 그러고도 싸움은 계속되어 결국 롤랑만 남고 프랑크 귀족들은 모조리 죽는다. 롤랑도 창과 화살을 맞아 거의 죽어가는 순간, 샤를 대왕의 군대가 돌아오는 소리가 들리면서 이교도들은 도망친다.

롤랑은 이 싸움터에서 얼굴을 사라고사 방향으로 향하고, 승리자의 자세를 취한 채로 죽는다. 가브리엘 수천사와 다른 두 천사가 그의 영혼을 천국으로 안내한다.

롱스보, 또는 론세스바예스

산티아고 순례를 하면서 프랑스의 생 장Saint Jean에서 출발하여 피레네산맥을 넘는 경로(프랑스길 또는 카미노 프랑세스Camino Francés)를 선택한 사람은 첫째 날에 높고 높은 피레네산맥을 한없이 올라가 마침내 재를 넘으면 머지않아 나타나는 론세스바예스 수도원 숙소에서 첫날 밤을 묵게 된다. 이 론세스바예스가 옛날의 롱스보, 바로 샤를 대왕의 후미 부대가 기습을 당했던 장소다. 생 장에서 피레네산맥으로 오르는 길은 매우 높고도 험하지만 에스파냐의 나바라 산악 지대에 위치한 롱스보는 에스파냐 쪽에서는 이웃 지역과 고도 차이가 별로 없다.

에스파냐 쪽에서 프랑스로 넘어가는 이 길을 연상하면 서사시에 등장하는 롱스보 전투의 장면을 이해하기 쉬워진다. 샤를 대왕이 이끄는 프랑크 왕국의 본대는 롱스보를 출발하여 재를 넘으면 경사가 심한 길을 따라 아래로 내려가면서 저 멀리 눈 아래 펼쳐지는 고향 땅을 보게 된다. 고갯길 직전에 위치한 롱스보에 남은 후미 부대는 높은 재를 통해 본대와 분리된다. 오직 롤랑이 지닌 뿔나팔 올리판트 소리만이 그 재를 넘어 후미 부대가 위험에 처했음을 대왕에게 알릴 수 있다.

대왕의 부대가 재를 넘어 아래로 내려가기 시작했다면, 고개 저편 에스파냐에 남은 부대를 구하기 위해서는 다시 꼭대기까지 올라와 재를 넘어야 하므로 시간이 오래 걸린다. 반대로 사라센 왕이 이끄는 군대가 미리 근처에서 대기하고 있었다면, 롱스보에 도착하는 것은 별문제가 아니다.

순례길 첫날 밤을 론세스바예스에서 보내는 사람이라면, 이곳 수도원에 묵으며 이 서사시에 등장하는 롱스보 전투를 명상해 본다면 상당히 특별한 시간을 경험할 것이다.

⑥ **샤를 대왕이 돌아와 사라센군을 제압하다**: 샤를 대왕은 서둘러서 고개를 넘어 롱스보로 돌아왔다. 전쟁터에는 시체가 즐비해서 발 딛을 틈이 없고 아군과 적군을 구분할 수도 없다. 대왕은 우선 적군의 뒤를 쫓아 화평의 맹세를 어기고 기습한 이교도들을 닥치는 대로 죽였다. 사라센 왕은 심한 상처를 입은 채로 사라고사의 왕궁으로 도주했다. 그곳에는 그가 벌써 여러 해 전부터 구원 요청을 했던 바빌로니아의 발리간트 제독이 엄청난 대군을 거느리고 이제야 도착해 있었다.

샤를 대왕의 부대는 사라고사로 뒤따라가 이 대군도 물리쳤는데, 나이가 많은 대왕도 손수 무장하고서 발리간트와 긴 결투를 벌인 끝에 천사의 도움으로 승리를 거두었다. 사라고사를 접수하고, 그곳 주민들을 기독교로 개종시킨 다음 대왕은 자신의 거처가 있는 프랑크 왕국 아헨으로 돌아온다.

⑦ **고국에서 뒤처리를 하다**: 아헨에서 대왕은 롤랑의 약혼녀인 오드에게 그가 죽었다는 소식을 전한다. 아름다운 오드는 그 소식을 듣고 창백해지더니, 그대로 대왕의 발치에 쓰러져 죽고 만다. 대왕은 이제 가늘롱에 대한 재판을 열려고 하는데, 30명의 친척들이 가늘롱의 편을 들고 나선다. 앙주 백작의 동생 티에리가 나서서 가늘롱을 편든 기사 피나벨과 결투를 벌여 상대방을 꺾었다('신의 심판'에서 승리한 것임). 마침내 대왕은 사라센 볼모들을 모조리 처형하고, 가늘롱도 처형했다.

서사시의 마지막 장면에서 가브리엘 천사가 대왕에게 나타나 다른 곳의 기독교 왕이 이교도의 포위를 받아 위기에 처했으니 그를 도우라고 말한다. 대왕은 "나의 삶이여, 얼마나 고단한가!"라고 탄식하지만, 그런데도 허연 수염을 쓰다듬고 있으니, 그는 아마도 또 새로운 전쟁터로 나아갈 것이다. 여기서 투롤두스Turoldus가 전하는 이야기가 끝난다(마지막 행). 이 인물에 대해서는 논란이 분분하다.

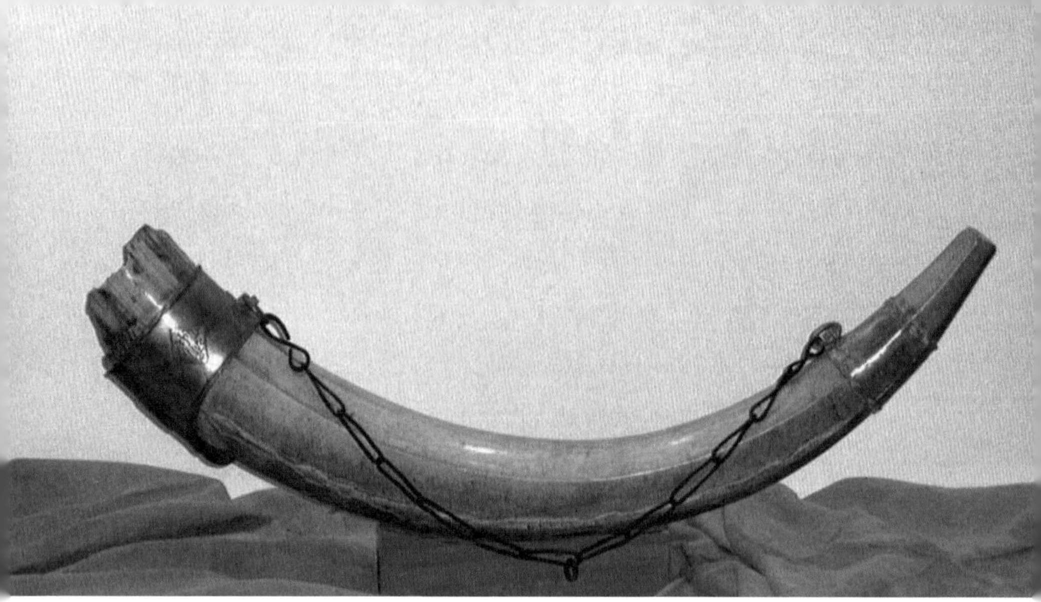

롤랑의 상아 뿔나팔 '올리판트'는 산티아고 순례길의 목적지인 산티아고 데 콤포스텔라 대성당의 박물관에 가면 볼 수 있다. ⓒA. Koreng

롤랑의 뿔나팔 올리판트

올리판트는 중세 프랑스어로 '코끼리'라는 뜻으로 상아로 만든 나팔이라는 뜻이다. 〈롤랑의 노래〉에 등장하는 롤랑의 뿔나팔은 오늘날 유명한 순례지 산티아고 데 콤포스텔라 대성당 박물관El Museo de la Catedral de Santiago de Compostela에 보존되어 있다. 하지만 이것은 어디까지나 산티아고 대성당의 주장이다. 프라하에 있는 또 다른 대성당도 자기들의 보물실에 롤랑의 뿔나팔을 보존하고 있다고 주장하는 판이니 말이다. 대략 80개의 올리판트들이 전해지고 있는데, 이들은 11세기에 남부 이탈리아에서 아랍인들의 손으로 만들어진 것이라고 한다. 어쨌든 산티아고 순례의 목적지인 대성당에 들어가는 사람은 박물관에 들러서 롤랑의 뿔나팔을 감상해 보시기를!

25

산티아고 순례길의 전설과 역사

성 야고보의 무덤에 세워진 교회

우리나라에서도 엄청난 인기를 누리는 산티아고 순례길의 목적지는 예수의 열두 제자 중 한 명인 큰 야고보(야고보가 두 명이라 큰 야고보와 작은 야고보로 구분함)의 시신이 안치된 성聖 야고보 무덤 교회(=산티아고 데 콤포스텔라 대성당)다. 이 교회는 예루살렘의 성묘 교회, 로마의 성聖 베드로 무덤 교회(=산 피에트로 대성당San Pietro Basilica)와 더불어 세계의 그리스도교 3대 순례지에 속한다.

중세 시대 유럽과 기독교 세계에서는 탄생일이 아니라 죽은 날이 중요했다. 이승의 삶보다는 죽은 다음 영원한 저승이 더욱 중요했기 때문이다. 성인을 기리는 축제일들은 따로 부가어가 없으면 그가 죽은 날을 가리킨다. 삶보다 죽음의 순간이 더욱 중요했던 중세 기독교의 믿음을 분명히 볼 수 있다. 영혼의 구원 여부가 결정되기 때문이다.

지하자원이 풍부한 이베리아반도는 오랜 옛날부터 많은 종족들이 정착했던 곳이다. 로마 시대에는 은 채굴지로 유명했기에, 아직도 산티아고 가는 길에서 그 옛날 로마 시대의 도로들을 만날 수 있다. 채굴한

은을 로마로 실어 나르던 길이다.

서로마 제국이 멸망한 5세기부터 이베리아반도에는 서고트 통치자들의 기독교 왕국이 들어섰다. 그러다 711년 무슬림 신앙을 지닌 아랍 통치자들(사라센 왕들)이 침입해 이슬람 왕국을 세웠다. 이때부터 반도 전체를 아랍인들의 손에서 완전히 되찾는 1492년까지는 780년 세월이 걸렸다.

예수의 열두 제자 중에서도 중요한 3대 제자의 하나인 큰 야고보의 무덤이 예루살렘에서도 멀고, 로마에서도 먼 이베리아반도 서편 산티아고에 자리 잡게 된 배경에 대해서는 재미있는 전설이 전해진다.

전설

전설에 따르면 사도 요한의 형인 야고보는 예수가 승천한 다음 에스파냐로 전도여행을 갔다. 전도여행을 마치고 팔레스티나로 돌아온 야고보는 유대 왕 헤로데 아그리파 1세(재위 41~44)의 명에 따라 참수형을 받아 죽었다.

그렇게 죽은 시신은 2명의 천사가 노를 젓는 (그러니까 실은 사공이 없는) 배에 태워져서 팔레스티나에서 에스파냐의 갈리시아 해안까지 운반되었다. 현실적으로 생각하면 이것은 어마어마한 대장정이다. 지중해를 횡단하고 지브롤터해협을 지나 대서양 해안을 따라 북쪽으로 올라가 이베리아반도 북부에 도달하는 그야말로 엄청난 노선이지만, 그야 뭐, 천사가 노를 젓는 판이니 별문제가 없었던 모양이다.

그곳 해안 이리아 플라비아Iria Flavia(오늘날의 파드론)에서 배는 물에 휩쓸리며 육지에 닿았다. 야고보의 제자들은 여러 난관 끝에 시신을 찾아내서 시신이 발견된 장소에 매장할 수 있었다.

이리아 플라비아의 주교는 이렇게 발견된 성聖유골이 진짜라고 선언

에스파냐 폰페라다Ponferrada에 있는 성전기사단 요새. 성전기사단은 산티아고로 가는 순례자들을 보호하는 의무를 지녔다. ©Davidh820

했다. 아스투리아 왕은 시신이 발견된 장소에 성聖 야고보(에스파냐어로 산티아고Santiago)를 기리는 교회를 지었다. '별 평원(캄푸스 스텔라이 campus stellae, 오늘날 '콤포스텔라'라는 낱말의 유래)'이라는 곳이었다. 이렇게 해서 산티아고 데 콤포스텔라 대성당을 위한 초석이 놓였다.

세월이 흐르면서 이 성당은 전체 기독교 세계의 3대 성지의 하나로 수많은 기독교도의 순례지가 되었다. 예루살렘의 성묘 교회, 로마의 성 베드로 무덤 교회에 뒤이은 중요 순례지다. 사도 야고보는 에스파냐의 국민성인聖人이다. 흰 말을 타고 '레콩키스타(국토회복운동)' 전투에 나서서 사라센 사람들을 물리치는 데 도움을 주었다는 전설 때문에 '무어인人 처형자Matamoros'라는 별명으로도 불린다.

기독교의 가장 중요한 성지인 예루살렘이 순례여행에 안전하지 않았기에, 산티아고는 유럽에서 재빨리 중요한 순례여행지의 하나가 되었

기독교(=그리스도교), 너무 뻔하지만 자주 오해되는 상식 하나

'기독교'와 '천주교'라는 용어를 놓고 많은 이들이 오해를 하고 있다. 이 두 가지가 전혀 다른 종교라고 생각하는 사람도 많다. 이는 정밀하지 않은 생각이다. 기독교는 원래 뜻으로는 예수 그리스도를 믿는 종교를 뜻한다. 즉 그리스도교다. 우리가 일상생활에서 천주교(=[로마]가톨릭)와 구분하는 뜻으로 흔히 기독교라고 부르는 교파는 정확하게는 '개신교'라 해야 맞다. 그러니까 기독교라는 개념 아래에 천주교와 개신교가 있다고 말해야 정확한 표현이다. 뒤집으면 천주교나 개신교가 모두 기독교라는 뜻이다. 이 용어만 정리해도 많은 오해를 줄일 수 있다.

중세 시대에 기독교를 논한다면 이는 거의 천주교(=[로마]가톨릭)를 가리킨다. 중세는 개신교가 아직 나오기 이전의 시대이기 때문이다. 개신교는 1517년 루터의 종교개혁 이후에 여러 복잡한 사정을 거쳐 천주교에서 갈라져 나와 여러 분파로 나뉜 채 출발하게 된다. 1517년 이전에 오늘날의 서유럽에 해당하는 지역에서 기독교라고 말하면 이는 정밀하게는 '(로마)가톨릭'을 가리킨다. 곧 천주교다.

천주교 말고 '정교Orthodox'라는 것도 있다. 이것이 기독교의 정통 원형이다. 오늘날 그리스와 러시아에 이 형태가 남아있다. 중세 시대를 논하려면 정교와 가톨릭을 나누어 생각해야 한다. 정교와 가톨릭이 중세 시대인 1054년에 나뉘기 때문이다. 그 앞뒤 역사는 매우 복잡하다.

정리하면 이렇다. 대략 2000년 역사를 자랑하는 기독교라는 종교는 크게 보아 정교正教, 천주교(가톨릭), 개신교라는 세 분파로 나뉜다. 이들은 모두 기독교 또는 그리스도교라고 부를 수 있고, 동일한 믿음을 갖고 있다고 할 수 있다. 같은 '신앙고백Credo'을 하기 때문이다. 다만 세부적으로 또는 예배의식으로 보면 전혀 다른 종교들처럼 보일 수 있다. 중세 시대에는 정교와 천주교가 여러 면에서 협조 또는 대립한다. 1517년 이후로 가톨릭에서 쪼개져 나온 개신교가 등장하는데, 주로 서유럽에서 가톨릭 또는 개신교 신앙을 가진 왕들과 영주들은 각기 복잡한 정치적·종교적 이유에서 수많은 종교전쟁을 벌였다. 양측은 한동안 서로 상대편 신앙을 가진 신자들을 이단으로 여겨 처형했다.

산티아고 데 콤포스텔라 대성당에 안치된 성 야고보(산티아고)의 무덤. 덕분에 이곳은 오래 전부터 전 세계 기독교도들이 몰려드는 주요 순례지가 되었다. ⓒjdfdc7

고, 그곳으로 가는 길들은 수많은 전설들에 휩싸이게 되었다. 특히 성전기사단과 연관된 전설과 실화들이 유명하다. 산티아고 가는 길에서 성전기사단의 이야기를 여기저기서 듣고 또 볼 수도 있다.

산티아고가 순례지로 유명해지자 순례자들을 돕기 위해 12세기부터 출간된 가이드북『코덱스 칼릭스티누스』. 유럽 최초의 가이드북으로 성유물이 있는 장소, 관련 신화와 전설들, 길과 지역 안내뿐 아니라 강도, 머리를 베는 여관 주인들, 사기꾼 등에 대한 경고도 들어있다. 12세기 채식 필사본, 갈리시아, 산티아고 데 콤포스텔라 대성당.

순례여행의 절정기와 중세의 가이드북

11세기부터 13세기까지 산티아고 가는 길은 번영을 누렸다. 유럽 전역에서 출발한 기독교 순례자들이 산티아고로 몰려와 매일 1천 명가량이 사도의 무덤을 참배했다. 산티아고 순례자들의 중요한 상징물인 가리비 조가비에도 전설이 깃들어 있다.

어떤 포르투갈 기사가 이리아 플라비아에 이르렀을 때 그 앞에 성 야고보의 빛나는 모습이 나타났다. 그 빛에 놀란 말이 발을 헛디디는 바람에 기사는 바닷물에 빠졌다. 하지만 기사는 산티아고 조가비에 안긴 채 물에서 솟아올라 구원을 받았다고 한다. 그 뒤로 이 조가비는 산티아고 순례의 상징이 되었다.

유명한 순례지 산티아고로 가려는 사람이 많아지자 12세기에는 벌써 그곳으로 가는 길을 안내하는 가이드북이 나왔다. 『코덱스 칼릭스티누스Codex Calixtinus』라는 책은 교황 칼릭스투스 2세가 썼다고 알려져 있지만 실제로는 프랑스의 수도사가 쓴 것이다.

유럽 역사상 최초의 가이드북인데, 가는 길에 방문해야 할 중요한 성유물이 있는 곳, 신화와 전설, 그리고 수많은 기적과 예배의식을 위한 안내를 담고 있다. 물론 길과 지역 안내, 사람들에 대한 안내 등 실용적인 충고들도 있다. 그 밖에도 고약한 물품징수원(=강도), 사람의 머리를 베는 여관 주인들, 사기꾼 행상인들, 독이 있는 강물 등에 대한 자세한 경고도 들어있다고 한다.

시들해졌다가 현대에 부활한 순례여행

에스파냐는 1492년에 레콩키스타를 끝냈다. 하지만 이때쯤 순례여행은 이미 절정기를 지나 시들고 있었다. 14세기 유럽 전역을 휩쓴 페스트, 종교개혁으로 인한 기독교 분열, 뒤이은 종교전쟁 등의 난리통에 순례여행이 실질적으로 힘들었고, 그 의미도 많이 줄었기 때문이다.

1589년에는 영국 해적들의 습격에서 보호하기 위해 사람들이 성 야고보의 성유물을 어딘가에 감추었다. 계몽사상의 시대인 18세기에는 순례여행이 일종의 미신으로 여겨지면서 거의 사라졌다. 1879년에야 제단의 벽 사이에 감춰둔 성인의 유해가 다시 발견되었다. 이어서 교황 레오 13세가 재빨리 칙령을 내려 발견된 유해가 진품이라고 선언하면서 회의주의자들의 입을 막아버렸다.

20세기 들어 프랑코의 독재 아래서 성 야고보는 다시 에스파냐 애국주의를 수호하는 성인이 되었다. 프랑코가 죽은 다음 민주주의 헌법

론세스바예스(롱스보)에 있는 샤를마뉴 예배당. ©Bjørn Christian Tørrissen

아래서 야고보 성인의 무덤과 산티아고 순례길은 국제적인 주목을 받았고, 1987년에는 유네스코의 세계문화유산으로 지정되었다.

그리고 오늘날 수많은 순례자들이 이곳을 찾는다. 우리 한국인들도 엄청난 규모로 이곳을 찾기에, 순례길 곳곳에서 한글 안내판들을 볼 수 있으니 외국어를 못 해도 순례여행에 거의 지장이 없을 정도다.

26

크레티앵 드 트루아, 궁정 기사소설을 만들어내다

노르만 기사들과 중세의 전설

9세기부터 바이킹 기사들은 잉글랜드와 북부 프랑스에 거점을 마련하고 그곳의 귀족 계급이 되었다. 이들 바이킹 출신 용사들은 자기들이 정착한 땅의 주민들과 섞여 그곳의 문화를 받아들였으면서도 자기들만의 독특한 전투 관습을 한동안 유지했다. 바이킹 출신으로 가장 큰 성공을 거둔 사람들이 북부 프랑스 노르망디에 정착하여 그곳의 공작령을 차지한 노르만 사람들이었다.

우리는 앞에서 11세기에 이들 노르만 기사들이 잉글랜드 왕위에 오르는 과정, 또한 남부 이탈리아의 영토를 차지한 사실, 나아가 시칠리아를 정복하고 그곳의 왕위에 오른 경위 등을 보았다.

이들 용감한 기사들과 그 후손들은 여기서 멈추지 않고 저 동쪽에 있는 비잔틴 제국의 영토를 차지하려는 야망까지 지녔다. 때마침 이교도인 이슬람 세력이 비잔틴 제국을 위협하자, 비잔틴 황제는 로마 교황에게 구원을 요청했다. 교황은 그에 대한 답변으로 십자군을 소집했다. 이에 가장 열렬히 호응한 사람들은 프랑크 왕국의 기사들로, 그들 중 상당수가 바로 바이킹 출신인 노르만 사람들이었다. 노르만-프랑크 귀족들이 주축이 된 1차 십자군은 머나먼 동양에 예루살렘 왕국을 세우고 그곳의 왕이나 공작 등 지배층 귀족이 되었다.

이런 온갖 소식들과 소문들, 크고 작은 모험 이야기들은 유럽의 수많은 귀족들의 궁정과 기사들의 성에 거듭 전해졌다. 상당수가 입에서 입으로 전해진 이런 이야기들은 전달되는 도중에 멋대로 부풀려지고 엉뚱한 요소들이 끼어들었다. 그래서 많은 이야기들은 등장인물이 아직 살아있는 동안에 벌써 전설과 신화의 요소를 얻었다.

생각해 보면 당연한 일이다. 중세의 귀족들과 기사들을 빼면 대부분의 사람들은 큰 여행을 많이 해보지 못했다. 자기들이 태어난 지역에서 살다가 거기서 그리 멀리 벗어나지 못한 곳에서 죽었다. 물론 떠돌이도 많고, 머나먼 나라까지 기사들을 수행한 병사들도 있었지만, 먼 나라에 대한 정보는 위아래 가리지 않고 많이 부족했다. 하지만 중세 기사들의 이야기는 머나먼 나라에서 벌어진 일들을 전한다. 잉글랜드나 프랑스에 사는 보통 사람들에게 스칸디나비아 나라들이나, 남부 이탈리아, 또는 비잔틴 제국이나 예루살렘 등 동양 지역은 사실 어디 붙어있는지도 알기 힘든 머나먼 땅의 이야기들이었다. 게다가 오늘날 우리가 가진 것 같은 정교한 지도도 없던 시절이었다. 중세의 지도를 보면 대부분 한숨이 절로 나올 정도로 사실과는 거리가 멀고 상상력이 가미된 것들이다. 지구가 둥글다는 것조차 모르는 지도도 많다.

이런 상황에서 머나먼 나라에서 벌어졌다는 온갖 싸움 이야기, 승리 또는 패배의 이야기, 그곳에서 싸움에 이기고 그곳의 왕이 되었다는 이야기, 또는 어떤 영웅이 죽었다는 이야기들이 거듭 전해졌다. 11세기에 일어난 실제 사건들만 해도 꿈에서도 보기 힘든 사건들이 많다. 사람들은 가본 적도 없는 나라의 악당이나 적들을 상상하면서 용이나 사람 잡아먹는 늑대 등 온갖 기묘한 괴수들까지 꾸며내서 이야기에 덧붙였다.

덕분에 이교도 기사나 기독교 기사나 가리지 않고 중세 기사 이야기들은 판타지 요소를 띠게 되었다. 중세 문학의 특성 중 하나가 바로 이런 판타지 요소를 지닌다는 점이다. 진지한 역사인 듯이 꾸민 이야기들에도 대부분 판타지 요소가 많이 섞여서 등장한다.

중세의 이야기꾼들

읽고 쓰기가 널리 보급되지 않았던 중세 시대에 많은 사람들은 그런 기사들의 모험 이야기를 듣기 좋아했고, 일부 재주가 있는 사람들은 많은 사람이 모인 앞에서 기사들의 모험 이야기를 듣기 좋게 노래처럼 들려주기도 했다. 물론 동양 또는 먼 나라에서 들려온 새로운 소식처럼 전해지기도 했지만, 진짜 순수한 이야기처럼 전달되기도 했다.

어차피 당시에는 먹고 마시고 춤추는 것과 축제일의 기도행렬 말고는 딱히 오락이라 부를 만한 것이 많지 않았다. 중세 후기로 갈수록 마상 창시합이나 칼싸움 등 기사들의 경기가 구경거리로 등장했지만, 그래도 가장 큰 오락은 여전히 이런 재미있는 이야기들을 듣는 일이었다. 오늘날의 소설이나 TV, 영화에서도 재미있는 줄거리를 가진 이야기들은 여전히 인기다. 예나 지금이나 인간은 재미있는 이야기를 좋아한다.

전성기 중세에 단순한 현악기에 목소리를 얹어서 머나먼 동양에서, 또는 유럽에서 벌어지는 기사들의 모험 이야기, 그들의 사랑 이야기나 결혼 이야기 등을 전달하는 이야기꾼들 중에는 십자군이나 다른 전투에 참가했던 기사들도 섞여 있었다. 또한 그들은 대개 기사들의 이야기를 들으며 자랐다.

이들 이야기꾼들은 귀족 또는 기사들의 성을 이리저리 돌아다니며 이미 전설이 되기 시작한 기사들의 이야기를 노래로 들려주었다. 당시

성이란 설사 거주 겸용으로 지어진 것이라도 오늘날의 관점에서 보면 불편하기 이를 데 없는 것이었다. 몹시 비좁고, 게다가 기사들과 여인네들과 하인들까지 이 비좁은 공간에서 함께 생활하는 경우가 많았으니, 만일 성이 포위라도 되는 날에는 식량난과 물 부족까지 겹쳐서 이루 말할 수 없이 살기 힘들었다. 전쟁도 자주 벌어지는 편이었으니 포위되는 경우도 드물지 않았다.

이런 생활공간에 이야기꾼이 방문해 며칠 머물며 저 먼 곳에서 일어났다는 이야기들을 노래처럼 들려주면 그보다 큰 오락이 따로 없었다. 이야기꾼도 떠돌이일 경우가 많았는데, 어쨌든 그럴 때면 성주부터 밑바닥 하인까지 모두가 모여들어 그런 이야기들을 들으며 울고 웃었다. 만일 이야기꾼이 멋들어진 노래까지 곁들이는 날에는 그야말로 축제였다. 이런 이야기들을 통해 사람들의 상상력은 엄청난 자극을 받았다.

이야기꾼들은 보통 사람들보다는 성주나 귀족에게서 훨씬 좋은 대우를 기대할 수 있었으니, 이들의 이야기에 등장하는 주인공은 거의 언제나 귀족과 기사들, 그리고 아름다운 귀족 여인들이었다. 그래서 중세 이야기는 주로 궁정을 배경으로 한다. 꼭 왕의 궁정이어야 하는 것은 아니다. 왕 말고도 공작, 백작 등 크고 작은 통치자들도 많았고, 그런 통치자들의 성이나 궁정이 배경으로 등장한다. 중세 소설에서는 말 타고 하루이틀만 달려도 다음 번 성이 나타나곤 한다. 그런 성의 주인은 모두가 영주 아니면 적어도 성주였다.

12세기에는 이런 이야기꾼들이 꽤 많이 생겨났고 그들 중에서 재능이 뛰어난 사람들은 자기들의 이야기를 글로 적었다. 옛날 이야기꾼들은 기억력이 매우 뛰어난 사람들이긴 했지만, 결국은 어떤 이야기든 글로 정리하지 않고는 체계적으로 전달하기가 어렵다. 이는 그 옛날 고대 그리스의 호메로스도 마찬가지였다. 그도 기억력이 뛰어난 이야기꾼이었지만, 체계적으로 이야기를 전달하기 위해 일종의 메모 같은 것을 했

중세 성은 불편하기 짝이 없을 뿐 아니라 전쟁이 나면 포위당하기도 했다. 이 삽화에서는 성 생활의 현실적인 비참함은 사라지고 전투 장면마저 아름답고 도식적으로 묘사되어 있다. 〈1377년에 일어난 모르타뉴 성의 공성전The Siege of the Castle of Mortagne in 1377〉, 1470~1480년, 런던, 영국 국립도서관.

으리라 추정된다. 물론 호메로스에 대해서는 알려진 바가 너무 적어서 도대체 그런 사람이 있었느냐를 시작으로 온갖 논란이 끊이지 않으니 정확한 것을 말할 수는 없다.

고대 그리스의 서사시처럼 중세의 서사시도 노래를 위한 운율을 지닌 것이 대부분이다. 이들 중세 서사시는 오늘날로 치면 거의 소설에 해당한다. 읽기 위한 것이 아니라 모여있는 사람들에게 들려주기 위한 것이라서 단조로운 운율을 띤다. 자신의 이야기를 글로 적은 뛰어난 이야기꾼들은 후세까지 이름이 남았다. 중세에 이런 유명한 이야기꾼들 중 맨 앞에 선 사람은 중세 프랑스어로 노래한 크레티앵 드 트루아다.

크레티앵 드 트루아

운문으로 기사들의 모험 이야기를 다룬 중세 소설들을 후세는 궁정 기사소설이라고 부른다. 이 소설의 창시자는 크레티앵 드 트루아 Chrétien de Troyes(1140?~1190?)다. 이 사람의 생애에 대해서는 정확한 것이 알려져 있지 않지만, 창작 시기가 대략 1165~1182년으로 추정된다.

그는 당시의 가톨릭 성직자 교육을 제대로 받았을 것으로 여겨진다. 당시로서는 이것이 거의 유일하고도 가장 중요한 교육의 가능성이었으니 어찌 보면 당연한 일이다. 오늘날의 용어로 바꾸자면 당대에 상당한 엘리트 교육을 받은 사람이라는 정도로 풀이할 수 있다.

그가 쓴 주요 작품들은 프랑크 왕국에 속한 이런저런 귀족들에게 헌정되었다. 그러니까 그는 자기를 후원하는 귀족들을 위해 작품을 썼을 것으로 보인다. 귀족들과 그들의 아내, 궁중에 드나드는 귀족 여성들과 시녀들, 귀족 아가씨들이 그의 후원자였다. 앞에서 이미 말한 대로 엘레오노르 다키텐의 딸로서 샹파뉴 백작과 결혼한 마리 드 샹파뉴도 그의 후원자였다. 그는 그녀를 위해 〈죄수 마차를 탄 기사〉 랜슬롯 이야기를 썼다.

크레티앵의 주요 소설들

크레티앵의 작품들은 불완전하게만 전해진다. 켈트-브리튼 전설에서 나온 아서 왕 소재들을 이용한 5편의 작품들이 그의 대표작이다. 이 작품들에는 아서 왕의 이야기가 자주 등장한다. 여기서 간단히 요약한다.

① 〈**에레크와 에니드**Érec et Énide〉(1160**년경**): 아서 왕의 궁정에서 일찌감치 기사로서 두각을 나타낸 어느 나라의 왕자 에레크는 에니드라는 이름의 여성과 결혼한다. 하지만 사랑에 빠진 왕자는 기사로서의 의무를 소홀히 한다. 아내가 그것을 지적하자 그는 잘못을 깨닫기는 했지만 아내가 자신을 사랑하는지 의심을 품고 그녀와 함께 모험에 나선다. 에레크는 수많은 싸움에서 승리하고 또한 아내의 사랑을 확인하고서 아서 왕의 궁정으로 당당히 돌아온다. 뒷날 그는 자기 아버지의 뒤를 이어 왕이 된다.

② 〈**클리제**Cligès〉(1160~1170**년 사이**): 매우 방대한 이 운문소설은 줄거리가 크게 두 부분으로 나뉜다. 아버지의 이야기와 주인공 클리제의 이야기다. 1부에서는 비잔틴 제국 황제의 아들 알렉상드르Alexandre가 아서 왕의 궁정으로 여행을 왔다가 그곳의 시녀인 소르다모르를 사랑하게 되어 그녀와 결혼한다. 둘 사이에 태어난 어린 아들 클리제와 함께 오랜 시간을 보낸 다음 가족은 고국으로 돌아간다. 그곳에서는 그 사이 동생인 알리스Alis가 비잔틴 황제 자리를 차지한 상태였다. 원래 알렉상드르가 황위를 물려받아야 마땅하지만, 그는 동생 알리스가 결혼하지 않는다는 조건으로 동생에게 양도한다. 머지않아 알렉상드르는 죽고, 아들 클리제는 그리스에서 자란다.

알리스는 결혼하지 않겠노라는 맹세를 깨뜨리고 도이치 황제의 딸인 페니체Fenice와 결혼하기로 결정한다. 비잔틴의 구혼 사절단이 쾰른에 도착했는데, 사절단에는 클리제도 섞여 있었다. 그는 장차 숙모가 될 페니체를 보자 사랑에 빠졌고, 페니체도 클리제를 사랑한다. 그러자 마법의 능력이 있는 유모가 마법을 부려서 그녀가 알리스와 혼인해도 알리스가 아내를 오로지 꿈속에서만 건드릴 수 있도록 만든다.

한편 클리제는 아버지의 전례를 따라 아서 왕에게로 간다. 거기서 온갖 모험을 겪고 기사가 되어서 고국으로 돌아온다. 클리제와 페니체는 아직도 서로를 사랑하고 있다. 페니체는 마법을 이용하여 남편 알리스를 속이고 도망치기로 한다. 유모가 만든 비법의 약을 먹고 죽은 사람처럼 된다. 클리제는 죽은 것으로 위장한 페니체를 빼내서 한동안 둘이 몰래 숨어서 사랑을 나눈다. 두 사람은 들켜서 도망쳤지만, 알리스가 죽은 다음 둘은 혼인하고 결국 클리제는 황제 자리에 오른다.

이것은 중세의 또 다른 유명한 이야기인 〈트리스탄과 이졸데〉 이야기와 매우 흡사한 줄거리를 보이지만, 결말이 해피엔딩으로 끝난다.

③ 〈**죄수 마차를 탄 기사**Le Chevalier de la charrette〉(1170**년경**): 젊은 기사 랜슬롯Lancelot의 이야기다. 그는 아서 왕의 아내로 유괴당한 기네비어 왕비를 찾아내서 헌신적이고 체념적인 사랑을 그녀에게 바친다(단 한 번 잠깐 보상을 받지만). 마지막 부분은 다른 작가가 완성했다.

④ 〈**사자 기사**Le Chevalier au lion〉(1170**년경**): 역시 아서 왕의 기사인 이뱅Yvain(=이웨인)의 이야기다. 그는 자기와 결투하다가 죽은 성주의 젊은 아내와 혼인하지만 곧바로 모험을 위해 그녀 곁을 떠난다. 그러고는 약속한 귀환 날짜를 잊어버리고 수많은 시험들을 거친 다음에 이상적인 기사가 되어 돌아와 아내와 화해한다.

⑤ 〈**퍼시벌 또는 성배 이야기**Perceval ou le Conte du Graal〉(1180**년에 시작**): 궁정소설과 기독교 요소를 결합하고 성배 이야기와도 통합하려는 시도를 보이는 소설이다. 프랑스의 섭정이던 필리프 드 플랑드르를 위해서 쓴 것이다. 숲에서 고독하게 자란 젊은 퍼시벌은 아서 왕의 기사가 되어 성배를 찾아 나선다. 작가는 퍼시벌의 줄거리와 함께, 기사 고뱅Gauvain(=거웨인) 이야기를 들려준다.

아서 왕 이야기는 중세 기사문학의 창시자인 크레티앵 드 트루아의 작품에 자주 등장한다. 크레티앵의 소설은 이후 도이치 문학에 큰 영향을 미쳤다. <아서 왕 궁정에 도착한 갤러해드 The Arrival of Galahad at Court>, 『성배 탐구Queste del Saint Graal』, 1380~1385년경.

이 작품은 작가가 도중에 죽는 바람에 미완성으로 남았지만, 작가는 이것을 자기 사유와 창작의 종합이자 절정으로 만들 계획을 세웠다. 미완성인데도 매우 방대한 분량을 자랑한다. 그가 죽은 다음 익명의 작가들이 나머지 줄거리를 보충하는 이야기들을 남겼는데 그것만 해도 여럿이다.

⑥ 〈잉글랜드의 기욤Guillaume d'Angleterre〉: 오랜 세월 크레티앵의 작품으로 여겨졌으나 최근 연구에 따르면 크레티앵이라는 이름을 가진 다른 작가의 것으로 밝혀졌다.

크레티앵의 작품들은 1190년 무렵부터 활발해지는 중세 도이치 궁정 기사소설의 내용과 형식에 많은 영향을 미쳤다. 도이치 소설 내용의 일부가 다시 스칸디나비아반도의 작품인 『에다』에도 스며든 만큼, 크레티앵을 전성기 중세 유럽 문학에서 가장 중요한 선구자라고 부를 만하다.

27

중세 도이치 작가들, 궁정 기사문학 전성기를 열다

크레티앵의 영향

1190년에서 1220년에 이르는 대략 30년 동안에 중세 도이치 문학이 활짝 꽃피어 난다. 이 30년은 도이치 문학사에서 '전성기 궁정 문학 시대'라고 불린다. 이 시기의 모든 작품은 아니라도 중요한 소설들 상당수가 크레티앵의 작품을 모범으로 삼고 있다. 크레티앵의 작품들이 모두 나오고 나서 채 10년도 지나지 않아 도이치 중세 문학의 전성기가 시작되고 있으니, 중세 기사들과 지식인들이 얼마나 널리 돌아다니고, 빠른 속도로 교류하고 영향을 주고받았는지를 짐작할 수 있다. 그들은 국제적인 지식인들이었다.

중세 도이치 문학의 걸작들은 거의 전부 이 시기에 나왔다. 특히 1200년을 전후한 몇 해 동안 '일곱 대가'들이 모두 등장해서 활동했으니, 과연 황금기라 불러도 손색이 없다. 하르트만 폰 아우에, 볼프람 폰 에셴바흐, 고트프리트 폰 슈트라스부르크 등 3대 서사시(=소설) 작가들과 〈니벨룽의 노래〉(역시 소설)를 쓴 익명의 작가도 이 시기에 활동했다.

이들 말고도 서정시 분야에서 이름을 날린 하인리히 폰 모룽엔

Heinrich von Morungen(1222년 사망), 라인마르Reinmar(1195년경 활동), 발터 폰 데어 포겔바이데Walter von der Vogelweide(1170년경 출생) 등도 이 시기에 활동했다. 이들 서사시인 4명과 서정시인 3명을 합쳐서 중세의 '일곱 대가'라 부른다. 이들 중 몇 명은 앞에서 소개한 바그너 오페라《탄호이저》에도 실명 그대로 등장한다.

이들은 그들 자신이 기사인 경우도 있고, 적어도 기사들의 생활과 그 이야기를 잘 알았다. '기사문학', 또는 '기사가수' 등의 표현이 여기저기 나타나는 이유다. 작가이자 가수들이 기사이기도 했기 때문이다. 이들의 생애에 대해서는 극히 불완전하게만 알려져 있으며, 이들의 작품도 불완전하기는 하지만, 그래도 상당수가 전해지고 있다. 여기서 주요 작품 몇 편을 간단히 소개하기로 한다.

하르트만 폰 아우에

하르트만 폰 아우에Hartmann von Aue(1165?~1215?)는 가장 먼저 프랑스어 운문소설을 받아들인 사람의 하나다. 〈에레크Erec〉, 〈선한 죄인 그레고리우스〉, 〈가련한 하인리히Der arme Heinrich〉, 〈이바인Iwein〉 등의 작품들을 남겼다. 〈에레크〉와 〈이바인〉은 제목에서 이미 크레티앵의 작품(〈에레크〉와 이뱅 이야기)을 모델로 한 것임이 드러나 있다. 나머지 작품들도 다른 프랑스 작가들의 작품에서 이야기를 가져온 것이다. 여기서는 〈선한 죄인 그레고리우스〉의 줄거리를 간단히 전하기로 한다.

〈선한 죄인 그레고리우스Gregorius der gute Sünder〉: 아키텐 영주는 아내가 죽은 다음 두 자녀를 홀로 키운다. 죽음의 침상에서 딸을 제대로 보살피지 못한 것을 후회하면서 아들에게 딸의 안전을 보살피라는 임무를 맡긴다. 부모 없이 남겨진 어린 아들과 딸은 악마의 속삭임에 넘어가 근친상간을 범하게 되고 그 결과 아이가 태어난다. 그 아이의 이름은 그레고리우스. 어찌할 바 모르는 아들은 아버지 친구의 조언에 따라 이 아기를 상자에 담아 배에 태워 바다로 떠내려 보낸다. 그리고 그 자신은 십자군 전쟁에 나섰다가 죽는다.

상자에 담긴 아기는 어부의 가족에게 발견되어 수도사에게 넘겨지는데, 이 성직자는 그레고리우스에게 세례를 베풀고 올바른 교육을 받게 해준다. 신부와 수도원장은 아이를 성직자로 키우려 하지만 아이는 기사가 되고 싶다. 아이는 그사이에 자기가 기사 집안의 후예라는 것을 알게 되었기 때문에 신분을 바꾸려 하지 않는다.

수도원을 떠난 젊은 기사는 포위당한 성에 당도한다. 독신으로 그 지역을 다스리던 여성 성주는 '로마 공작'의 구혼을 거부했다가 포위당했고, 젊은이는 로마 공작과 결투를 벌여 상대방을 물리치고 성을 포위에서 풀려나 자유롭게 한다. 그 대가로 여성 성주와 혼인하게 된다. 그곳의 하녀 한 사람이 그가 지니고 다니던 서판의 기록을 보고 그가 여성 성주의 아들임을 알아낸다. 그러니까 그는 어머니와 결혼했던 것이다.

근친상간으로 태어난 젊은이가 다시 어머니와의 근친상간을 범한 것이니 그야말로 섬세한 참회가 요구되는 일이었다. 어머니-아내는 재산을 모두 버리고 수녀원으로 들어가고, 그레고리우스는 그 옛날 어부가 자신을 구한 섬의 절벽으로 돌아와 스스로 사슬에 묶였다. 그곳에 묶인 채로 17년 동안이나 참회를 계속한다.

로마에서 교황이 죽은 다음 교황 후계로 간주되는 2명의 추기경 앞에 천사가 나타나서 아키텐의 어느 섬에 거룩한 남자가 있는데 그(=그레고리우스)를 다음번 교황으로 추대하라고 일러준다. 그렇게 해서 사람들은 이 '선별된 사람'을 찾아냈고, 그는 마침내 교황의 자리에 오르게 된다. (실존 인물 이야기가 아님.)

볼프람 폰 에셴바흐

볼프람 폰 에셴바흐Wolfram von Eschenbach(1170~1220)의 생애에 대해서는 알려진 바가 별로 없어서 그의 작품과 동시대 다른 작가들의 작품에 나타나는 서술을 토대로 조금 유추할 뿐이다. 그는 작품에서 스스로를 "바이에른 사람"이라 부르고 있는데, 다른 이들의 작품의 서술을 통해 그 지역을 조금 좁혀 볼 수 있다. 오늘날 바이에른의 도시 안스바흐Ansbach에는 '볼프람의 에셴바흐Wolframs-Eschenbach'라는 지역이 있는데, 원래는 '오버에셴바흐Obereschenbach'라 불리던 곳이었다. 이 옛 지명에서 볼프람의 성姓이 나왔을 것으로 추정된다. '볼프람의 에셴바흐'란 명칭은 1917년에 출신 작가를 기리기 위해 도시 이름을 바꾼 것이다.

또한 그는 평생 여러 궁정에서 작품을 쓰고 낭송했던 것으로 알려져 있다. 확실한 것은 베르트하임Wertheim 백작 및 튀링엔의 헤르만 1세Hermann I 백작 등 당대의 유명한 문학 후원자들의 후원을 받았다는 점이다. 예를 들면 그의 대표작 〈파르치팔Parzival〉의 한 구절은 이 작품의 일부가 베르트하임 백작의 주문을 받아 쓴 것임을 알려주고 있다. 또한 튀링엔의 헤르만 백작과의 연관성도 작품에 분명히 드러난다.

볼프람은 〈파르치팔〉에서 자신이 "문맹"이라고 말하고 있지만 전혀 그럴싸하지 않은 말이다. 그는 하르트만 폰 아우에의 작품을 비판적으로 암시해서 그와 경쟁 관계임을 드러냈다. 또한 라틴어 문헌들과 당대 지식의 수많은 영역(자연, 지리, 의학, 천문학 등)에 대한 광범위한 학식을 갖추었고 아울러 신학적 문제들을 논할 수 있었다. 게다가 당대의 프랑스어와 프랑스 문학에 대한 지식까지 갖추었다. 이것으로 미루어 그가 당대 최고의 지식인 계층에 속했다고 볼 수 있다.

작품으로는 〈파르치팔〉, 〈티투렐Titurel〉, 〈빌레할름Willehalm〉(일부만 남음) 등의 소설들과 시들을 남겼다.

대표작인 〈파르치팔〉은 이 시대의 가장 중요한 서사시로 자주 꼽힌

성배 기사라는 중세적 상상력은 많은 예술작품을 만들어냈는데, 그중 하나가 <파르치팔> 이다. 한스 토마Hans Thoma, <성배의 성Die Gralsburg>, 1899년, 린드베르크Lindberg, 오버츠비젤라우 궁전Schloss Oberzwieselau.

다. 이는 성배를 모티프로 삼은 최초의 도이치어 작품으로 크레티앵의 〈퍼시벌〉을 모범으로 삼는다. 크레티앵의 모범에 따라 그도 아서 왕의 원탁 기사의 한 명인 성배 기사 파르치팔(=퍼시벌)의 이야기와 함께, 기사 가반Gawan(영어로 거웨인, 프랑스어로 고뱅)의 이야기도 다룬다.

숲에서 자라나 아무것도 제대로 배우지 못한 소년 파르치팔이 먼저 아서 왕의 기사가 되고, 이어서 성배 성의 기사가 되는 과정이 매우 세밀하게 전개된다. 그는 무지에서 출발해서 단순히 위대한 기사일 뿐만 아니라 위대한 기독교도로 성장한다. 상세한 줄거리는 필자의 다른 책 『안인희의 북유럽 신화 3』에 적어 놓았으니 참고하기 바란다.

이 작품은 19세기 작곡가 리하르트 바그너의 오페라 《파르치팔》의 출전出典으로서, 바그너는 볼프람의 작품에 의존해서 오페라 줄거리를 펼친다.

고트프리트 폰 슈트라스부르크

고트프리트 폰 슈트라스부르크Gottfried von Straßburg(?~1215?)는 생애나 사회적 위치 등이 모두 불확실한 인물로 운문소설 〈트리스탄과 이졸데Tristan und Isolde〉의 작가로 알려진 사람이다. 기사 계층은 아니었던 것 같고, 아마도 성직자 계층, 또는 성직자 교육을 받은 인물이었던 듯하다. 그는 마이스터 고트프리트Meister Gottfried라 불리는데 이런 '마이스터'라는 호칭(크레티앵과 볼프람에도 붙여진 호칭)은 그런 성직자 교육을 암시한다고 한다.

성직자로서 고트프리트는 슈트라스부르크 주교 궁정에서 근무했던 것 같다. 이곳에서 디테리히Dieterich라는 이름의 귀족이 그의 작품을 후원해 주었던 것으로 짐작된다.

소설에 등장하는 문자 수수께끼

고트프리트는 운문소설 〈트리스탄과 이졸데〉의 서문에서 각 시련詩聯을 시작하는 대문자를 특별히 표시했는데, 이 문자들을 연결하면 다음과 같은 글자가 된다.

GDIETERICHTI = G DIETERICH T I

이것을 두고 후세의 학자들은 엄청난 논쟁을 벌였다. 맨 앞의 G가 신Gott 또는 백작Graf을 나타내고, 이어지는 디테리히가 후원자의 이름이며, 맨 마지막에 오는 두 글자 T와 I는 트리스탄과 이졸데를 가리킨다는 것이다. 맨 앞의 G가 디테리히 백작을 나타낸다고 보면 이 귀족이 고트프리트가 이 작품을 쓰도록 후원을 했거나 아니면 주문한 사람일 것이라는 추정이 가능해진다.

① **운문소설 〈트리스탄과 이졸데〉**: 서문에서 작가는 문학이란 윤리적·예술적 가치를 지닌 좋은 것을 보존해 세상에 순수하게 전해주어야 한다고 정의 내리고 있다. 〈트리스탄과 이졸데〉 소재가 바로 그런 좋은 것이니, 잉글랜드의 토마스Thomas d'Angleterre가 그런 관점을 전해주고 있단다. 그래서 작가는 토마스의 작품을 모범으로 삼아 트리스탄과 이졸데(트리스탄의 외삼촌인 마크Marke 왕의 신붓감)의 삶이 지닌 객관적인 의미를 예시로 보여주려 한다. 그들의 삶은 사랑에서의 기쁨만이 아니라 동시에 그 고통도 보여주고, 죽음과 삶이 변증법적으로 동일하다는 것을 알려준다.

매우 경이로운 언어 능력을 보이는 이 소설은 실수로 사랑의 미약을 마신 젊은 주인공들이 피할 길 없는 사랑에 빠져서 온갖 위험을 무릅쓰고 사랑을 이어가는 이야기를 들려준다. 그들의 사랑은 처음부터 간통 이야기인데, 그들은 죽을 때까지 자기들의 사랑을 보존할 뿐만 아니라 죽은 다음 두 사람의 무덤에서 자라난 나무들까지도 서로 뒤엉켜서 굳건히 하나가 된다. 성직자 계층의 작가가 이런 간통 소설을 쓰고, 게다가 그 사랑을 찬미한다는 것이 우리에게는 그야말로 이상하고 이해하기 힘든 일이기는 하다. 잠깐만 살펴보자.

이 중세 소설은 수많은 의문들을 포함하고 있다. 서문에 등장하는 구절을 읽어보자.

> 그들의 삶과 그들의 죽음이 우리에게는 빵이니.
> 그들의 삶이 살아있고, 그들의 죽음이 살아있고,
> 그들은 그렇게 계속 살고, 그러면서도 실은 죽었나니,
> 그들의 죽음은 살아있는 자들의 빵이다.

"그들의 죽음은 살아있는 자들의 빵"이라는 표현에서 기독교 성찬식에 나오는 빵과의 연관성을 부인할 수 없다. 성찬식의 빵을 먹으면서 신자들은 예수의 죽음과 사랑을 기억한다. 이 작품에서 동일한 이미지가 쓰이고 있으니, 이 중세 작품이 트리스탄과 이졸데의 죽음을 영생과 연관시키고 있다는 것만은 분명하다.

젊은 두 사람은 자기들의 사랑(마법의 미약에 의한 것)에는 더할 나위 없이 충실했지만, 그 사랑을 위해 군주를 향한 충성과 남편에 대한 정절을 다 깨뜨렸다. 어느 시대나 마찬가지지만 이는 중세에도 중대한 범죄였다. 게다가 그들이 마크 왕과 다른 사람들에게 거짓말을 계속하고 있는데, 거짓말 또한 중대한 율법 위반이다. 그런데도 구세주의 죽음에 비할 만한 높은 종교적 의미가 그들의 죽음에 주어진다. 이 모순을 어떻게 해석해야 할까? 작가가 말하는 윤리적 의미는 대체 어디에 들어 있는가?

수많은 학자들이 이 모순을 해결하려고 노력했으나 완전히 풀리지

기사들의 결투 장면을 묘사한 이 그림에서 귀부인들이 지켜보는 가운데 트리스탄이라는 이름의 기사가 싸우고 있다. 중세 소설에서 기사들은 장비와 마구의 치장에 목숨을 건다. 그래서 이따금 장비와 말을 차지하기 위해 기사도적이지 못한 방법으로 기사를 죽이는 사건도 벌어졌다. <기사들의 마상시합Knights tournament>, 『트리스탄 이야기Roman de Tristan』에 실린 채색 세밀화, 15세기, 샹티이Chantilly, 콩데 미술관Musée Condé.

는 않았다. 다만 여기서 작가가 트리스탄과 이졸데의 삶이 지닌 객관적 의미를 자신만의 독특한 삶의 구상 또는 개념으로 한정해서 표현한다고 생각되고 있다. 그가 이 작품을 통해서 남녀 사이 사랑에서의 삶과 죽음, 나아가 기쁨과 고통의 변증법적 통합을 표현한다고 말이다. 그렇다면 이런 사랑은 그보다 더 높은 사랑, 즉 종교적 맥락에서의 사랑에 대한 은유라고 보아야 할 것인가?

② **신비주의를 위한 비밀의 사랑?**: 이 사랑이 지닌 이런 진실은 '고귀한 심정'을 지닌 사람들을 향한다. 여기서 연인들의 죽음(곧 사랑의 죽음)은 신화적·제의적으로 되살려낸 부활의 찬가다. 이는 신비주의자-청중을 향한 것이라고 한다. 기사 궁정 사회에서 일상화된 축제의 기쁨에 젖어 고통 없이 살기를 원하는 대부분의 사람들을 향한 것이 아니라, 극소수의 신비주의자들을 위한 것이라고 말이다. 작품에 보존된 위대한 연인들 이야기는 바로 이들 고귀한 사람들의 마음에서 공감을 얻기 위한 것이라고 한다.

트리스탄과 이졸데의 사랑은 마크 왕의 궁정에서 벌어지는 비밀의 사랑이기에 그들은 온갖 굴곡과 고통을 다 겪는다. 궁정의 수많은 사람들이 이들을 시샘하고 감시하고 색출하려 애쓰고 결국 들통나는데도, 그들은 멀리 떨어져서도 자기들의 사랑을 지킨다.

특히 이졸데와 트리스탄이 간계를 동원해서 중세에 유행하던 '신의 심판'을 교묘하게 넘기는 장면은 거의 그로테스크해 보인다. 이졸데는 신의 법정에서 뜨겁게 달구어진 쇳덩이 위에 손을 얹고 진실을 고백해야 한다. 그녀가 진실을 말한다면 시뻘건 쇳덩이에 손을 데지 않을 것이다. 그녀 옆에는 순례자 복장의 트리스탄이 서있는데, 그는 그녀가 배에서 내릴 때 근처에 있다가 그녀를 잠깐 안아서 내려주었었다. 이졸데는 이렇게 맹세한다.

콘월로 가는 배를 타고 있는 트리스탄과 이졸데의 모습. 두 사람은 불륜 관계인데도 불구하고 신의 심판을 통과한다. 이것은 통속적인 남녀 관계를 뛰어넘은 신비주의 신앙에 대한 은유로 보인다. 에브라르 데스팽크Évrard d'Espinques, <콘월로 가는 배에 탄 트리스탄과 이졸데Tristan et Iseult se rendant en Cornouailles en bateau>, 『트리스탄 이야기』에 실린 채색 세밀화, 15세기, 샹티이, 콩데 미술관.

지금까지 남편 말고 다른 남자를 품에 안거나 그 옆에 누운 적이 없다. 바닷가에서 나를 안아 내린 이 가여운 순례자를 빼고는.

이렇게 맹세하는데 달구어진 쇳덩이에 올려놓은 그녀의 손은 상처 하나 입지 않는다. 그러니까 온갖 우여곡절을 거친 이들의 사랑은 신의 심판마저 통과하게 되고, 간접적으로나마 신의 인정까지 받는 것이다.

굳이 보자면 전체적으로 다음과 같은 해석이 가능할 듯하다. 마크 왕의 궁정에 있는 대부분의 사람들은 보통의 기독교도들이고, 트리스탄과 이졸데, 그리고 그들의 친구 몇 명은 신비주의자들이라고 말이다. 그리고 기독교도들 한가운데서 그들은 자기들만의 신비주의 신앙을 굳건히 지켜낸다. 설사 그것이 남들의 눈에는 간통에 지나지 않는 것, 곧 율법과 사회적 규범을 어긴 것이라 하더라도, 진실로 고귀한 사람들의 눈에는 진짜 사랑, 곧 진짜 신앙을 지키는 일이라고 말이다. 다른 이들의 눈에 거짓으로 점철된 그들의 삶과 죽음은 신비로운 변용을 거쳐 산 사람들에게 영생을 약속하는 빵이 되는 것이다.

이 글을 쓰는 필자로서도 이런 내용을 완전히 믿기가 어렵다. 하지만 중세는 오늘날 우리가 속속들이 이해하기 어려운 나름의 비밀들을 지니고 있었던 것이 분명하다. 오늘날 우리는 종교가 지배한 중세 시대 유럽 여성들이 억압을 받았을 것이라고 생각하기 쉽지만 (물론 억압을 받았지만) 중세 전문가 르 고프에 따르면, 중세 시대는 전반적인 생활이 후세보다 훨씬 불편한 상황에서도 여성에 대해서는 상대적으로 더 평등한 사회였다고 한다. 물론 완전한 평등이 아니라 상대적으로 그렇다는 말이다.

28

『에다』, 게르만 신들과 영웅들 이야기

기독교로 개종하기 전에 게르만 사람들에게는 자기들만의 종교가 있었다. 당연히 단일 종교는 아니었고 지역에 따라 제각기 다른 신들을 믿었다. 옛날 게르만 사람들이 믿던 여러 신들의 이야기 중에 남아있는 일부가 오늘날 북유럽(=게르만) 신화라고 알려진 것이다. 현재 남아있는 게르만 신화의 가장 중요한 출전은 두 종류의 『에다Edda』다. 하나는 예로부터 내려오는 시편들을 모아놓은 『운문 에다』이고, 또 다른 것은 나중에 스노리가 쓴 『산문 에다』다. '에다'라는 낱말을 두고는 여러 설들이 있다. 이것이 "시詩"를 뜻하는 말이라는 주장도 있고, "조상 할머니"를 뜻한다는 주장도 있으며, 또 다른 설들도 더 있다.

『산문 에다』와 『운문 에다』

아이슬란드의 정치가이자 시인이었던 스노리 스투를루손Snorri Sturluson(1179~1241)은 조상들이 남긴 시의 전통을 사랑해서 그것을 후손들에게 계속 전하고 싶었다. 하지만 『운문 에다』는 옛날부터 내려오는 게르만 전통의 특수한 시 형식과 운율(케닝Kenning)을 사용하고 있어서 시간이 흐르면서 젊은이들이 그 내용을 읽고 이해하기가 점점 더 힘들어졌다. 이 시편들은 광대한 우주의 신들과 거인들의 흥망성쇠와 인간 영웅들의 흥미진진한 모험 이야기를 담고 있으니, 이는 몹시 안타까운 일이었다.

그래서 스노리는 옛날 시편들의 운율을 설명하고, 또한 『운문 에다』의 내용을 산문으로 풀어서 이해하기 쉽게 다시 썼다. 물론 자신도 이야기를 덧붙였다. 이것이 13세기에 나온 스노리의 『산문 에다』인데, 알쏭달쏭한 『운문 에다』의 내용들이 여기서 비로소 비교적 선명한 윤곽을 얻는다. 그런 만큼 스노리의 『산문 에다』를 먼저 읽고 그의 안내를 받아 『운문 에다』의 시편들을 읽는 것이 이해하기에 편하다.

『운문 에다』의 시편들은 대략 800년대부터 1300년대에 이르기까지의 긴 시간 동안 스칸디나비아반도와 아이슬란드의 여러 시인들이 쓴 시편들을 수집해서 새로 정리한 것들이다. 여기에는 40편 이상의 장시長詩가 들어있다. 그중 16편까지가 "신들의 노래"이고, 그 뒤는 "영웅들의 노래"다.

이 시편들은 작품이 쓰인 시기에 따라 제각기 다른 특성들을 보이지만, 중요한 것은 13세기에 전체적으로 수집되고 정리되었다는 사실이다. 스칸디나비아는 물론 아이슬란드까지도 1000년 무렵에는 거의 모두 기독교로 개종한 상태였다. 따라서 13세기에 『에다』 시편들을 정리하거나 새로 쓴 사람들은 모두가 기독교 신자였다.

그렇기에 이들 기록자들이 이교의 신화를 기독교 색채로 물들였을 가능성을 생각하지 않을 수 없다. 『에다』 시편에서 게르만 신들은 거인들과 최후의 전쟁(라그나뢰크Ragnarök)을 벌여서 신과 거인들이 모조리 죽게 된다는 예언을 미리부터 듣는다. 최후의 전쟁이 직접 묘사되지는 않지만 예언으로 등장하는 것이다. 다시 말해서 게르만 신들은 여기서 필히 죽는mortal 존재들로 서술된다. 기독교 시인들이 쓴 것이라는 사실을 염두에 두고 이런 내용을 음미할 필요가 있다.

또한 시인들과 기록자들은 그리스 신화에도 상당한 관심과 지식을 가지고 있었으니, 그리스 신화의 영향도 배제할 수 없다. 덕분에 옛날 게르만 사람들이 믿었던 신들에 대한 순수하고 온전한 기록은 오늘날 기대하기가 어렵다. 기독교의 특성상 그들의 종교적 관습에 대한 기록도 거의 남아있지 않다. 기독교는 이교의 신들을 그 흔적까지도 깨끗이 없애버리는 버릇이 있으니 말이다.

영웅들 이야기에 자주 등장하는 수많은 전투 이야기와, 강인한 여성 인물의 복수 이야기들은 375년부터 568년까지 게르만 민족 이동 시대에 일어난 역사적 사건들 일부가 입으로 전해지다가 전설로 바뀐 것이다. 이 시기에 게르만 종족들은 훈족 및 로마인들과 서로 뒤섞이며 많은 전투를 벌였고, 많은 작은 종족들이 전멸당하거나 또는 다른 종족을 전멸시켰다. 이런 전쟁 이야기 일부가 『에다』에도 스며들었다.

『에다』 문헌에 나타나는 모순

오늘날 전해지는 『운문 에다』의 가장 오래된 판본은 스노리 시대(13세기)에 정리된 '코덱스 레기우스Codex Regius'다. 여기서 맨 앞에 배치된 제1편 '뵐루스파Völuspa'가 신들의 이야기를 전체적으로 들려주는 가장 오래된, 가장 중요한 노래다. 여기에는 게르만 종교와 신들의 모습이 상대적으로 잘 보존되어 있다.

『에다』의 작품들은 예언자나 이야기꾼이 옛날 이야기를 들려주거나, 또는 앞으로 일어날 이야기를 예언하는 형태를 취한 것이 많다. 그것 말고도 두 인물이 서로 지식 자랑을 하며 주고받는 대화 또는 내기 방식으로 이야기를 전한다. 그런데 이렇게 들려주는 이야기들이 일부는

게르만 신들의 이야기를 전해주는 『운문 에다』(18세기판)의 표제지. 신들의 지도자인 애꾸눈 오딘, 다리를 여덟 개나 가진 그의 애마, 여러 일화와 관련한 동물들이 그려져 있다. 오래 전부터 많은 작가들이 쓴 시편들이 13세기에 수집, 정리되면서 당대 기독교도이던 작가들에 의해 기독교적 색채가 가미되었다.

옛날 신들의 이야기처럼 서술되고, 일부는 마치 역사상 등장하는 왕가의 일화처럼 서술된다. 즉 두 가지 관점이 나타나고 있다.

그나마 신들의 이야기는 대체로 옛날에 있었던 사건과 미래에 대한 예언의 형식을 취한다. 하지만 영웅들의 이야기 편은 옛날의 이야기와 역사적 사건이라는 두 가지 관점이 상당히 어지럽게 뒤섞여 있다. 심지어는 하나의 시편 안에 두 가지 관점이 뒤죽박죽 섞여 있는 경우도 있다. 이렇게 두 가지 관점이 뒤섞이는 것은 『에다』 전체에 나타나는 모순이다.

게르만 신들의 이야기를 전하는 시인들, 또는 수집가들은 이것이 신들의 이야기인지, 역사상의 사건인지 불확실한 태도를 보이거나, 아니면 아예 두 가지 관점을 나란히 늘어놓고 있다. 이들 시인(또는 수집가)들이 기독교로 개종한 사람들이었다는 사실에서 이 모순을 설명할 수 있을 것 같다.

스노리의 『산문 에다』를 예로 들어보자. 스노리는 『산문 에다』의 서문에서 먼저 성서의 천지창조 이야기가 자신의 신앙이라는 사실을 공공연히 고백한다. 그런 다음 게르만 신들에 대해 매우 기묘한 설명을 한다. 조상들이 섬기던 신들, 곧 오딘과 그 아들들이 "옛날에 그리스 군대에 의해 몰락한 트로이를 다스리던 프리아모스 왕의 후손들"이라는 것이다. 그러니까 트로이 전쟁(기원전 12세기)에서 패배한 트로이 왕의 후손들이 소아시아반도를 떠나 오늘날의 북유럽으로 왔단다.

그들이 독일과 스칸디나비아반도로 오는 동안 그들을 만난 북유럽 원주민인 게르만 사람들이 그들의 뛰어난 언어와 문화에 놀란 나머지 그들을 신으로 받들었다는 것이다. 지도자인 오딘이 자기 아들들을 여러 게르만 지역의 통치자로 임명했다고 한다. 이들 지명과 통치자들에 대한 약간의 역사적(?) 설명까지 덧붙인다.

하지만 이것은 오래 이야기할 필요도 없는 모순이다. 지금부터 대략

3,100년 전의 사건, 스노리가 묘사하던 시대로부터 2,300년 전에 일어났다고 추정되는 사건(=트로이 전쟁)의 등장인물이 갑자기 중세 유럽에 수집된 문헌들에 등장하고 있으니 말이다. 프리아모스 왕의 후손들이 아무리 뛰어난 인간이었다 해도 오래전에 죽었을 텐데, 그렇게 죽은 사람들을 두고 오랜 세월 신으로 섬겼다는 주장은 아무리 보아도 터무니없는 말이다.

스노리의 서문을 읽다보면 그의 고민이 느껴진다. 기독교 신자로서 그는 자신의 신앙을 고백하면서 동시에, 조상들이 섬기던 종교에 대해 신들의 이야기로 전하기가 어려웠을 것이다. 기독교 입장에서 보면 게르만 이교 신들은 물리쳐야 하는 존재들이 아닌가? 기독교의 유일신 사상을 충실하게 지키기 위해서, 게르만 신들은 원래 인간이었고, 최후의 전쟁을 통해 모두 죽어버렸다는 메시지가 이렇게 만들어졌다.

『에다』 전체에 이런 모순된 관점이 들어있기는 하지만, 그래도 이렇게 왜곡된 형태로나마 게르만 사람들이 섬기던 신들의 모습과 종교적 관습이 극소수 보존되었으니 이는 여전히 소중한 자료다. 그 밖에도 이 시편이나 스노리의 작품을 중세 작가들의 문학작품으로 바라볼 필요도 있다.

'죽는 신들'이 현대에 부활하다

서양 언어에서 '죽어야 할mortal' 존재란 인간을 가리킨다. 이에 대비해서 신들은 '죽지 않는immortal' 존재다. 이렇게 간결하게 정리하고 보면 게르만 신들이 지닌 모순이 금방 드러난다. 그들은 말은 신이지만 죽는 존재이니 말이다. 하지만 죽어버렸다는 신들은 19세기와 20세기에 이르러 특별한 부활을 경험하고 있다.

19세기에 독일 언어학자 야코프 그림Jakob Grimm(바로 저 『그림 동화집』을 수집해서 내놓은 그림 형제의 한 사람)은 게르만어의 발전 과정을 탐구하면서 중세의 (북)게르만어와 도이치어의 상관관계를 밝혀냈다. 이 언어들이 공통된 (게르만어의) 발전 과정을 겪었기 때문이다.

그와 동시에 나폴레옹에게 나라를 뺏기고 뿌리 찾기에 열을 올리던 독일의 젊은 '낭만주의' 문인들이 중세 문헌을 발굴하고 번역하는 열풍이 불었다. 그림 형제가 수집한 동화집도 애국적인 낭만주의적 생각에서 나온 활동의 결실이었다. 그들은 도이치 입말로 구전되던 소중한 자료들이 프랑스어의 영향 아래서 그대로 사라지는 것을 안타깝게 여겨 이리저리 돌아다니며 주로 할머니와 아주머니들이 들려주는 옛이야기들을 수집했다. 그렇게 수집한 입말 이야기를 조심스럽게 다듬어서 200편의 민속 동화를 담은 『어린이와 가정 동화집』이라는 책으로 펴냈다. 이것이 오늘날 전 세계로 퍼져 나간 『그림 동화집』의 원본이다.

대부분 젊은 대학생들로 이루어진 낭만주의 작가들은 고대 그리스 로마와는 다른, 게르만 언어와 문화의 뿌리를 중세 문헌에서 찾으려 했다. 그리고 야코프 그림의 열혈 제자 하나가 『에다』 문헌을 번역해서 스승에게 헌정했다.

그 밖에도 다른 문인과 학자들도 중세 도이치 작품들을 발굴하고 번역해서 널리 알리려고 노력했다. 그렇게 해서 중세 문학작품들이 19세기 전반부에 독일의 젊은 지식인들 사이에서 널리 유행했다. 이런 중세 문헌을 발굴하고 번역하고 전파하려는 작가들의 활동 및 그들의 문학적 성과를 총칭하는 것이 '도이치 낭만주의' 문학운동이다. 그리고 이런 문학의 영향을 받은 한 사람이 바로 작곡가 바그너였다. 그는 재미있는 중세 문학의 이야기들을 자기 작품의 소재로 삼았다.

바그너가 직접 대본을 쓴 4부작 오페라 《니벨룽의 반지Der Ring des Nibelungen》는 『에다』와 그 외전外傳들을 출전으로 삼고 있다. 죽은 신들은 19세기 최고의 블록버스터 무대예술에 속하는 바그너 오페라에서 화려하게 부활했다.

바그너 오페라의 열기는 20세기로도 이어졌다. 영국 언어학자 J. R. R. 톨킨은 소설 『반지의 제왕』 시리즈를 썼고, 이 소설은 다시 영화로 만들어졌다. 이어서 『에다』에서 '죽는mortal' 존재로 우스꽝스럽게 묘사된 신들은 이런저런 영화에서, 그리고 각종 게임에서 아무런 부담 없이 이용되고 있다. 누가 죽은 신들을 존중하랴? 그들은 게임 캐릭터가 되어 버렸다.

오늘날 게르만 신들은 죽는다는 특성 덕분에, 신으로서는 역시 죽은 지 오래인 그리스 로마 신들과는 비할 바 없는 인기를 누리고 있다. 잔인하고 난폭한데도 여전히 점잖고, 게다가 죽지 않는다는 그리스 신들에 비해, 게르만 신들이 지닌 그로테스크한 야만성은 현대인이 가상 세계에서 폭발시키는 난폭함과 코드가 잘 맞는 모양이다. 어쨌든 이들 게르만 신들과 수많은 중세 이야기들은 현대의 판타지 세계에서 기묘한 모습으로 부활했고, 또한 각종 변형까지도 경험하는 중이다.

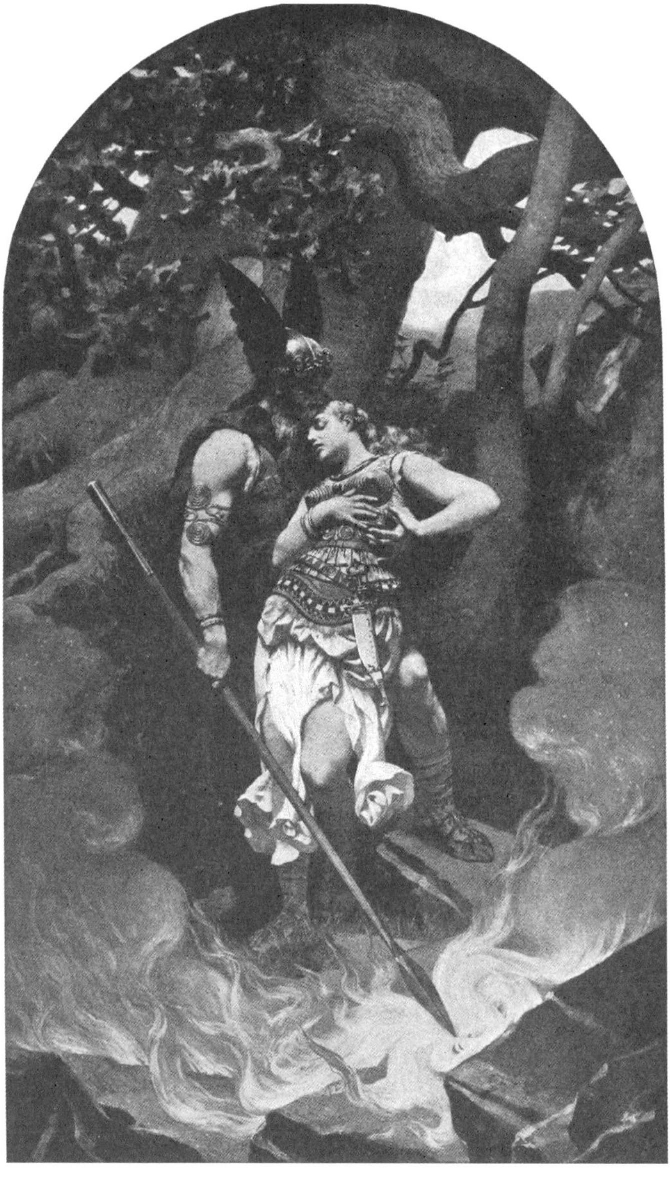

게르만 신들은 바그너의 오페라 《니벨룽의 반지》에서 화려하게 부활했다. 『빅트롤라 오페라 책The Victrola Book of the Opera』(1917)에 실린 《니벨룽의 반지》 삽화.

제3부

중세 말기

1300~1492

29

14세기 대재앙, 페스트가 퍼지다

역사상 최악의 팬데믹 페스트

페스트Pest는 1347년에 시칠리아와 제노바를 거쳐 유럽 대륙에 상륙했다. 이듬해에는 벌써 피렌체, 베네치아 등 북부 이탈리아와 유럽 전역으로 퍼졌다. 이보다 몇 해 앞서서 인도와 중국에서 수많은 사람이 괴질로 쓰러졌다는 기록이 나타난다. 역사상 가장 끔찍한 전염병으로 알려진 페스트, 또는 흑사병은 아시아 내륙 어딘가에서 발생하여, 주로 국제 무역로를 따라 중국과 유럽, 동서 양쪽 방향으로 아주 빠르게 퍼져 나갔다.

21세기 현재 우리는 두려운 전염병이 얼마나 빠른 속도로 전 세계에 퍼질 수 있는지를 직접 목격하고 있다. 이런 무서운 속도는 오늘날만이 아니라 중세에도 이미 가능했다. 전염병이 삶에 대한 우리의 태도를 완전히 바꾸어놓을 수 있다는 점도 마찬가지였다.

(코로나 19처럼) 흑사병도 원래는 인간의 질병이 아니고, 특정한 쥐에 붙어사는 쥐벼룩이 쥐들 사이에 옮기는 동물의 질병이었다. 이것이 일정한 조건에 의해 인간에게 옮겨오면서 인간에게 치명적인 전염병으로

발전했다. 14세기 전반 유럽의 환경은 흑사병균에게 아주 유리했다. 현대의 기준으로 보면 당시 유럽 인구는 비교적 적어서 총 7,500만 명 정도였지만, 당시에 쓸 수 있던 자원으로 따져보면 위험할 정도로 인구 밀도가 조밀한 편이었다.

당시 기후 조건이 농사 짓기에 부적합해지면서 수많은 유럽인들은 생사의 경계에서 헤맸다. 홍수가 이어지면서 인구의 10~15퍼센트가 굶어 죽었다. 특히 이탈리아에서 영양실조가 널리 퍼졌고, 이는 흑사병 발병 직전까지 그랬다. 게다가 전쟁도 배고픔만큼이나 흔했다. 교황과 신성로마 제국 황제가 서로 지배권을 놓고 다투고 있었기에 이탈리아 지역에서는 크고 작은 전쟁이 쉴 새 없이 벌어졌다. 해양강국인 제노바와 베네치아는 끊임없이 해상전투를 벌였다. 나머지 유럽 지역에서도 전쟁이 계속 이어졌다.

또한 중세 유럽의 위생 상태는 매우 좋지 못했다. 사람들은 위생 개념이 없었고, 목욕도 자주 하는 편이 아니었다. 14세기 초반에도 유럽 도시들은 몹시 불결했고, 도시마다 엄청나게 많은 오물이 쌓였다. 인구의 90퍼센트가 살고 있는 시골은 쥐가 많아서 쥐와 사람의 비율이 도시보다 오히려 높았다.

이런 불결한 환경에서 페스트가 창궐했고, 그것을 막을 의술은 빈약했으니 (보카치오에 따르면 남녀 불문하고 의사 자격증을 가진 사람은 많았다는데) 당시 페스트로 인한 치사율은 오늘날에 비해 월등히 높았다. 전염병이 지나고 나자 유럽 인구는 $\frac{1}{3}$ 또는 $\frac{1}{2}$까지 줄어들었다.

피렌체가 남긴 페스트 기록

이탈리아의 '상인商人 공화국' 피렌체 역시 페스트로 혹독한 시련을 겪었다. 피렌체는 통계에 기반을 둔 기록을 남긴 뛰어난 역사가와 작가,

마을을 휩쓸고 있는 페스트를 죽음의 모습으로 형상화한 그림. 아르놀트 뵈클린Arnold Böcklin, <페스트Die Pest>, 1898년, 바젤, 바젤 미술관Kunstmuseum Basel.

그리고 화가들을 많이 배출한 대표적인 르네상스 국가다. 물론 르네상스는 당시 막 시작하는 단계였고, '르네상스'라는 낱말도 훨씬 뒷날 생긴 것이긴 하지만 말이다. 기록자들이 많았던 덕에 피렌체는 페스트에 대해서도 특별한 기록들을 남겼다. 피렌체 역사를 상세히 서술한 조반니 빌라니Giovanni Villani가 1348년의 페스트를 직접 겪고 역사 기록으로 남겼고, 르네상스 초기의 대표 작가 중 한 사람인 조반니 보카치오 Giovanni Boccaccio 역시 피렌체에서 페스트를 몸으로 겪었다. 보카치오가 경험한 것은 그의 유명한 소설 『데카메론Decameron』의 앞부분에 생생하게 기록되어 있다. 이로써 우리는 질병을 직접 목격한 소설가가 남긴 당대 기록을 보유한 셈이다.

20세기 작가 헤르만 헤세는 중세를 배경으로 한 소설 『나르치스와 골드문트』에서, 주인공 골드문트가 페스트가 창궐하는 도이치(=신성로마) 제국의 시골과 도시를 이리저리 돌아다니며 보고 경험한 것을 자세히 서술하고 있다. 『데카메론』의 열렬한 독자이기도 했던 헤세의 소설에는 그 어떤 기록보다 중세의 현실이 입체적·사실적으로 그려져 있다. 잠시 이들 위대한 작가들이 남긴 이야기를 들어보자.

페스트가 만들어낸 소설 『데카메론』

하느님의 아드님이신 그리스도가 태어나신 지 1348년이 되었을 때 이탈리아 제일의 도시 피렌체에 무서운 흑사병이 덮쳤다. ……

병에 걸린 시초에는 남자나 여자나 똑같이 샅이라든가 겨드랑이 밑에 속칭 가래톳이라 부르는 보통 사과나 달걀만 한 멍울이 생겼다. 그리고 몸의 그 두 부위에서 순식간에 치명적인 가래톳이 온몸에 번지기 시작한다. 팔이나 허벅지에 납빛 또는 검은 반점이 나타나고, 이어 몸의 다른 부분에도 무수히 나타나는데, 큰 반점은 수가 적게, 작은 반점은 많게 나타난다. 가래톳이 예나 지금이나 다가오는 죽음의 틀림없는 전조이듯이 이 반점은 누구에게 나타나건 죽음의 조짐이 되었다. ……

병이 어떻게 진척되는지 전혀 짐작을 못 했기 때문에 적당한 치료를 할 수가 없었다. 그 결과 낫는 자는 극히 드물고, 아니 오히려 거의 전부가 앞에서 말한 반점이 나타나고부터 다소 늦고 빠른 차이는 있더라도 사흘 이내에 열도 없고 다른 발작도 없이 죽어갔다.

이렇게 흑사병은 무서운 기세로 퍼져 나갔다. 환자를 잠시 찾아보기만 해도, 마치 바짝 마른 것이나 기름 묻은 것 옆에 불을 갖다 대기만 해도 확 옮겨붙듯 건강한 자에게 옮겨갔다. 아니 더 지독한 일이 일어났다. 환자와 말을 주고받거나 환자를 상대하는 것만으로 전염되거나 죽음의 원인이 되었을 뿐만 아니라, 심할 때는 환자가 우리를 만지거나 우리 쪽에서 환자가 입은 옷, 그 밖의 물건을 만지기만 해도 감염될 정도였으니까. ……

시민들은 서로 왕래를 피하고, 이웃끼리도 간병하는 사람은 하나도 없었으며, 친척끼리도 서로 거의 방문하는 일이 없었다. 이 재난은 남자나 여자나 사람들의 가슴에 매우 큰 공포심을 번지게 했으므로, 형제가 형제를 배신하고, 삼촌이 조카에게 등을 돌리고, 누나가 남동생을 모른 체하고, 많은 경우에 아내가 남편을 방치하고 달아나 버렸다. 심지어 더욱 믿어지지 않는 사실로는 부모가 자식들을 마치 자기 자식이 아닌 것처럼 간병도 않거니와 양육도 하려 하지 않았다는 것이다.

전염병에 대응하는 사람들의 반응도 흥미롭다.

첫째 그룹: 근엄하고 절제된 생활방식이 감염의 위험을 낮춘다고 생각했다. 그들은 자기들끼리 무리 짓고 다른 사람들로부터 격리되어 살았다. 환자가 없는 집 안에 틀어박혀 좋은 음식과 귀중한 포도주를 조

금씩만 취하고 과도한 행위를 피했다.

둘째 그룹: 앞 사람들과는 정반대 견해로 흥청망청 마시면서 인생을 마음껏 즐기려고 했다. 밤낮없이 이 술집 저 술집을 전전하며 과도한 향락에 빠져들었다. 살날이 얼마 안 남은 것처럼 행동하면서 자신들의 몸과 물건들을 마구 굴렸다.

셋째 그룹: 앞 두 그룹의 중간 노선을 걸었다. 은둔자처럼 살지 않고 욕구를 어느 정도 충족시키면서 지냈다. 길을 걸어갈 때는 꽃과 향기로운 허브, 또는 여러 향료를 들고 다니면서 종종 그 냄새를 맡았다. 이런 향기로 두뇌를 위로하기 위해서였다. 거리의 공기가 죽은 사람과 죽어가는 사람들이 내뿜는 악취와 약물의 고약한 냄새로 오염되었기 때문이다.

넷째 그룹: 모든 것을 버리고 살던 곳에서 도망쳐 버렸다. 일부 부유층은 멀리 있는 성이나 별장으로 들어갔지만, 대부분의 사람들은 도망자-난민 신세가 되어 이 세상 어디서나 구박을 받았다.

보카치오에 따르면 1348년 3~7월 사이 페스트가 맹위를 떨친 시기에 피렌체 시내에서 10만 명 이상의 사람이 죽었다고 한다.

소설 『데카메론』의 주인공은 18~28세 사이에 있는 7명의 귀부인(과처녀)들과 3명의 신사들이다. 이들 10명의 젊은이들은 원래 서로 친분이 있었는데, 교회에서 사망자 명복을 비는 미사가 끝난 다음 우연히 만나 피렌체 교외로 함께 피난을 가기로 결정한다. 그리고 각자 하녀나 하인 1명씩과 필요한 물품을 준비해서 피렌체 교외 별장으로 피신하여 아름다운 환경에서 열흘을 보낸다. 그 과정에서 지루함을 피하기 위해 매일 주제를 하나씩 정해놓고 각자 그 주제로 재미있는 이야기를 하나씩 들려주기로 한다.

그렇게 해서 열흘 동안 매일 10명이 이야기 하나씩을 한다. 그래서 '열흘 이야기'라는 뜻의 '데카메론'이라는 제목이 나오는데, 소설 속에는 100개의 이야기가 들어있다. 이 소설 자체가 바로 페스트의 산물인 셈이다.

페스트를 피해 별장으로 나온 주인공들은 잠시 질병에 대한 공포심을 잊고 더운 계절에 경치 좋은 토스카나의 별장 지역을 산책하며 즐겁게 보낸다. 그들은 시원한 나무 그늘 아래서 서로 재미있는 이야기들을 나누면서 피렌체 상류 사교계의 흥미로운 일상과 사교의 장면들을 보여준다.

소설에 묘사된 중세 페스트 이야기

골드문트는 오늘날 독일 출신인데, 젊은 시절 수도원 학교를 제대로 마치지 않고 도망쳐서 떠돌이로 살아간다. 그러다가 어떤 주교 도시에서, 나무를 깎아 설교대나 조각상 등을 만들던 당시 주요 공예술인 목조각 기술을 연마하여 목조각가가 된다. 중세의 장인(마이스터Meister) 예술가가 된 것이다.

하지만 정착 생활을 꺼리던 그는 좋은 기회가 왔는데도 한곳에 정착하는 안정된 생활을 굳이 마다하고 도로 떠나 이리저리 떠돌아다닌다. 다시 떠돌이로 여러 해를 살다가 페스트 유행 지역으로 들어간다. 페스트는 어차피 유럽의 대부분 지역을 점령한 상태다. 다만 『데카메론』에서는 페스트가 처음 유행하던 시기가 서술된 데 비해, 헤세의 작품에서 사람들은 이미 페스트에 대해 어느 정도의 정보를 가지고 있다. 아마도 페스트가 이미 몇 번 지나간 다음 다시 유행하는 것으로 보인다(15세기로 생각됨).

골드문트는 보카치오가 전체적으로 요약해서 서술해 놓은 끔찍한 상황을 현실로 체험하며 돌아다닌다. 헤세는 보카치오가 설명한 핵심 내용을 주인공의 눈과 직접 체험을 통해 훨씬 더 입체적으로 생생하게 묘사하고 있다. 그 장면들을 살펴보자.

떠돌이 골드문트와 그의 동료는 어느 마을 입구에서 몽둥이를 들고 막아선 마을 농부들에 쫓겨 그 마을에는 아예 들어가지도 못한다. 영문도 모른 채 마을을 벗어나 멀지 않은 곳에서 농가와 부속 건물들로 이루어진 시골 농장을 발견하고, 이리저리 둘러보지만 분위기가 매우 괴이쩍다. 사방은 쥐 죽은 듯 고요하고, 외양간은 비어있고, 이리저리 돌아다니는 암소는 젖을 짜주지 않아 괴로워한다.

인기척 없는 농가 문을 열려고 해보니 잠그지 않은 문이 스르륵 열린다. 골드문트 혼자 안으로 들어가는데, 컴컴한 오두막 안이 기묘한 냄새로 가득하다. 어둠 속 난로 뒤로 의자에 앉아있는 여인이 보이지만 대답이 없다. 난로를 뒤적이자 난로에는 아직 불기가 남아있다. 그는 긴 나무토막에 불을 붙여 어둑한 집 안을 둘러본다.

의자에 앉은 여인은 숨을 쉬지 않는다. 뒷방으로 넘어가는 문지방에도 소년 하나가 바닥에 엎어져서 죽어있다. 뒷방으로 넘어가 보니 침대가 3개인데, 하나는 비어있고, 한 침대에는 집주인 농부가, 또 다른 침대에는 그의 아내가 어린 딸을 품에 안고 죽어있다.

일가족 5명이 모조리 최근에 죽어서 농장 전체가 멈추어 선 것이다. 묻어줄 사람도 없이 온 집안 식구가 그렇게 황망히 이승을 떠났다.

그제야 골드문트는 상황을 이해한다. '검은 죽음'이라 불리던 페스트가 온 세상을 덮친 것이다. 그는 다행히도 병에 걸리지 않은 채 계속 이리저리 돌아다니다가 튼튼한 방어벽을 갖춘 소도시의 성문 앞에 도착한다. 하지만 그토록 요란한 성벽이나 성문에는 보초가 없다. 골드문트는 때마침 성문 밖으로 나오는 행렬 하나를 목격한다.

> 그사이 종소리가 들리더니 사제 한 사람이 손에 십자가를 들고 성문 밖으로 나왔다. 그의 뒤로 짐마차 석 대가 따라왔는데, 두 대는 말들

1350년 무렵에 페스트 유행 지역에서 일어났던 유대인 화형 장면. 질 르 뮈시Gilles Le Muisit의『연대기Chronique』에 실린 세밀화(MS 13076-77, fol. 12v), 브뤼셀, 벨기에 왕립도서관Bibliothèque royale de Belgique.

이 끌고 한 대는 황소 한 쌍이 끌었다. 마차마다 산더미 같은 시신들이 쌓여 있었다. 기묘한 외투를 입고 두건 깊숙이 얼굴을 감춘 몇몇 하인들이 그 옆으로 나란히 걸으면서 짐승들을 몰았다. …… 골드문트는 약간 거리를 두고 짐마차를 따라갔다. 그들은 몇백 보를 더 걸어갔지만 거기에 묘지는 없었다. 텅 빈 황무지 한복판에 커다란 구덩이가 파여 있었을 뿐이다. 깊이는 겨우 삽질 세 번 정도였지만 크기는 너른 홀 같았다. 골드문트는 저 옆으로 물러서서 하인들이 막대기와 보트 상앗대를 이용해 마차에서 시신들을 내려서 커다란 구덩이에 던지는 것과, 사제가 웅얼거리면서 그 위로 십자가를 흔들고는 떠나는 모습을 지켜보았다. 하인들은 얕은 무덤 사방에 큼직한 불을 붙인 다음, 무덤을 흙으로 덮으려고 애쓰지도 않고 말없이 도시로 돌아갔다. 골드문트는 아래를 내려다보았다. 50구 또는 그 이상의 시신이 그 안에 서로 포개지도록 던져졌는데, 많은 이들이 벌거벗은 모습이었다. 여기저기서 신음 소리와 함께 팔이나 다리 하나가 빳빳하게 공중으로 올라왔고, 셔츠 하나가 바람에 약하게 흔들렸다.

페스트로 죽은 이들을 치우는 도시의 하인들이 아직 살아있는 병자들까지도 멋대로 침상에서 끌어내려 죽은 자들과 함께 임시로 만든 무덤 구덩이에 던져버렸다. 매장은 제대로 이루어지지 않고 망자에 대한 기본적인 예의도 물론 없다. 당시 구빈원 겸 병원의 일꾼들은 통치자도 부자 주인들도 없는 도시에서 도둑질과 유혹과 강간을 흔히 저질렀다. 지배 계층과 부자들은 그럴 여유만 있으면 멀리 안전한 곳으로 도피해 버렸기 때문이다.

또한 이 소설에는, 끔찍한 질병을 누군가의 탓으로 돌리고 싶어 하는 인간의 마음으로 인해, 사회적 약자들을 병의 원인으로 지목해 죽이는 장면들도 등장한다. 소도시 성벽 밖에서 당국의 명에 따라 유대인 15명이 화형당한 이야기를 읽을 수 있다. 그렇게 불타버린 아버지의 유해를 찾으려 애쓰며 애통하게 울고 있는 유대인 소녀도 등장한다.

언제나 큰 재앙의 시기에는 생각 없는 인간들이 누군가를 희생양으로 삼고 싶어 하는데, 이 또한 예나 지금이나 별반 차이가 없다. 덕분에 인간이 손쓸 수 없는 두려운 상황에다가 인간의 불필요한 잔혹 행위까지 더해져서 전염병 시대의 삶은 더욱 끔찍해진다.

해골과 뼈로 이루어진 죽음이 빈부와 남녀노소를 가리지 않고 모든 이들의 목숨을 '추수'하고 있다. 페스트가 유행하던 '검은 죽음'의 시대인 14세기 전후에 이런 그림들이 많이 그려졌다. 카스타브의 야네즈Janez iz Kastva, <죽음의 춤Dance of Death>(죽음의 춤 프레스코화를 유화로 복제함), 1490년, 류블랴나, 슬로베니아 국립미술관Narodna Galerija.

"죽음을 기억하라"와 "오늘을 즐겨라", 전염병 시대의 생활 감정

죽음이 일상이 되어버린 이런 시절에 "죽음을 기억하라(메멘토 모리Memento mori)"는 말은 아예 필요 없는 말이었다. 이것은 원래 중세 수도사들이 자주 쓰는 라틴어로서, 예를 들면 저 유명한 클뤼니 수도원의 예배의식에서 핵심이었다. 이는 돈이나 명예 등 세상의 "허망한 것들vanitas"에 빠지지 말고, 다가올 죽음을 기억하여 신앙심을 갖고 신께 헌신하라는 뜻이었다. 하지만 예배의식에서 그토록 매번 반복해서 읊고 기억해야 했다면, 수도사들이 얼마나 쉽사리 세상의 허망함에 빠져들곤 했는지를 반증하는 말이기도 하다.

전염병이 유행하는 시기에는 누구나 오늘 당장이라도 죽을지 알 수 없기에 내일 일은 불확실했다. 많은 이들은 죽은 다음 영혼의 지복至福을 얻기 위해 신앙심과 경건함으로 돌아갔지만, 어떤 사람들은 어차피 죽을 거라면 "오늘을 잡아라(카르페 디엠Carpe diem)" 즉 "오늘을 즐겨라"라는 태도를 갖게 되었다. 그냥 즐기는 정도가 아니라 광포할 정도로

쾌락을 추구하는 사람들도 꽤 있었던 모양이다.

이 라틴어는 고대 로마 시인 호라티우스Horatius의 시구에서 가져온 것인데, 물론 이것은 문맥에 따라 여러 가지로 해석할 수 있는 말이다. 예를 들어 "오늘 일을 내일로 미루지 말라"는 뜻으로 해석할 수도 있다. 하지만 전염병이 유행하는 시기에 시간적인 초조함은 일부 사람들을 근면함보다는 순간적인 쾌락으로 몰아갔다. 전염병 지역을 돌아다니던 골드문트도 간혹 그런 광포한 파티에 빠져들곤 했다. 눈앞에 닥쳐온 죽음을 잊은 광란의 파티였다.

언뜻 상반된 듯이 보이는, 그러면서도 서로 잘 어울리는 이 두 가지 경구는 전염병 시대를 살아간 사람들의 생활 감정을 가장 잘 드러내주는 말일 것이다. 페스트의 엄청난 광풍을 여러 번 경험한 중세 사람들 사이에도 널리 퍼져있던 감정이었다.

골드문트는 떠돌이 생활 도중 사방에서 '죽음의 춤'이라는 그림을 보게 된다. 해골과 뼈로 이루어진 죽음이 바이올린을 켜거나, 커다란 낫을 들고 사람들의 목숨을 '추수'해서 끌고 가는 그림들이다. 죽음은 주교나 왕이나 거지나 교황이나 죄인이나 가리지 않고, 남자나 여자나 아이나 늙은이나 젊은이를 차별하지 않고 닥치는 대로 추수해서 거두어갔다.

죽음의 춤 바로 곁에서 광란의 파티도 벌어지곤 했으니, 그 일탈과 광포함은 상상을 넘어선 것이었다. 내일이면 죽을 것인데 오늘 못 할 게 무어란 말인가?!

극단적인 경건함과 과도한 방종 또는 쾌락의 추구는, 페스트가 창궐하던 14~15세기보다 한참 뒤인 17세기에 전성기를 맞는 바로크 예술에도 스며들어 있다. 16~17세기는 유럽 전역에서 종교전쟁이 끝없이 계속되던 시대다. 바로크 예술에서는 경건함과 과도함이 한꺼번에 나타나는 경우도 많지만, 따로따로 과도하게 등장하는 경우도 흔했다. 과도함이란 바로크 미술의 특징에 속한다. 건축물도 과도하고 인체 그림도 과도하며 장식도 과도하다.

페터 파울 루벤스Peter Paul Rubens는 수많은 종교화뿐 아니라 수많은 여성도 그렸다. 그의 그림에서 많은 여성들은 풍만함을 넘어 그야말로 과도하게 풍만하다. '왕의 건축 양식'으로 알려진 바로크 건축물은 너른 대지에 지어졌으며, 층수는 많지 않지만 층간 높이는 엄청난 데다, 이 거대한 공간 안팎으로 수많은 그림과 조각품과 장식품들을 그야말로 넘치도록 채워 넣었다. 장식이 적당한 수준이나 절도를 넘고 풍부함마저 지나쳐, 과도함으로 치달았던 것이다. 또한 바로크 음악의 경건함을 기억해 보라. 수많은 종교음악이 이 시대의 산물이다.

골드문트는 떠돌아다니다가 주인 없는 집에서 가져온 포도주와 맛있는 음식으로 풍성한 시간을 보내기도 한다. 많은 이들이 좋은 것들을 소중하게 아끼고 간직했으나, 전염병이 닥치자 즐기지도 못한 채 죽거나 도망쳐야 했다. 내일을 위해 비축해 둔 것이 아무 소용 없음을 거듭 목격하고 보니, 차라리 지금 이 순간을 과도하게 즐기자는 생각이 든 것도 이해가 된다.

이런 과도함이 바로크 예술의 특징으로 지적되는 '일그러짐'의 한 원

종교전쟁이 끝없이 계속되던 바로크 시대에는 예술에서 경건함과 과도함이 한꺼번에 나타났다. 경건한 종교화뿐 아니라 지나치게 풍만한 여성들도 많이 그렸던 루벤스의 그림이 그 예다. 페터 파울 루벤스, <레우키포스 딸들의 납치The Rape of the Daughters of Leucippus>, 1617년경, 뮌헨, 알테 피나코테크Alte Pinakothek.

천이었다. 일그러짐이란 15~16세기 르네상스 미술이 보여준 평온한 균형감각을 넘어 과도한 장식에 집착하는 감정이다. 전염병 시대의 기억은 여러 세대를 지나면서 사람들의 미적 감각까지 천천히 변화시켰다.

르네상스 양식에 바로 뒤이어 나타나는 바로크 양식의 예술에는 이런 변화된 미적 감각이 반영되어 있다. '메멘토 모리'와 '카르페 디엠'은 바로크 양식의 밑바탕에 깊이 잠복한 그로테스크한 삶의 감정이었다. 이는 또한 중세 말기에 속하는 전성기 르네상스 이전의 삶의 감정이기도 했다.

30

백년전쟁과 잔 다르크, 프랑스와 잉글랜드의 영토 정리

오늘날의 프랑스 땅에 있던 잉글랜드 왕의 영토

1066년에 노르망디 공작 윌리엄은 잉글랜드의 왕이 되었다. 그를 따라 잉글랜드로 들어온 프랑스 출신 신하들 상당수가 잉글랜드의 주요 영토의 공작이나 백작 등 귀족이 되었다. 하지만 이들은 대개 스스로를 프랑스인이라 여기고, 문화적으로도 프랑스와 결합되어 있었다. 150년 이상에 걸쳐 프랑스어가 잉글랜드 상류층의 언어로 쓰이다가 1250년 이후에야 비로소 이들 사이에서도 영어가 자리를 잡았다. 이들은 잉글랜드의 귀족이 되고서도 프랑스에 상당한 영토를 지녔다.

잉글랜드의 왕이 동시에 프랑스의 고위 귀족이기도 했다는 것이 두 나라에서 간단치 않은 법적인 문제들을 일으켰다. 프랑스의 노르망디 공작이며 잉글랜드의 왕인 윌리엄을 예로 들어보자. 한편으로 그는 잉글랜드 왕으로서 프랑스 왕과 대등한 위치에 서지만, 다른 한편 노르망디 공작으로서는 프랑스 왕의 봉신이며, 따라서 프랑스 왕에 충성할 의무가 있었다.

이는 잉글랜드 왕으로서 아키텐 여공작과 결혼한 플랜태저넷 왕가

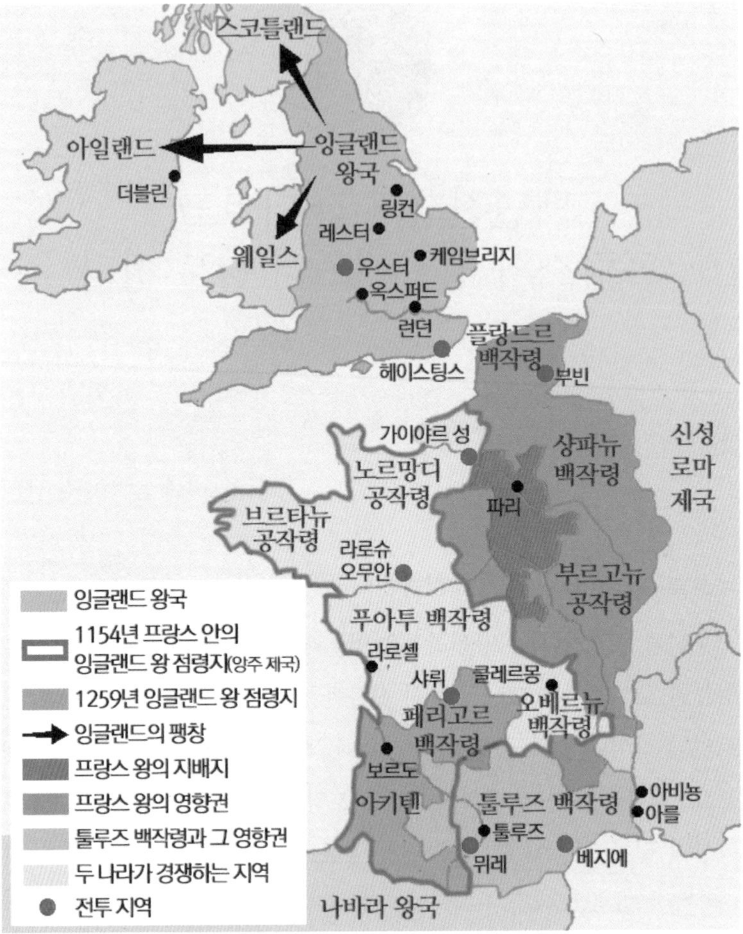

11~12세기 프랑스와 잉글랜드 상황. 12세기에는 한동안 프랑스 땅의 절반 정도가 잉글랜드 왕의 영토였다(앙주 제국). 프랑스 땅에서 벌어진 백년전쟁에서 프랑스가 승리하면서 두 나라 사이의 영토가 정리되었다.

의 헨리 2세도 마찬가지였다. 그는 생애 대부분을 프랑스에서 보냈으며 잉글랜드에서 보낸 기간은 극히 짧았다. 이미 보았듯이 그는 아키텐 여공작과 결혼하면서 거대한 앙주 제국을 이루었다.

문제는 여기서 그치지 않았다. 유럽 귀족들은 서로 혼인으로 뒤얽혀 있었던 만큼 잉글랜드 왕이 법적 권리를 근거로 프랑스 왕위를 요구하는 경우도 생겼다. 특히 프랑스의 거대 영토인 아키텐 공작령의 소유권을 잉글랜드의 플랜태저넷 왕가에서 갖고 있었으니, 이것은 양국에 엄청난 부담이 되지 않을 수 없었다.

우리가 잉글랜드 이야기로 알고 있는 아서 왕과 원탁의 기사들이 자주 잉글랜드가 아닌 프랑스에서 활동하고 있다는 것은 바로 이런 복잡한 영토 소유권이 그 원인이었다.

중세를 지나 근대로 다가오면서 이 영토 문제는 반드시 정리되어야 했다. 그리고 실제로 1337년부터 1453년까지 100년 이상을 두고 프랑스와 잉글랜드 사이에서 우리가 흔히 '백년전쟁'이라 부르는 긴 전쟁이 벌어졌다. 프랑스 왕위계승권 문제를 포함하는 이 복잡한 전쟁의 마지막 국면에 프랑스의 국민영웅 잔 다르크가 활약하면서 프랑스가 승리를 거두고 마침내 잉글랜드 귀족들은 프랑스 땅에서 물러나게 된다.

발단과 1차 국면(1337~1386)

잉글랜드 왕 에드워드 3세(플랜태저넷 왕조)는 프랑스의 필리프 4세(1268~1314)의 외손자이기도 했다. 프랑스 왕(샤를 4세)이 아들 없이 죽으면서 카페 왕조는 끝났다. 그러자 에드워드 3세는 자기가 프랑스 왕가의 후손이니 샤를 4세의 뒤를 이어 프랑스 왕위를 이어받겠노라 요구했지만, 당시 법학자들은 딸의 후손에게 왕위계승 자격을 인정해 주지 않았다. 대신 카페 왕조의 방계 혈통인 발루아Valois 가문 출신인 필리프 6세가 프랑스 왕이 되었다(발루아 왕조의 시작). 잉글랜드와 프랑스 사이에 다른 여러 갈등까지 덧붙여졌지만 외교적인 해결책은 나오지 않았다. 그러자 잉글랜드 왕은 새로운 프랑스 왕을 일종의 왕위 찬탈자로 생각했고, 새로 프랑스 왕이 된 필리프 6세는 잉글랜드 왕을 자신의 봉신으로 여겼다.

1337년에 필리프 6세가 먼저 프랑스에서 전쟁 소집령을 내렸다. 1년 뒤에 에드워드 3세는 필리프 6세에게 자신이 프랑스 왕위를 물려받을 권리를 가졌다고 선언하는 서한을 보내고, 1340년에는 자신이 '프랑스 왕'이라고 공식 선포하면서 군대를 거느리고 프랑스로 침입했다. 이렇게 시작된 전쟁은 끊겼다 이어졌다 하면서 수십 년 동안 계속되었다. 에드워드와 그의 아들이 죽은 다음 열 살짜리 왕자가 왕위를 물려받으며 잉글랜드는 섭정통치에 들어가고, 프랑스 측의 잉글랜드 침입 계획도 무산되면서 전쟁은 일단 소강 국면에 접어들었다.

프랑스 내전

그렇게 거의 80년이 지나고 나서 1415년에 잉글랜드의 유능한 왕 헨리 5세(재위 1413~1422)는 플랑드르의 부유한 도시들과 옛날 아키텐 영토를 되찾기로 마음먹었다. 국내 권력을 안정시킨 다음에 국토 확장 욕구가 다시 잉글랜드의 주요 관심사가 되었다.

프랑스 왕 샤를 6세(재위 1380~1422)는 세자가 죽으면서 생겨난 정신병으로 인해 통치 능력을 잃어버렸다(1393년 이후). 그의 아내 이사보 Isabeau 왕비가 이끄는 섭정위원회가 나라를 통치했다. 왕의 가까운 혈통인 공작들이 섭정위원이었지만, 그들이 제각기 자기 이권을 먼저 챙기면서 프랑스는 점차 내분에 말려들어 갔다.

오를레앙 공작과 부르고뉴 공작은 제각기 샤를 6세의 동생과 사촌이었다. 원래 부르고뉴 공작의 영향력이 컸지만, 왕비가 시동생인 오를레앙 공작과 가까워지면서(연인 사이로 알려짐) 부르고뉴 공작의 영향력이 줄어들었다. 두 공작은 제각기 국가 재정에서 상당한 수입원을 가졌는데, 제각기 영향력이 커지거나 줄어드는 데 따라 수입도 늘어나거나 줄어들었다.

두 공작의 갈등은 점점 더 커졌고 1407년 부르고뉴 공작은 15명으로 이루어진 패거리를 보내 오를레앙 공작을 암살했다. 오를레앙 공작의 암살 배후에 부르고뉴 공작이 있다는 사실이 알려졌지만, 사건은 법적으로 어찌어찌 무마되었다. 하지만 아버지의 뒤를 이은 젊은 오를레앙 공작이 아르마냐크Armagnac 백작의 딸과 결혼하면서 사정이 바뀌었다. 이 결혼식에서 부르고뉴에 반대하는 여러 영주들의 연합전선이 만들어졌고, 아르마냐크 백작이 그 선두에 서게 되었다. 이제부터 아르마냐크 패거리가 부르고뉴 공작에 맞서게 된다.

머지않아 부르고뉴 공작은 대군을 거느리고 아예 파리로 입성해서 수도를 점령했다가(1411~1413) 파리 시민들에 의해 쫓겨났다. 그러자 아르마냐크 백작 당파가 수도의 통치권을 이어받아 독재 방식으로 통치를 시작했다(1414). 같은 해 부르고뉴는 잉글랜드와 동맹을 맺었다.

잉글랜드의 헨리 5세

잉글랜드의 헨리 5세는 프랑스에 있는 옛날 잉글랜드 영토를 회복하려고 마음먹었다. 부르고뉴와 이미 동맹을 맺은 상태에서 노르망디를 정복할 셈으로 1415년에 프랑스로 침입했다. 10월에 벌어진 아쟁쿠르 전투에서 잉글랜드군은 수적 열세에도 불구하고 프랑스군을 물리치고 대승을 거두었다. 프랑스군은 막대한 인명 피해를 입었지만 잉글랜드는 인명 피해도 그리 입지 않았다.

헨리 5세는 1417년에 정복전쟁을 계속해서 북부 프랑스를 장악했다. 이때 부르고뉴는 파리에 있던 아르마냐크 패거리를 밀어내고 수도의 통치권을 차지했다. 샤를 6세와 이사보 왕비는 부르고뉴 사람들의 손에 떨어졌지만, 아르마냐크 일파에 속한 귀족 한 사람이 16살 된 세자

(뒷날 샤를 7세)를 담요로 덮어 도시에서 몰래 빼내는 데 성공했다. 세자는 이들과 함께 프랑스 남부로 갔다.

파리를 장악한 부르고뉴는 잉글랜드와 동맹을 맺은 상태였다. 1420년의 협정에서 샤를 6세를 대신한 이사보 왕비는 도망친 세자를 사생아라고 선언하고 그의 왕위계승권을 박탈했다. 대신 딸 카트린을 잉글랜드의 헨리 5세와 혼인시키고 사위를 프랑스 왕위후계자로 선포했다. 이로써 헨리 5세는 프랑스의 실질적인 통치권을 장악하고, 잉글랜드 왕이면서 장차(샤를 6세의 뒤를 이어) 프랑스 왕이 될 참이었다. 하지만 그는 1422년 8월에 갑자기 사망했다. 태어난 지 겨우 몇 달 된 어린 아들이 헨리 6세라는 이름으로 두 나라의 왕이 되었다.

프랑스 사람들은 물론 이런 협정을 인정하지 않고, 남부로 도망친 세자가 프랑스 왕 샤를 7세라고 선포했다. 어린 아기 헨리 6세를 보필하는 잉글랜드 섭정은 국력을 다해서 헨리 6세의 프랑스 통치권을 확보하려고 애썼다. 잉글랜드군은 루아르강 이북의 북부 프랑스를 거의 장악하고 1428년에는 오를레앙을 포위했다. 이 도시는 남부 프랑스로 넘어가는 요새다. 이런 절망적인 상황에서 잔 다르크Jeanne d'Arc라는 이름의 소녀가 출현하여 프랑스 군대에 새로운 희망과 용기를 불어넣었다.

잔 다르크의 등장

동레미Domrémy에서 태어난 잔 다르크(1412?~1431)는 13살부터 종교적인 환상을 보기 시작했다. 프랑스가 위기에 처한 상황에서 성인들과 미카엘 수천사 등이 그녀에게 나타나 잉글랜드 사람들의 손에서 프랑스를 구하고 세자가 왕위에 오르도록 안내하라는 명령을 내렸다.

열일곱 되던 1429년에 그녀는 세자의 가까운 신하를 만나 설득할 수 있었고, 그의 안내를 받아 시농Chinon으로 가서 마침내 세자를 알

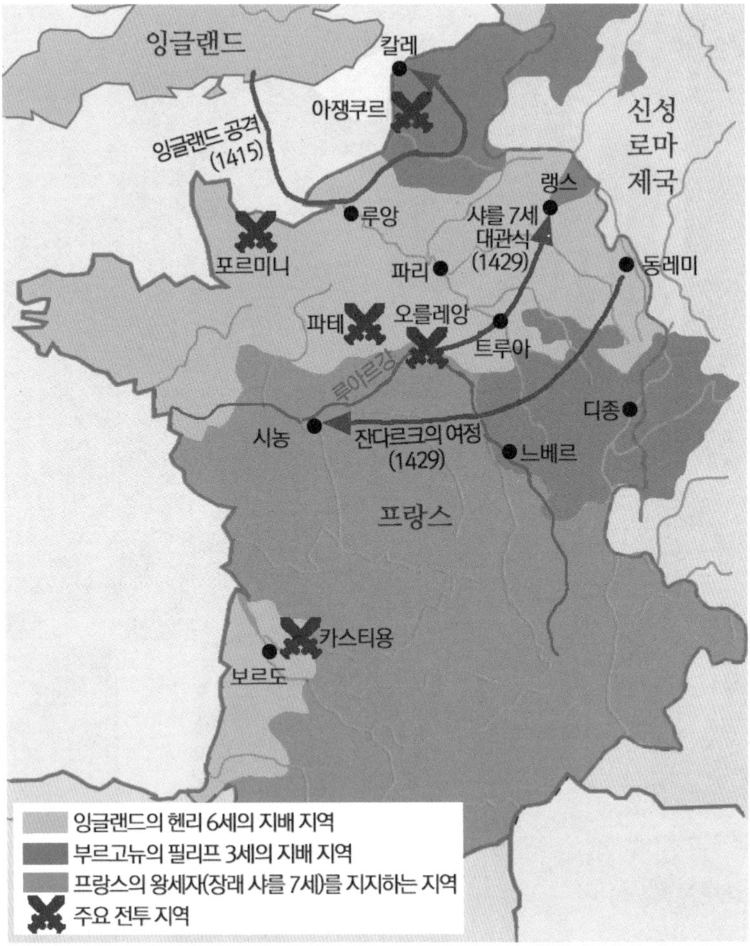

잔 다르크가 활동한 당시의 프랑스와 잉글랜드. 잔 다르크는 1429년 샤를 세자를 만나(동레미→시농) 오를레앙을 지키고 세자가 왕위에 오르도록 돕는다(오를레앙→랭스).

현할 수 있었다. 지도에서 그녀가 북부 프랑스(동레미)에서 중부 시농까지 번실을 간 것을 볼 수 있다. 세자를 만난 소녀는 자기가 이렇게 불확실한 상황에서 프랑스를 구하라는 하늘의 명을 받고 왔으며, 세자는 랭스Reims에서 프랑스 왕으로 즉위할 것이라고 확인해 주었다. 당시

프랑스를 위기에서 구한 잔 다르크가 샤를 7세의 대관식에서 승리의 깃발을 들고 서있다. 장 오귀스트 도미니크 앵그르Jean Auguste Dominique Ingres, <샤를 7세 대관식에 참석한 잔 다르크Jeanne d'Arc au sacre du roi Charles VII, dans la cathédrale de Reims>, 1854년, 파리, 루브르 박물관Musée du Louvre.

샤를 왕세자가 잔 다르크의 도움을 받아 왕위에 오르는 대관식을 치른 랭스 대성당(1211~1345년 건축). 이 성당 정면부는 고딕 양식을 대표한다. 원래 '고딕'은 게르만 고트족에서 유래한 말로 '야만적'이라는 뜻을 포함하고 있다. 하지만 게르만이 주인공으로 등장한 중세 유럽은 1000년 이후로 차츰 오늘날 유럽의 윤곽을 드러내면서 이렇듯 놀라운 건물을 남겼다. 누구도 '야만적' 양식이라 부를 수 없는 숭고한 모습이다. 기술이 허용하는 한 위로, 하늘로 향하려는 열망이 잘 드러나 있다.

랭스는 잉글랜드에 점령당한 상태였다. 그녀가 어떻게 그를 설득했는지 정확한 것은 알려져 있지 않다. 다만 세자와 함께 방으로 들어가 그곳에서 자신의 환상 하나를 그도 볼 수 있게 해주었다는 것만 알려져 있다.

이어서 그녀는 푸아티에Poitiers에서 3주에 걸쳐 성직자와 고위직 인사들의 신뢰성 검사를 통과하고, 시녀들이 수행한 처녀성 검사도 통과했다. 추밀원(왕의 자문기관)은 그녀를 무장시키고 전투 경험 많은 기사 몇 명에게 그녀를 수행하도록 했다. 소규모 부대를 거느린 그녀가 수행할 첫 과제는 오를레앙까지의 보급로를 확보하는 일이었다. 1429년 4월 29일에 잔 다르크가 이끄는 일행은 포위된 도시에 무사히 도착했다. 포위되어 있던 오를레앙 군대는 그녀의 성공에 고무되어 성 밖으로 출격하자는 그녀의 의견을 받아들였다.

5월 7일에 말 탄 잔 다르크를 선두로 프랑스 군대는 성 밖으로 출격했다. 전투 중에 그녀는 화살에 맞고 말에서 떨어졌는데도 전쟁터에 그대로 머물렀다. 그런 그녀를 보며 사기가 오른 프랑스군은 용감하게 싸웠다. 성을 접수할 전망이 없음을 깨달은 잉글랜드군은 이튿날 퇴각했다. 오늘날에도 오를레앙에서는 5월 8일을 해방일로 경축한다. 곧이어 같은 해에 잔 다르크의 영향 아래서 루아르강 이남의 여러 성들에서도 잉글랜드 사람들이 쫓겨났다.

프랑스군은 잉글랜드군을 뒤따라 북으로 올라가서 랭스를 되찾고, 같은 해 7월 17일에 왕세자는 잔 다르크의 예언대로 랭스 대성당Cathédrale Notre-Dame de Reims에서 샤를 7세라는 이름으로 대관식을 거행했다. 잔 다르크는 제단 옆에 승리의 깃발을 들고 서있었다. 이때가 그녀가 얻은 영광의 절정이었다.

잔 다르크의 죽음

그녀는 서둘러 파리를 탈환하고 잉글랜드 군대를 프랑스 땅에서 완전히 몰아내자고 거듭 주장했지만 왕은 이제 그녀의 말을 듣지 않았다. 그녀가 자기보다 인기가 훨씬 높은 것을 보고 질투가 났던 것이다. 몇 가지 전략적인 실책들을 범한 다음에야 그녀의 요청이 받아들여졌다. 그해 9월 파리를 해방하려는 그녀의 노력은 실패로 돌아갔고, 그러자 기다렸다는 듯 샤를 7세는 그녀에게 등을 돌렸다. 왕은 평화협상을 주장하면서 군대 일부를 해산했고, 잉글랜드 군대를 대륙에서 쫓아내려는 그녀의 시도를 후원하지 않았다.

배신당한 잔 다르크는 1430년에 콩피에뉴 전투에서 잉글랜드의 동맹군인 부르고뉴군에 붙잡혔다. 거듭된 탈출 시도는 실패로 돌아가고 그녀는 그대로 갇혀 있었다. 부르고뉴 공작 필리프 3세는 잉글랜드의 섭정 베드퍼드 공작에게서 프랑스 포로 1만 명을 돌려받는 대가로 그녀를 잉글랜드에 내주었다. 잉글랜드군을 물리친 잔 다르크는 이렇게 해서 원수의 손에 떨어졌다.

그녀는 잉글랜드가 지배하는 성의 탑에 다섯 달 동안 갇힌 채 주교들이 진행한 종교재판에서 "미신과 오류와 신을 향한 다른 범죄들"을 저질렀다는 판결을 받았다. 1431년에 파문을 당하고, 모든 고발들에 대해 유죄판결이 내려져서 종신형을 선고받았다. 마녀, 이단, 우상숭배라는 온갖 죄를 다 뒤집어썼다. 뒤이어 벌어진 2차 종교재판에서도 그녀는 다시 이단 판정을 받은 끝에 1431년 5월에 루앙의 시장에서 화형에 처해졌다. 사후에 추종자들이 그녀를 순교자로 여겨 숭배할 성유물이 나올까봐 불에 타고 남은 재는 센강에 뿌려졌다.

그런데도 그녀가 순교자로 죽었다는 평판이 나돌면서 프랑스 왕의 세력이 강해졌다. 그러자 부르고뉴 사람들은 잉글랜드에 등을 돌리고 프랑스 왕과 평화를 맺었다. 프랑스 왕과 부르고뉴가 힘을 합쳐 대항하

자 잉글랜드 사람들은 시간을 두고 모두 쫓겨났고, 1453년에 백년전쟁은 프랑스의 승리로 끝났다.

잔 다르크는 1909년에 복자福者가 되고 1920년에는 성인으로 선포되었다. 프랑스의 수호성인이며, 루앙과 오를레앙의 수호성인, 또한 전보와 라디오의 수호성인이기도 하다.

백년전쟁에서 프랑스를 승리로 이끈 잔 다르크는 고국의 배신으로 적군에게 넘겨졌다. 두 차례의 종교재판 끝에 마녀이자 이단이라는 판결을 받아 루앙의 시장에서 화형당했다. 오늘날에는 프랑스의 수호성인으로 추앙되고 있다. 헤르만 슈틸케Hermann Stilke, <잔 다르크의 죽음Tod des Mädchens Jeanne d'Arc>, 1843년, 상트페테부르크, 예르미타시 미술관.

31

무역의 발전과 유럽의 팽창

무역의 발전

중세 시대에 순례자들은 알프스 이북에서 로마까지 부지런히 오갔다. 이런 순례자들의 길은 상업도로이기도 했다. 북부 유럽에서 알프스산맥을 넘어가는 여러 통로들이 계속 개척되고 개발되었다. 베네치아와 제노바 상인들은 지중해 무역을 통해 가져온 물품을 알프스 이북으로 운반하면 많은 이익을 남길 수 있었으므로 마차가 통과할 수 있는 길들을 닦았다. 이탈리아 상인들이 아랍 상인들과 교역한 물품들은 여러 고개들을 통해 알프스 이북으로 넘어갔다. 또한 독일의 금속제품과 헝가리 평원의 육류 등이 남쪽으로 내려갔다.

13세기 말에 제노바 사람들은 지중해에서 지브롤터해협을 거쳐 멀리 북해까지 이르는 새로운 해상 무역로를 개척했고, 베네치아 사람들도 곧바로 이것을 따라 했다. 이 통로는 포르투갈의 리스본을 거쳐 오늘날 벨기에의 브뤼헤로 이어졌다. 브뤼헤는 다시 북쪽 발트해 연안을 중심으로 하는 한자Hansa동맹 도시들과 연결되었으니, 이탈리아에서 북부 발트해까지 해상 수송로를 통해 수많은 물품을 운반할 수 있게

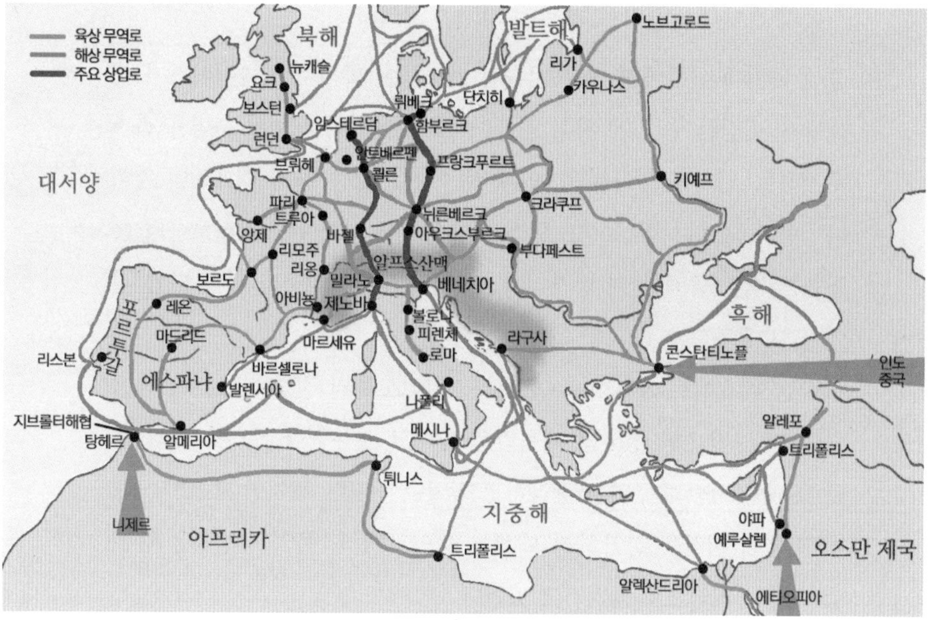

중세 말기의 주요 무역도시들. 해상 공화국인 제노바와 베네치아가 유럽 대륙을 관통하는 주요 상업로의 출발지였고, 이들이 해상 무역로도 개척했다.

되었다. 유럽 내륙에 있던 무역 중심지들은 차츰 쇠퇴하고 대서양 연안의 도시들이 무역에서 점점 더 중요해졌다.

이 시기에 두 가지 기술적인 발전이 이루어졌다. 한편으로는 나침반을 이용해서 먼 바다에서 오랜 기간 항해가 가능하게 되었다. 나침반은 11세기 중국에서 맨 처음 사용한 것으로 알려져 있다. 그 후 아랍을 거쳐 유럽에 소개되었으며, 이어서 유럽에서 더욱 개선되었다. 또 다른 하나는 제노바 상인들이 대형 선박을 건조할 수 있게 된 것이었다. 이 선박들은 당시의 가벼운 사치품들(후추, 향신료, 비단, 모직물)뿐 아니라 무겁고 부피가 큰 물품들(소금, 명반, 기름, 포도주, 생선, 양모, 목재, 금속)까지도 수송할 수 있었다.

지중해에서 대서양으로, 새로운 시대가 열리다

중세 말기에 이루어진 작은 기술적 차이들이 합쳐져서 콜럼버스가 신대륙을 발견할 수 있게 하고 또 그 이후로 유럽이 세계의 운명을 좌지우지하는 위치에 올라설 수 있게 해주었다. 그중 가장 대표적인 것이 나침반과 대포와 범선이다. 오스만 제국의 황제가 콘스탄티노플의 튼튼한 성벽을 공격할 때 헝가리의 대포 기술자를 고용한 것을 다음 장에서 보게 된다.

술탄 메흐메트 2세Mehmet II가 콘스탄티노플의 점령에 그토록 공을 들인 것은 단순한 정복욕 때문만은 아니고 실용적인 목적도 컸다. 바로 흑해와 지중해 무역을 장악하고 싶었던 것이다. 하지만 오스만 제국이 지중해 지역을 장악하려 애쓰는 동안 유럽의 무역 중심지들은 차츰 대서양 지역으로 옮겨가고 있었다.

동양에서 오는 물품은 페르시아만에서 육로로 아랍 세계를 통과한 다음 다시 지중해를 거쳐 유럽에 도달하게 된다. 장화 모양 이탈리아의 북쪽, 양쪽 꼭대기에 위치한 두 나라 베네치아와 제노바는 예로부터

독일의 국적 항공사 루프트한자Lufthansa

한자동맹이란 중세 후기에 북해와 발트해 연안의 도시들이 상업상의 목적에서 결성한 도시 동맹을 가리킨다. 한자란 원래 상인조합을 뜻했다. 뤼베크, 쾰른, 함부르크 등의 도시가 중심이 된 이 동맹은 15세기까지 북유럽 무역을 거의 장악했다. 오늘날 독일 국적 항공사 루프트한자에도 바로 이 '한자Hansa'라는 낱말이 들어가 있다. 영어로 치면 'Air Hansa' 정도가 될 것이다.

지중해에서 십자군과 물품을 동서로 운반했고, 또한 동양과 서양을 오가는 지중해 무역을 통해 많은 부를 축적했다. 무역 상인들이 주축을 이룬 이 두 해상 공화국은 오랜 시간 서로 지독한 경쟁과 이권 다툼을 계속했다. 프랑스와 에스파냐는 직접 지중해에 맞닿은 항구들을 가졌지만 그렇지 못한 북유럽 국가들, 즉 신성로마 제국의 내륙 도시들은 주로 베네치아에서 많은 물품을 수입하지 않을 수 없었다. 이런 물품은 알프스산맥을 넘는 고단한 육로를 거쳐 북부로 올라가서 다시 물길을 타고 여러 지역으로 운반되었다.

중세에 번영을 누린 독일(신성로마 제국)의 아우크스부르크와 뉘른베르크 등은 이런 무역 요충지에 자리 잡은 도시들이었다. 중세 유럽에서 지중해 무역이 얼마나 중요했는지를 알려주는 지표의 하나다.

하지만 15세기가 되면서 새로운 기술로 범선과 나침반을 개선한 유럽인들은 더는 과거의 무역로에 의존하지 않는 새로운 방법을 찾아냈다. 비싼 운송료를 감당해야 하는 육로 대신 해상 수송로를 찾아낸 것이다. 거대한 범선은 거의 모든 물품을 바닷길로 운반할 수 있게 해주었다. 대부분의 유럽인들은 이제 지중해에서 지브롤터를 거쳐 북쪽으로 올라가는 방법을 이용하게 되었다.

중세 시대 아우크스부르크에 근거를 두고 있던 푸거Fugger 가문은 오늘날 추산으로 역사상 가장 큰 부를 축적했다고 여겨진다.* 이 가문은 막대한 자금을 동원하여 막스밀리안 1세와 카를 5세 등 신성로마 제국 황제들이 황위를 확보하도록 도움을 주기도 했거니와, 15~16세기에 유럽 전역을 통틀어 엄청난 부와 권력을 휘둘렀다. 이런 푸거 가문

* https://www.welt.de/wirtschaft/article155974825/So-wurde-Fugger-zum-reichsten-Menschen-der-Geschichte.html

도 아우크스부르크에서 대서양 연안의 안트베르펜으로 본거지를 옮겼다. 바야흐로 대서양 시대가 열리고 있었다.

오스만 제국의 눈길은 지중해에 붙잡혀 있었다. 유럽인이 생산한 거대한 대포를 갖추었지만 근본적으로 중세의 안목과 중세의 기술을 지녔다. 새로운 기술로 무장한 유럽인들은 15세기 중반에 활판인쇄술을 발명하고, 1492년에 콜럼버스(제노바 출신)가 신대륙을 발견하면서 지중해를 거치지 않고 지구를 한 바퀴 돌아 동쪽으로 향하게 되었다. 포르투갈은 아프리카 해안을 따라 남하하여 동쪽으로 가는 방법을 찾아냈다.

지중해 무역로를 이용한 동서 무역은 중간에 아랍 지역을 육로로 통과해야 하는 탓에 운송비가 커지고 효율성은 떨어졌다. 15세기 말에 유럽 세계는 육로를 거치지 않는 바닷길로 세계 무역을 장악하는 단계로 넘어가고 있었다.

32

콘스탄티노플이 함락당하고 비잔틴 제국이 저물다

4차 십자군 전쟁 때 같은 기독교도들에게 유린되어 결정적으로 세력을 잃은 비잔틴 제국은 그 뒤로 유럽과 아시아 양측의 공격을 받으며 점점 더 쪼그라들어서 마지막에는 달랑 도시 하나만 남았다. 수도인 콘스탄티노플만 남아 적들에 둘러싸인 것이다. 이 마지막 남은 도시 콘스탄티노플이 1453년에 오스만 제국의 술탄(=황제) 메흐메트 2세에게 정복되면서 비잔틴 제국은 최후를 맞이했다.

슈테판 츠바이크Stefan Zweig는 『광기와 우연의 역사』에서 비잔틴 제국의 최후 이야기를 흥미진진하게 들려준다. 지도를 옆에 두고 읽으면 정말로 재미있는 이야기다. 잠시 들어보자.

츠바이크가 들려주는 동로마 제국의 최후 순간

옛날에 거대한 영토를 자랑하던 비잔틴(동로마) 제국은 무너지기 직전에는 유럽 대륙의 끝에 붙어있는 수도 콘스탄티노플이라는 도시 하나로만 존재했다. 몸통은 잃어버리고 머리만 남은 꼴이었다.

유럽의 맨 끝에 붙은 황금곶Golden Horn을 사이에 두고 콘스탄티노플과 갈라타 지역(합쳐서 콘스탄티노플)이 보스포루스해협 저편의 아시아대륙과 마주보고 있다. 콘스탄티노플과 갈라타를 갈라놓고 있는 황금곶의 입구에는 육중한 쇠사슬 관문이 처져서 이 사슬 관문을 열어주지 않으면 어떤 배도 황금곶 해역으로 들어올 수 없었다. 콘스탄티노플은 전통적으로 이중삼중의 막강한 방어벽을 자랑하는 도시였다. 다만 황금곶을 바라보는 성벽만은 상대적으로 허술한 편이었다. 그야 우리 편끼리 마주보고 있는 해역이니까.

오스만 제국의 술탄이 된 야심만만한 젊은 메흐메트(메흐메트 2세)는 비잔틴 제국에서 마지막으로 남은 도시 콘스탄티노플을 완전히 포위했다. 해군과 육군이 황금곶 지역만 빼고는 거대한 성벽도시를 완전히 둘러싼 것이다. 술탄은 콘스탄티노플 성벽을 공략하기 위해 헝가리 출신 대포 기술자(우르반이라는 이름)를 고용했다. 이 기술자가 특별히 술탄을 위해 만든 엄청난 파괴력을 가진 돌 대포로 무장하고 매일같이 콘스탄티노플 성벽에 타격을 가했다. 하지만 돌 성벽은 매우 튼튼해서 잘 부서지지도 않았고, 밤이면 방어자들이 나와서 부서진 곳을 보수하곤 했다. 바깥 성벽 안쪽에 다시 제2, 제3의 다른 성벽들이 있어서 이런 보수 작업이 가능했다.

비잔틴 제국의 황제는 육로와 해로가 이렇게 모두 막혀 있는 상황에서도 마지막 힘을 다하여 서방의 교황과 황제, 베네치아 등지에 구조 요청을 보냈다. 하지만 그쪽은 그쪽대로 바빠서 콘스탄티노플이 함락 위기를 맞고 있는데도 아무런 조치도 취하지 않았다. 단 한 번 제노바에서 거대한 범선인 갤리온 네 척이 적군 함대를 뚫고 콘스탄티노플까지 들어온 적이 있었다. 세 척에는 병사들이, 한 척에는 식량이 실려 있었다. 하지만 서방에서 온 원군이라곤 그게 전부였다.

원군이 없다면 콘스탄티노플(유럽)은 적군의 장기적인 포위를 견디

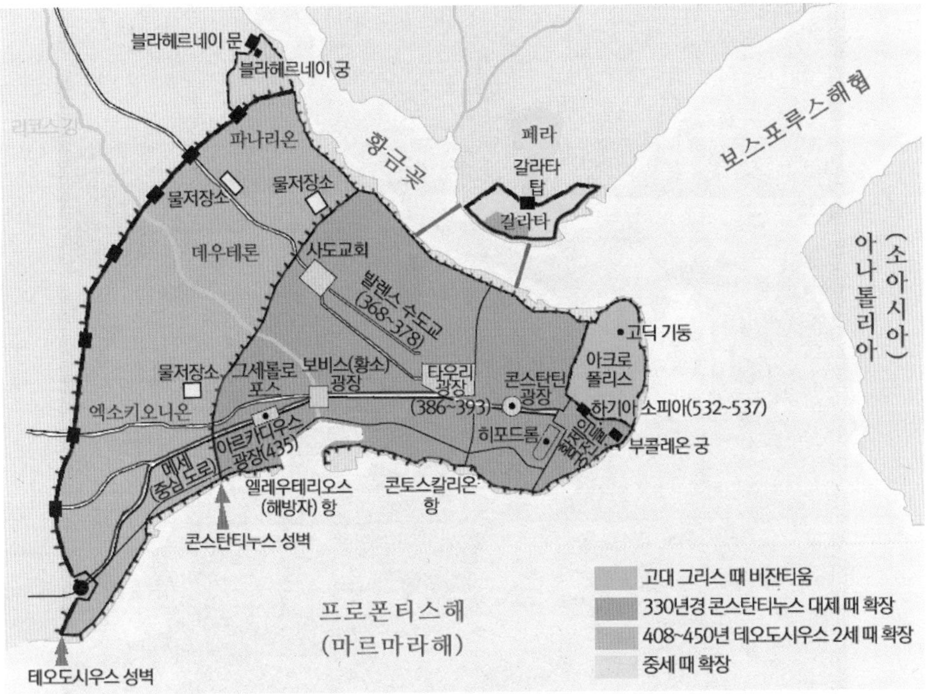

콘스탄티노플(330년 이전에는 비잔티움) 지도. 이 도시는 방어벽이 이중삼중으로 처져 있던 막강한 성벽도시였다.

고 살아날 길이 없었다. 특히 식량이 문제였다. 그런데도 종교와 인종이 전혀 다른 적군(아시아)에게 쉽사리 항복할 수는 없었으니 끝까지 싸우는 도리밖에 없었다. 성과도 없는 공격을 매일 반복하는 포위군도 지치기는 마찬가지였다. 이런 상황에서 두 가지 사건이 전쟁의 경과를 더욱 빨라지게 만들었다.

첫째는 전략가 메흐메트의 위대한 전술을 보여주는 사건이다. 그는 황금곶에 면한 콘스탄티노플의 방어벽이 상대적으로 취약하다는 사실을 알고 있었다. 황금곶 안으로는 적군이 들어올 수 없으니 방어군은 그곳의 방어가 상대적으로 쉬웠다. 반면 메흐메트로서는 황금곶을

오스만 제국의 메흐메트 2세 군대가 콘스탄티노플을 포위한 장면. 그림 위쪽의 보스포루스해협에는 함대가 떠있고 아래쪽 육지에서는 육군이 도시를 포위하고 있다. 그림 왼쪽 중간에는 갈라타 지역을 우회하여 함대가 산으로 운반되어 황금곶으로 들어오는 모습이 보인다. 장 르 타베르니에Jean Le Tavernier, <1453년 콘스탄티노플 공성전Le siège de Constantinople en 1453>, 1455년, 파리, 프랑스 국립도서관Bibliothèque nationale de France.

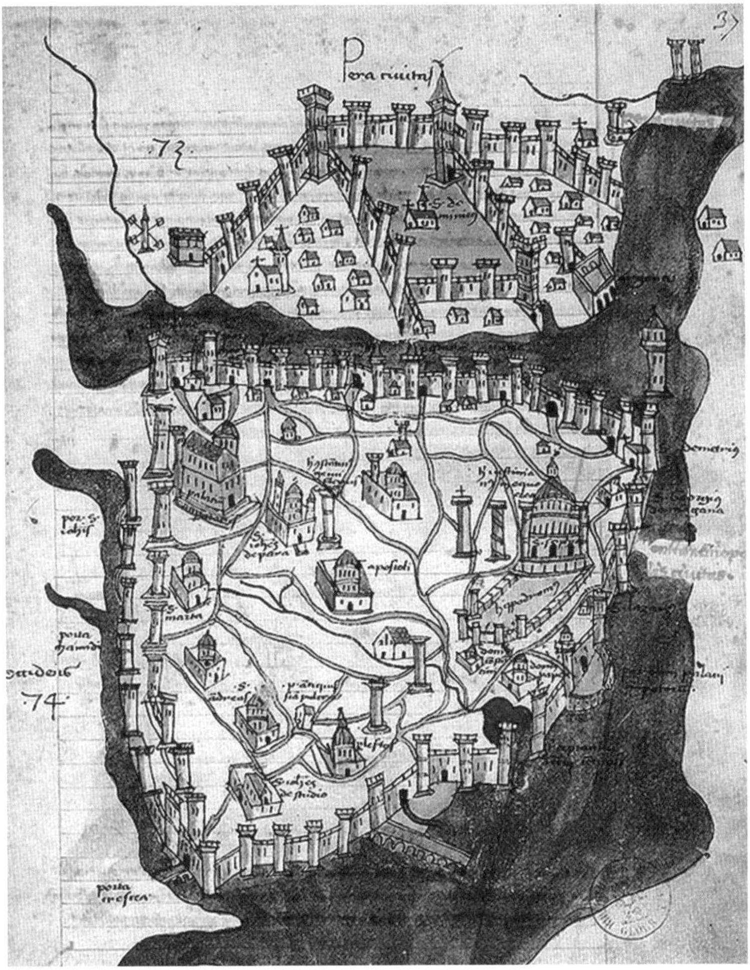

1420년경의 콘스탄티노플. 크리스토폴로 부온델몬티Cristoforo Buondelmonti, <콘스탄티노플 지도Map of Constantinople>, 1422년.

장악하지 않고는 도시를 완전히 포위했다고 할 수 없는 처지였다.

메흐메트는 인간의 상상을 뛰어넘는 발상을 실천에 옮겼다. 하룻밤 사이에 갈라타 성벽을 우회하는 길을 냈다. 땅을 단단히 다지면서 동시에 목재 레일을 설치하고는, 배들을 레일 위에 올려놓고 소의 힘으로

다르다넬스 대포Dardanelles Gun. 1453년 콘스탄티노플을 점령한 오스만군이 사용한 우르반Urban 대포에 근거해서 1464년에 제조된 것. 리즈Leeds, 왕립 무기고 박물관The Royal Armouries.

끌고 사람 힘으로 밀어서 황금곶 안으로 배들을 운반했다. 배가 육지를 넘어간 엄청난 작전이었다. 다음날 방어자들은 적선들이 갑자기 황금곶 안에 들어와 있는 것을 발견하고는 그야말로 혼비백산했다. 황금곶을 가로막던 쇠사슬은 이제 아무짝에도 쓸모없는 것이 되었다.

방어군 입장에서 보면 이것은 이미 부족하던 병사를 다시 나누어서 이쪽 성벽에도 군대를 배치해야만 하는 일이었다. 메흐메트 입장에서 이는 적의 전력을 극도로 혼란케 하고 또한 약화시킨 작전이었다. 방어군은 매일 더욱 심하게 피로가 누적되었다.

또 다른 일은 방어군 측의 사소한 실수로 인해 벌어진 참혹한 사건이었다. 메흐메트는 오랜 공격이 결정적인 성과를 거두지는 못했어도 적군을 서서히 약화시킨 것을 확인하고 마침내 총공격 명령을 내렸다.

15세기에 전쟁에서 사용되던 투석기trebuchet. 성 안으로 대포를 쏘아 보내기 위한 기계다. 미헬 로트빌러Michel Rotwyler, 코펜하겐, 덴마크 왕립도서관Royal Danish Library.

10만 대군이 무기와 사다리, 밧줄과 갈고리를 들고 성벽으로 덤벼들었다. 지친 방어군도 결사 항전을 위해 처절하게 마지막 준비를 했다. 술탄의 친위대인 정예군 '예니체리'까지 동원되어 공격은 그야말로 치열했다.

공격이 한창 벌어지고 있을 때 공격 지점에서 멀지 않은 곳, 외벽의 갈라진 틈 한곳을 통해 몇몇 오스만 병사들이 성벽 안으로 들어갔다.

안에서는 다시 두 번째 성벽이 그들을 가로막았다. 이리저리 살펴보던 병사들은 우연히 안쪽 성벽의 암문暗門 하나가 잠기지 않은 것을 발견했다. 이것은 성벽의 대문들이 잠긴 시각에 보행자들이 드나들기 위한 문인데, 지난밤의 흥분 상태에서 누군가가 이 문을 안쪽에서 걸어 잠그는 것을 잊었던 것이다. 오스만 병사들이 문을 슬쩍 밀자 문은 스르르 열렸다.

그들은 재빨리 지원부대를 요청하고는 대포로도 뚫지 못하던 성벽을 걸어서 도시 안으로 들어갔다. 성벽 바깥의 적군을 열성적으로 막고 있던 방어군은 자기들 뒤에서 갑자기 적군이 나타난 것을 보았고, 누군가 놀라서 외쳤다.

"도시가 함락되었다!"

공격군은 기뻐하며 이 말을 따라 외쳤다.

"도시가 함락되었다!"

이 외침과 더불어 방어군은 일시에 기력을 잃고 도시는 그야말로 힘없이 함락되었다. 1천 년 이상의 번영을 누린 동로마 제국은 이렇게 무너졌다. 오랜 세월 로마 제국의 수도이던 찬란한 황제 도시가 유린되면서 수많은 인명이 살상되었다. 도시를 정복한 술탄 메흐메트가 콘스탄티노플의 황제 교회인 하기아 소피아를 알라신께 봉헌하면서 오랜 역사를 지닌 기독교 교회가 이제는 이슬람교 신전으로 바뀌었다.

33

르네상스의 시작*

콘스탄티노플이 함락되기 한참 전부터 이탈리아에서는 고대를 향한 동경이 깨어나고 있었다. 사람들의 생각과 시야가 중세의 전형적인 생각과 종교적 틀에서 차츰 벗어나는 중이었다. 기독교가 여전히 사유의 중심에 있기는 했지만, 사람들의 눈길은 종교가 아닌 다른 것들로 향하기 시작했다. 중세의 끝자락에 이탈리아 사람들이 이런 변화의 선두에 섰다.

새로운 언어

중세 시대 내내 라틴어가 유럽에서 지식인 계층의 공용어였다. 유럽 전 지역에서 지식인들은 라틴어를 읽고 쓸 줄 알았다. 다만 게르만 사람들은 각 지역마다 제각기 사용하는 언어가 있었고(게르만어), 고대 로마

* 이 장과 다음 장은 필자가 번역한 야코프 부르크하르트의 책 『이탈리아 르네상스의 문화』(1869)에서 주요 부분을 압축하고 거기에 필자가 일부 내용을 더욱 보강한 것이다. 그의 또 다른 저술 『세계 역사의 관찰』은 우리 책 전체의 서술을 안내하는 소중한 기반이다.

제국에 속했던 지역(오늘날의 이탈리아, 프랑스, 에스파냐, 포르투갈, 루마니아 등지)의 사람들은 로마 제국의 언어인 라틴어에서 파생된 사투리(로망스어)를 썼다. 이는 고대 로마 제국의 중심지이던 이탈리아도 마찬가지였기에 지식인들이 쓰는 글말은 라틴어이지만 일상에서 사람들이 쓰는 입말이 따로 있었다.

시인 알리기에리 단테Alighieri Dante(1265~1321)는 자신의 대표 작품인 『신곡La Divina Commedia』(1308~1321)을 라틴어가 아닌 토스카나 지방 사투리로 썼다. 이것이 이탈리아 국어가 시작된 지점이다. 단테가 죽은 다음 그가 쓴 토스카나 사투리를 토대로 이탈리아어가 차츰 정비되었다. 프란체스코 페트라르카Francesco Petrarca(1304~1374)가 그의 뒤를 이어 이탈리아어로 된 복잡한 소네트 형식을 정리했고, 뒤이어 보카치오(1313~1375)가 르네상스 시대의 가장 중요한 작품인 『데카메론』을 역시 생생한 입말로 썼다.

이탈리아어는 시작 지점에서 이런 엄청난 작가들의 위대한 작품들을 배출했다. 그들이 지나가고 난 뒤에도 여전히 라틴어 작품도 많이 쓰였지만, 그러나 차츰 살아있는 현대어가 라틴어를 대체했다. 이탈리아의 중요한 저술들 대부분이 이탈리아어로 쓰이고, 또한 이 작품들이 후세에 살아남았다. 예컨대 뒷날 갈릴레오 갈릴레이(1564~1642)는 이탈리아어로 글을 썼는데, 그의 글은 알프스 이북 여러 나라로 전파되기 위해 라틴어로 번역되어야 했다.

사람의 생각을 전달하고 기록하는 언어가 바뀌었다는 것은 물론 사람들의 관점의 변화를 전제로 하는 것이지만, 동시에 새로운 언어는 다시 사람들의 생각을 바꾸었다. 르네상스의 시작 지점에 이탈리아 국어가 등장한다는 이 중대한 현상에서 우리는 언어란 무엇이며, 국어란 무엇인가에 대해서 깊이 사색할 필요가 있다. 그 유명한 이름, 단테의 『신곡』은 바로 이탈리아어를 시작한 걸작의 이름인 것이다.

‘문화’의 여러 요소들: 『세계 역사의 관찰』에서

야코프 부르크하르트는 문화란 “국가와 종교에 대한 비판이며, 국가와 종교에서 형식과 내용이 일치하지 않는 시간을 보여주는 시계”라고 말한다. 또한 “부활의 능력”이야말로 고급문화의 특성이란다.

그가 꼽는 문화의 요소들에서 맨 앞에 ① 언어가 나타난다. 그는 언어를 “정신의 기적”이라 부른다. 따라서 언어를 매체로 삼는 문학작품이 문화에서 맨 먼저 관찰되는 것은 당연한 일이다. 또한 위대한 문화에서는 문학의 성과가 다른 예술적 성과보다 먼저 나타난다고 한다. 이탈리아 르네상스에서도 대략 50년 정도 문학이 앞서 나타난다.

그다음으로 ② 예술이 온다. 시와 음악, 그리고 미술의 세 분야(건축, 조각, 회화)는 전혀 차이가 없이 중요하다. 이어서 학문도 중요한 문화의 요소이며 철학은 존재하는 것의 영원한 법칙들을 밝혀 보이려 한다.

또한 강력한 개인들이 등장해서 각 시대나 각 민족이 하나로 합류할 방향을 내놓는다. 이렇게 나타난 개별적인 문화들은 흥미롭게도 ③ 무역을 통해 서로 만나고 교류하면서 영향을 주고받는다. 다시 말해 개별적으로 나타난 영역이나 정신들이 서로 만나는 방식이 바로 무역이다. 단순한 교환을 뜻하는 것이 아니다. 문화사에는 민족과 민족, 영역과 영역, 정신과 정신의 만남이 자석처럼 서로를 이끌어가고, 운명적인 접근이 된 수많은 예들이 있다.

④ 정신적 교환 또는 교류의 장소들, 곧 고대 그리스의 아테네나 르네상스 시대의 피렌체 같은 곳도 또한 문화의 요소다. 이것은 오늘날(그의 시대인 19세기) 대도시에서의 ‘수많은 교육 기회’를 뜻하는 것이 아니다. 이런 교육 기회들은 주로 중간급 인재를 양성하기 위한 것이다. 반면에 아테네나 피렌체 같은 위대한 정신적 교류의 장소들은 “천재가 천재를 부르는” 장소들이었다.

마지막으로 ⑤ 사교(만남과 교유). 사교는 설사 계급 제도가 유지되는 경우라도 가장 높은 정신적 활동부터 가장 하찮은 기술적 활동에 이르기까지 문화의 모든 요소들이 서로 접촉할 수 있게 만든다. 이런 접촉들은 수천 가지가 서로 뒤얽힌 고리를 이루는데, 이런 고리가 단 하나의 전기적 충격을 가하고 그러면 모두가 제각기 자극을 받는다. 정신과 영혼의 영역에서 중요한 혁신 하나가 전혀 새로운 눈길을 만든다. 특히 높은 사교는 예술을 위해 꼭 필요한 장을 마련해 준다. 예술이 사교에 매달려서는 안 되지만, 예술은 고귀한 사교에서 비로소 올바른 소통의 척도를 얻는다.

달라진 눈길로 고대를 바라보다

새로운 관점과 더불어 새로운 언어가 나타나고 받아들여졌다는 사실에서 우리는 사람들의 생각이 이미 변화하기 시작했음을 알 수 있다. 이탈리아, 특히 고대 로마 공화국과 제국의 수도였던 로마에는 고대 유적들이 많이 남아있었다. 그때까지는 이런 고대 유적지들이 보호를 받거나 특별히 소중하게 여겨지지 않았다. 하지만 14세기 사람들은 이 고대 유적지를 이제부터라도 소중하게 보존하고, 가능하면 발굴하려는 욕구를 갖기 시작했다.

이런 사유의 맨 앞장에 선 인물이 페트라르카다. 그는 섬세한 감수성을 소유했던 듯하다. 자연에 대한 미적 안목을 지니고 풍경과 자연을 즐기면서 그런 즐거움을 글로 남겼거니와, 유적지나 고전 서적에 대해서도 특별한 애착을 느꼈다. 친구인 조반니 콜론나와 함께 로마의 디오클레티아누스 목욕탕의 거대한 아치 위로 올라가서 역사 이야기를 나눈 것을 기록으로 남겼다. 거기서 페트라르카는 고전적인 고대를, 조반니는 기독교적인 고대를 주로 이야기한다. 그리고 철학과 예술의 창안자들에 대한 이야기도 나눈다.

페트라르카는 또한 라틴어나 그리스 고전의 잃어버린 사본들을 찾아보고, 고대의 비명碑銘을 베끼고 고대의 동전을 모을 것을 권유했다. 그 자신도 고전 텍스트를 살 수 없을 경우에는 손수 베끼기도 했다.

그는 이탈리아어로 소네트 형식을 완성한 시인으로서 높은 명성을 얻었지만, 자기 시대에는 아름다운 라틴어 편지글로 유명했다. 당시 교황청이 있던 아비뇽에 머물면서 교황청에서 일했던 그는 라틴어로 교황들과 왕들에게 편지를 써 보냈다. 수신자에게 보내기 위한 것만이 아니라 후세에 남기기 위한 비밀 편지들도 있었다. 또한 여러 글을 통해서 고대에 대한 자신의 사랑을 설교하고 전파했다. 시간이 흐르면서 고대를 향한 그의 이런 사랑은 시대정신이 되었다.

20세기 문명사학자이자 철학자인 윌 듀런트Will Durant는 페트라르카를 '르네상스의 아버지'라 부른다.

인문주의자들Humanists이 등장하다

고대 그리스의 수많은 문헌들(문학, 역사, 철학, 천문학, 의학, 과학 등)은 기원전 3세기에 이집트 알렉산드리아의 도서관에 광범위하게 체계적으로 수집되어 있었다. 또한 중요한 것들은 아마도 콘스탄티노플에도 보존되어 있었을 것이다. 이런 책의 필사본들은 서유럽의 여러 수도원이나 대학들에도 흩어져 있었지만, 모든 고대 서적이 서유럽에 들어와 있지는 않았다. 오늘날 저 유명한 아리스토텔레스의 저작들마저도 모두 전해지지는 않는다.

1400년대 초부터 이탈리아의 시민 계급에서 고대 탐구를 삶의 주요 목표로 삼은 사람들이 나타났다. 이런 사람들 중 일부는 스스로 위대한 학자가 되었고, 일부는 학자들을 후원한 위대한 딜레탕트dilettante가 되었다. 이들이 인문주의자들이다. 인문주의자들은 고대 언어인 그리스어와 라틴어를 공부했다. 페트라르카는 고대를 예찬하기는 했어도 스스로 그리스어 텍스트를 읽을 줄 몰랐는데, 그러면서도 호메로스 작품의 필사본을 소중한 보물처럼 간직했다고 한다.

일부 인문주의자들은 콘스탄티노플이나 그리스에서 공부를 하거나 여행을 했다. 이들은 이탈리아로 돌아올 때 고대 작품의 사본들을 가지고 돌아왔다. 이런 사본들은 귀하게 취급되었으며, 또한 곧바로 필사본들이 만들어졌다. 그런 책들을 보존하기 위해 중요 도시마다 도서관들을 지었고, 인문주의자들은 그리스어 텍스트를 라틴어와 이어서 이탈리아어로 번역했다. 그들은 또한 젊은이들에게 고전 언어를 가르치고 자기들의 지식을 전수했다.

당시 유럽에는 없던 고대 그리스 문헌 상당수가 이 시기에 그리스와 아랍 세계에서 서유럽으로 들어왔다. 또한 유럽 수도원 깊숙이 파묻혀 있던 문헌들도 새롭게 발굴되었다. 그런 일을 위해서는 인문주의자들의 활동이 꼭 필요했으며, 이렇게 돈이 많이 드는 활동을 위해서는 부유한 상인들과 통치자들의 후원도 꼭 필요했다. 피렌체의 메디치 가문 Medici family과 그 밖에 다른 르네상스 통치자들은 인문주의자들의 문헌 발굴과 번역에 대해 후한 보수를 주었다. 인문주의자들은 한동안 호황을 누렸다.

오늘날 우리가 '인문학Humanities'이라 부르는 학문 영역이 이런 인문주의자들의 활동에서 비롯하고 있음을 여기서 알 수 있다. 인문학은 근본적으로 언어, 특히 고전 언어에 바탕을 둔 학문으로서, 고전 언어를 습득하고 또한 그것을 자신의 언어로 번역하는 작업을 기본으로 삼는다. 그러니까 성실한 학습을 통해 위대한 옛사람들의 관점을 깊이 있게 자신의 것으로 소화할 수 있어야 한다. 그런 지식이 축적되면 스스로도 고전 작품에 견줄 만한 작품을 만들어내려고 노력하게 될 것이다. 위대한 문화는 한 사람의 힘으로, 한달음에 이루어지는 것이 아니다.

하지만 이탈리아 르네상스의 인문주의가 그토록 발전할 수 있었던 것은 튼실한 이탈리아어가 등장했다는 점에 힘입은 일이었다. 그러니까 단테의 언어가 얼마나 중요한 것인가! 라틴어를 아주 잘할 줄 알았던 단테와 페트라르카가 고귀한 지식인의 언어인 라틴어가 아닌, 민중의 입말로 위대한 작품들을 쓰기 시작했다는 사실이 문화의 방향에서 얼마나 중요한 일인가! 이탈리아 르네상스가 이룬 엄청난 문화의 힘은 지식인의 글말이 아닌 민중의 입말에 토대를 둔 위대한 문학작품에서 시작되었다. 빛나는 정신들이 위대한 언어의 힘으로 찬란한 시대를 열었던 것이다.

이탈리아 르네상스가 꽃필 수 있도록 학자들과 예술가들을 적극적으로 후원했던 코시모 데 메디치. 폰토르모Pontormo, <코시모 데 메디치의 초상화>, 1518~1520년 사이, 피렌체, 우피치 미술관.

콘스탄티노플이 붕괴되고 일부 그리스 학자들이 이탈리아로 들어왔다. 특히 피렌체의 코시모 데 메디치Cosimo de'Medici(1389~1464)는 이들을 반갑게 맞아들여 너그럽게 대우해 주었다. 피렌체에서 플라톤 아카데미가 잘 돌아갈 수 있었던 데는 이들 그리스 출신 학자들의 활동도 한몫했다. 코시모의 손자 로렌초 일 마니피코Lorenzo il Magnifico(=위대한 로렌초, 로렌초 데 메디치)도 이 아카데미에서 공부했다. 당시 피렌체의 많은 젊은이들이 라틴어와 함께 그리스어를 배워서 그리스 텍스트를 읽을 수 있게 되었다. 오늘날 유럽에 남아있는 고대 그리스어 텍스트들은 이 시기에 유럽으로 들어오거나, 아니면 이미 있더라도 새롭게 발굴된 것들이었다.

고대와의 만남이란 결국은 고대 정신과의 만남을 뜻하는 것이고, 그것은 곧 고대 문헌과의 만남이었다. 이 분야에서 인문주의자들의 활동이 두드러졌다. 15세기 중반 이후로 피렌체에서 메디치 가문이 후원하는 플라톤 아카데미가 번영을 누리면서 이탈리아 르네상스 문화는 전성기로 접어들게 된다.

움베르토 에코의 『장미의 이름』과 아리스토텔레스의 『시학』 「희극론」

아리스토텔레스가 남긴 『시학』 중에서 오로지 「비극론」 부분만 오늘날 전해진다. 원래는 아리스토텔레스가 『시학』에서 희극에 대한 내용도 다루었다고 알려져 있지만 그것은 전해지지 않는다.

중세학자이며 기호학자인 움베르토 에코Umberto Eco가 쓴 저 유명한 범죄소설 『장미의 이름』에서는 아리스토텔레스의 「희극론」이 줄거리의 중심에 자리를 잡고 있다.

작품에 등장하는 베네딕트 수도원의 비밀 서고에는 14세기 초까지 아리스토텔레스의 『시학』 중 「희극론」의 원전 텍스트가 전해지고 있었다(물론 에코가 상상력을 발휘해 가상으로 만든 설정). 아마도 이 세상에 마지막으로 남은 텍스트였을 것이다. 하지만 웃음을 죄악으로 여기는 눈먼 수도사가 아리스토텔레스의 「희극론」이 후세에 전해지는 것을 막기 위해서, 그러니까 죄악인 웃음을 세상에서 없애기 위해서 온갖 끔찍한 범죄를 저지른다는 것이 소설의 핵심 내용이다. 이 혼란의 와중에 마지막 남은 아리스토텔레스의 「희극론」 텍스트가 불에 타버렸고, 그런 탓에 매우 아쉽게도 이 텍스트가 후세에 전해지지 않는다는 설정이다. 신의 이름으로 웃음을 미워하는 자는 악마의 얼굴을 하고 이 흥미진진하고 섬뜩한 중세 배경의 소설에 등장한다.

34

고대가 부활하고 현대적 개인이 등장하다

고대의 모방, 뒤이은 새로운 창작

14세기가 되면서 고대 그리스와 로마의 이교 시대 문헌과 유적이 이탈리아 사람들의 눈길과 생각을 사로잡기 시작했다. 이탈리아는 고대 로마의 유적들이 남아있는 곳인 만큼 중세의 야만성이 중단되자마자, 벌써 사람들의 의식 속에 고대를 찬미하고 흉내 내려는 의지가 나타났다.

유럽인들의 의식이 신비와 환상을 좇는 중세 방식의 사유에서 벗어나 현실적이고 냉철한 인식으로 넘어가는 과정에서 고대 세계의 정신이 일종의 안내자로 등장했다. 사람들은 감사와 경탄의 마음으로 고대에서 사유의 형식과 소재를 받아들였으며 그것이 한동안 교양의 주요 내용이 되었다. 하지만 이탈리아 사람들은 고대의 안내를 받으며 찬란한 고대 문화를 수집하고 모방하는 것에 그치지 않고, 머지않아 그것을 참조하여 자기들의 현대적인 문화를 새로 만들어내기 시작했다. 이것이 바로 고대의 재탄생, 진정한 의미에서의 르네상스Renaissance다.

이탈리아 르네상스의 모든 과정은 대략 250년 정도에 걸쳐서 진행되었다. 먼저 14세기에 문학과 미술에서, 그리고 나머지 정신적 영역에서도 각성 같은 것이 일어나면서 사람들의 자의식이 깨어났다. 맨 앞장에 선 사람이 단테(1302년 피렌체에서 추방됨)이고, 그 뒤를 따라 페트라르카와 보카치오 같은 문인들이 등장했다. 마치 번개가 내리친 것처럼 언어예술 분야에서 연속적으로 새로운 사유를 지닌 천재들이 나타나기 시작한 것이다.

그보다 약간 뒤처져서 미술 분야에서도 새로운 눈길을 지닌 사람들이 등장했다. 조토Giotto di Bondone에 이어 겨우 28살에 요절한 젊디젊은 마사초Masaccio 등의 화가들이었다. 이들이 최초의 각성과 더불어 르네상스 문학과 미술의 맨 앞장에 서는 사람들이다. 하지만 아무리 특별한 각성이 나타났다 해도 본격적인 후속타가 없다면 우수한 개인들의 업적으로 끝나고 하나의 거대한 정신적·문화적 시대가 만들어질 수는 없었을 것이다.

15세기가 되면서 피렌체의 상인들이 도시 지배권을 획득했고, 특히 메디치 가문은 피렌체를 지배하면서 다방면의 문화적 활동들을 후원하기 시작했다. 여기 덧붙여서 1453년 콘스탄티노플의 붕괴 전후로 우수한 그리스 지식인들이 동방으로부터 이탈리아반도로 들어왔다. 학자들과 예술가들은 한결같이 자기를 알아주고 후원해 주는 사람을 좋아하기 마련이니 당대의 뛰어난 재능들이 자석에 이끌리는 쇠붙이처럼 피렌체로 모여들었다.

이곳 피렌체에서 야코프 부르크하르트가 말하는 문화의 모든 요소가 완전히 발현한 것을 우리는 확인할 수 있다. 언어와 예술과 학문, 그리고 발달한 무역(피렌체는 무역을 통해 부를 축적했고, 메디치 가문은 원래 금융업자였다)을 볼 수 있다. 또한 당대의 천재들을 끌어들인 피렌체(정신적 교유의 장소)에는 플라톤 아카데미 등 고급 사교의 기회가 있었다. 메디치 가문 사람들은 출신을 가리지 않고 재능이 뛰어난 사람들을 후원했다. 로렌초 일 마니피코는 어린 미켈란젤로를 아예 자기 궁전에 데려다가 키우다시피 했다. 어린 미켈란젤로는 자주 로렌초와 같은 식탁에서 식사를 했다. 메디치 사람들은 어느 분야든 재능이 뛰어난 사람을 보면 흥분해서 전율을 느꼈던 모양이다. 당시의 다른 통치자들도 이 점에서 크게 다르지 않았다.

출신을 가리지 않고 뛰어난 재능을 후원했다는 것은 이탈리아 르네상스의 가장 중요한 원동력 중 하나다. 그 얼마나 대단한 전기적 충격이 이 시대를 뚫고 지나갔던가! 인류 역사상 찬란한 문화의 꽃이 피렌체라는 작은 도시를 중심으로 피어났다. "천재가 천재를 부르던" 장소이며 시대였다.

르네상스 시대 이탈리아의 나라들

르네상스 시대 이탈리아는 오늘날 우리가 생각하는 것과 같은 하나의 국가가 아니었다. 반도의 중심부에 자리 잡은 교황국의 북부에 여러 통치체들이 있었고, 교황국 남쪽에는 나폴리를 포함하는 시칠리아 왕국이 자리 잡았다. 이탈리아 남부와 시칠리아 왕국이 비잔틴 제국에 이어 사라센 사람들의 지배(특히 시칠리아)를 받았고, 여기에 로마 교황까지 끼어들어 복잡한 세력 각축전을 벌이다가 노르만 기사들에 의해 점령당한 이야기는 앞에서 이미 읽었다.

하지만 노르만 사람들이 몰락한 다음에도 시칠리아 왕국은 한동안 앙주 제국의 지배를 받다가 얼마 지나지 않아 에스파냐의 아라곤 왕조의 통치로 넘어갔다. 그러다가 1503년에는 에스파냐의 합스부르크 왕조의 손에 들어가게 된다. 시칠리아와 이탈리아 남부가 얼마나 복잡한 역사를 가진 곳인지 짐작할 수 있다. 여행자로서 시칠리아를 방문하면 기후도 독특하지만 음식과 문화가 몹시 뒤섞여 있어서 그 정체성을 짐작하기 어려운 이유를 이런 역사적 배경에서 어느 정도 찾을 수

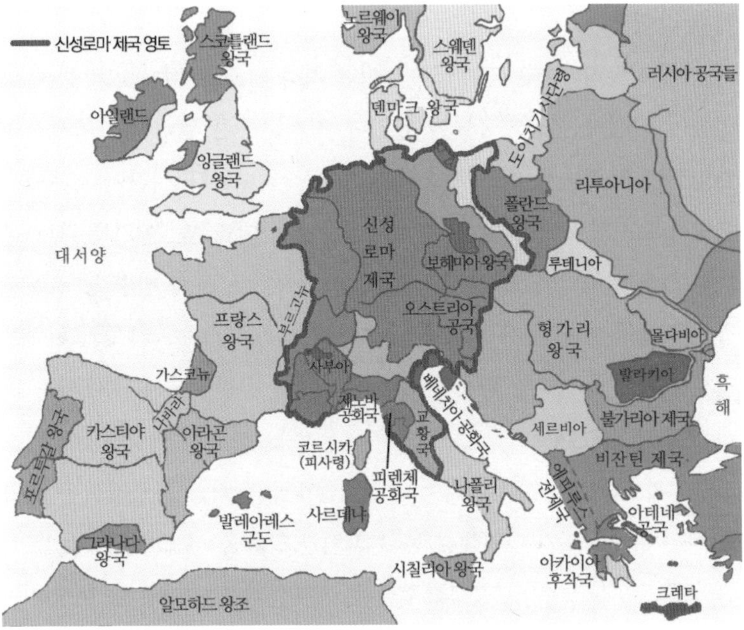

14세기 초의 유럽. 유럽 대륙 한가운데에 신성로마 제국이 자리한다. 또한 이탈리아가 하나의 국가가 아닌 여러 통치체로 나누어져 있음을 알 수 있다. 신성로마 제국은 이 지도에 표시된 것보다 실제로는 훨씬 더 잘게 나뉘어 있었다.

있다. 남부 이탈리아와 시칠리아는 상대적으로 르네상스의 움직임에 덜 끼었고, 덕분에 시칠리아에는 고대 그리스 문화의 흔적이 더 많고 르네상스의 흔적은 매우 적은 편이다.

르네상스는 교황국을 포함하여 그 이북에서 활짝 피어났다. 이탈리아 북부의 정치 상황은 더 복잡하다. 북부 이탈리아는 신성로마 제국에 속해있었기에 전체적으로 황제의 영향력에서 완전히 벗어날 수는 없었다. 다만 봉건제 국가인 신성로마 제국은 실제로는 크고 작은 온갖 종류의 통치체들로 나뉘어 있었고, 황제의 영향력은 매우 제한적이었다. 그래도 강력한 야망을 가진 황제나 왕이 나타날 경우에는 상황이 달라졌다.

북부 이탈리아에는 전제군주들이 통치하는 크고 작은 나라들과 상인들이 지배하는 공화국들이 있었다. 전제군주란 말하자면 독재자를 가리키는데, 이들은 대부분 공작 또는 백작들이었다. 시간이 흐르면서 용병대장이 나라를 찬탈한 경우도 생겨났다. 대표적인 예가 밀라노 공국의 스포르차 공작 집안이다. 이 또한 레오나르도 다 빈치 등 르네상스 천재들을 후원한 유명한 집안이다. 이들 전제군주 국가들의 위에는 언제나 최고 통치자인 황제가 있었던 셈이고, 공화국도 이 점에서는 크게 다르지 않았다.

이렇게 잘게 나뉜 각 나라에서 전제군주들과 각종 통치자들은 권력을 차지하거나 지키기 위해서 온갖 잔인한 일들을 서슴지 않았다. 그러면서도 르네상스 시대 전제군주들은 학자들과 예술가들을 후원하는 일을 놓고 서로 경쟁을 벌였다. 이런 경쟁 상황에서 특별히 유명한 통치자 집안들과 통치자들이 나타났다. 이들이 인문주의자와 작가들을 후원했고, 학자와 작가들은 그들의 업적을 기록하고 찬미하며 후세에 남겼다. 다만 그들이 행한 악행의 기록들도 비교적 상세히 남아있다. 자기 힘을 과시하기를 좋아한 통치자들이 건축가, 조각가, 화가 등 예술가들을 후원했다는 것은 당연한 일이다.

크고 작은 전제국가들 말고도 몇몇 중요한 공화국들이 있다. 가장 중요한 공화국으로는 상인조합이 다스리는 피렌체 공화국, 전통적으로 총독과 의회의 독특한 시스템을 갖춘 베네치아 공화국을 꼽을 수 있다. 제노바도 부유한 공화국이었지만, 이 공화국은 르네상스 문화의 흐름에 동참하지 않았기에 후세에 거의 아무런 이름도 흔적도 남기지 못했다. 한때 그토록 부유했지만 문화적 유산을 남기지 않은 제노바를 오늘날 세계는 거의 잊은 것이다.

"권력은 그 자체로 악하다"

야코프 부르크하르트는 『세계 역사의 관찰』에서 국가의 기원을 논하면서 "권력은 그 자체로 악하다"는 역사가 슐로서Friedrich Christoph Schlosser의 말을 인용한다. 부르크하르트에 따르면, 개인에게 거부된 이기적 권리가 종교에 대한 고려 없이 국가에는 주어져 있는 것 같다. 다만 악행은 가능한 한 소박하게 일어나야 한다. 인류는 이미 일어난 가장 고약한 일을 바탕으로 삼는 경우라도 건강한 힘을 동원해 건설을 계속해야만 한다. 순수한 저주 위에 세워진 국가라도 시간이 흐르면서 공정함과 예의를 발전시키지 않을 수 없다. 그렇지 않은 국가는 생존 가능성이 줄어들기 때문이다.

놀라운 것은 르네상스 시대 이탈리아의 가장 고약한 전제군주들마저 예술과 학문의 후원을 통해 후세에 명성을 얻으려고 했다는 사실이다. 그러니까 악행을 통해 권력을 쟁취했을 경우라도 재빨리 문화의 후원을 통해 그것을 보상하려는 노력을 했다는 것인데, 르네상스 시대는 아마도 이런 특별한 노력들을 통해 빛나는 문화적 성과를 이룩한 것 같다.

현대적인 개인과 개인주의가 등장하고 명성이 중요해지다

① **명성:** 어느 시대에나 독특한 개인들이 있기 마련이지만, 야코프 부르크하르트에 따르면 13세기 말부터 이탈리아에서는 개성들이 넘쳐나기 시작했다. 개인주의를 향한 길이 이미 완전히 열렸다. 14세기 이탈리아는 거짓 겸양과 가식이라는 것을 거의 몰랐다. 누구나 거리낌 없이 자기가 다른 사람과는 다르고, 또한 다르게 보인다는 사실을 드러냈다. 온갖 통치자들, 용병대장들뿐만 아니라 정치와 무관한 개인들도 여러

활동들을 통해 자기만의 특성을 드러냈다. 이것은 중세와 완전히 달라진 르네상스 시대의 가치관이다. 이 흐름은 현대까지도 이어지고 있으니, 르네상스 시대는 유럽에서 나타나는 현대 개인주의가 출발하는 시점이라 할 수 있다.

개인의 발전과 잘 어울리는 사회적 인정 방식이 이 시대에 생겨났는데 바로 현대적인 명성이다. 페트라르카는 살아서 이미 이탈리아의 경계선을 넘는 명성을 얻었다. 늙어서 고향인 아레초를 방문했을 때 그곳 사람들이 자신의 생가를 변치 않도록 보존하는 것을 보고 감격했다. 명성을 얻은 사람의 생가 보존이 14세기에 벌써 나타나는 것이다. 또한 유명한 사람들의 무덤을 숭배하는 경향도 이 시기에 생겨났다. 업적이 많은 사람들은 큰 교회에서 성자들이나 교황의 묘 사이에 묻히게 되었다. 또한 도시를 빛낸 인물들을 위한 묘비와 조각품도 열성적으로 만들어졌다. 그러니까 통치자나 장군이 아닌 보통 사람도 자신의 업적을 통해 그들만큼 유명해지고 또 인정도 받을 수 있는 시대가 된 것이다.

당대의 인문주의자와 작가들은 자기들이 작품에서 어떤 사람을 찬미하고 높임으로써 그들의 이름을 후세에 남도록 해준다는 자부심을 지녔다. 덕분에 자기들이 후세를 위한 명성 또는 망각을 분배해 주는 사람이라는 우쭐한 마음도 표현하고 있다. 그들이 쓴 '(유명한 남자 또는 여자들의) 전기'가 여럿 남아있다. 이를 통해 당대 유명인들의 생애가 후세를 위해 보존되었다.

또한 일부 사람들은 자신의 전기인 '자서전'을 남겼다. 가장 유명한 것으로 벤베누토 첼리니Benvenuto Cellini 자서전과 루이지 코르나로Luigi Cornaro 자서전이 있다. 첼리니는 유명한 조각가이자 금세공사로서 중요한 매너리즘 예술가의 한 사람인데, 자신이 행한 온갖 수치스런 일들, 도둑질과 악행까지도 거리낌 없이 마치 자랑스럽다는 듯이 기록으로 남겼다. 이렇듯 뻔뻔스러운 기록이야말로 자서전의 훌륭한 모범이라고

르네상스 시대에 자서전을 쓴 루이지 코르나로의 초상화. 그는 어린 시절 병약했으나 엄격한 식이요법을 통해 건강을 얻고 장수했다. 83세에 쓴 글은 노년이 길어진 현대인에게도 큰 울림을 준다 야코포 틴토레토, <코르나로의 초상화>, 1560~1565년 사이, 피렌체, 피티 궁전Palazzo Pitti.

부를 수 있겠지만, 그 기록이 모두 정확한 것인지는 여전히 알 수 없다. 코르나로의 자서전도 이 점에서는 마찬가지지만, 유복한 귀족이었던 그는 노년의 삶에 대한 인상적인 기록을 남겼다. 노년이 길어진 오늘날 그의 자서전은 많은 이들이 좋아할 만한 글이다. 83세가 된 그는 "65세 이상의 노년이란 살아있으나 죽은 것과 다름없다"고 탄식하는 사람들에게 이렇게 충고했다.

> 와서 내 건강함을 보셔도 좋다. 아무 도움도 없이 혼자 말에 올라타고 계단과 낮은 산에 오르는 것을 즐기며 만족하는 것을, 온갖 마음의 고민과 지겨운 생각들에서 벗어나 얼마나 자유로운지를. …… 기쁨과 평화가 나를 떠나지 않는다. …… 나는 지혜롭고 학식 있고 탁월한 사람들과 교류한다. 이런 사람들이 곁에 없을 때면 책을 읽고 글을 쓰고 그럼으로써 힘닿는 대로 다른 사람들에게 쓸모 있는 사람이 되려고 노력한다.
>
> …… 세 살에서 다섯 살 아이들은 타고난 광대들이다(코르나로는 손주를 11명이나 두었다). 큰 아이들은 점잖게 대접해 준다. 그들이 훌륭한 목소리를 가진 것이 기쁘다. …… 나 자신도 함께 노래하는데, 나는 전보다도 더 맑고 좋은 목소리를 갖게 되었다. 이것이 내 노년의 기쁨이다. 내 삶은 살아있는 것이지 죽은 것이 아니며, 나는 내 노년을 정열에 사로잡힌 젊음과 바꾸고 싶지 않다.

정신력이 풍부한 추방된 자들 사이에서 '세계시민주의'가 나타났는데, 이것은 가장 높은 단계의 개인주의다. 피렌체에서 추방된 단테는 언어와 교양을 새로운 고향으로 삼고서 "내 고향은 이 세상!"이라고 말했다. 고향에서 도망친 인문주의자 한 사람도 이와 비슷한 말을 남겼다. "학식 있는 사람이 거처를 잡는 곳은 어디든 훌륭한 고향이다."

15세기에 들어서면서 높은 수양을 쌓은 사람들이 차츰 증가했다. 다방면의 재능을 타고난 사람이 자신의 정신과 외적인 모습을 조화롭게 다듬으려는 충동에 따라 당대 교양의 온갖 요소를 두루 갖춘 최고 개성을 완성하면, 그것은 르네상스의 이상적 인간형인 '전인', 또는 '보편인l'uomo universale'이 된다. 이탈리아 르네상스는 이런 특수한 인간들도 배출했다. 부르크하르트는 온갖 방면의 재능을 두루 갖춘 레온 바티스타 알베르티를 전인의 시작 부분에 두고, 오늘날까지도 인류 역사에서 최고 천재로 꼽히는 레오나르도 다 빈치를 전인의 완성형으로 꼽는다.

② **조롱과 재치**: 이탈리아 사람들은 유럽에서도 가장 먼저 현대적인 조롱과 재치를 발전시켰다. 이런 조롱과 아이러니, 해학, 패러디 등은 명성을 향한 욕망을 조정하는 역할을 맡았다. 이는 개인주의화된 개인을 통제하는 일종의 사회적 힘이다. 이런 요소들은 물론 고귀한 개인을 향하기도 하고 따라서 부당한 경우도 매우 많았지만, 어쨌든 개인의 방종함과 과도함을 지적하고 그것을 통제하는 방식이었다. 이것은 외부로부터, 또는 사회로부터 개인에게 가해지는 일종의 압력이었고, 유명해진 사람은 그만큼 이런 압력에 더 많이 노출되었으니 스스로 행동을 조심해야 했다.

이런 재치나 조롱에는 매우 냉혹하고 몰취미한 악의도 수없이 들어 있었지만 순기능도 지녔던 것이다. 당시에는 명성을 찬미하는 것 이상으로 냉혹한 조롱과 해학도 많았고, 덕분에 이탈리아는 한동안 유례없을 정도로 극심한 욕지거리 학교가 되고 말았다. 온갖 뻔뻔스러운 말들이 수많은 희생자를 찾아냈거니와, 한동안 피렌체 사람들의 특징은 '날카로운 눈매와 독설'이었다고 한다.

그 결과 매우 특별한 독설가인 피에트로 아레티노Pietro Aretino 같은 사람도 나타났다. 마지막에 그를 받아준 곳은 베네치아밖에 없었으

레온 바티스타 알베르티가 1470년에 완성한 피렌체의 산타 마리아 노벨라 성당Santa Maria Novella 정면부(왼쪽, ⓒJoJan)와 우피치 정원에 있는 그의 조각상(오른쪽, ⓒGNU Free Documentation License). 그는 인문주의자이자 작가, 수학자, 미술 이론가, 건축 이론가, 건축가, 메달 조각가로 다방면의 천재 즉 '전인'이었다. 심지어 체육과 춤에도 능했으며 외모도 아름다웠다고 한다.

니, 그는 죽을 때까지 베네치아 밖으로는 아예 나가지도 못했다. 다른 곳에서는 목숨이 위태로웠기 때문이다. 어쨌든 그는 자신의 문학적 재능을 이용해서 당대의 온갖 내외국 영주들과 유명인사들을 상대로 온갖 협박을 자행했다. 자기가 그들에 대한 글을 써서 널리 전파할 것이라는 은밀한 협박 편지들을 써 보냈는데, 그야말로 구걸과 더러운 공갈 수준에 속하는 것들도 많았다.

하지만 그는 언제나 당당하게 제 이름을 밝혔고, 상대방에게 위협을 가할 때도 인간과 사물에 대한 풍부한 관찰력과 날카로운 산문의 재능을 활용(?)했다. 그러니까 아레티노는 일부는 공개되고 일부는 은폐된 출판물로 사업을 벌였던 셈인데, 덕분에 악성 저널리즘의 원조 중

베첼리오 티치아노가 그린 피에트로 아레티노의 초상화. 아레티노는 뛰어난 독설 필력으로 유명인사들에게 온갖 협박을 가했지만 뒤에서는 조용하게 매춘부와 거지들을 돕기도 했다. 1512년, 피렌체, 피티 궁전.

한 명이 되었다. 그의 친구였던 티치아노가 그의 초상화를 그려서 그의 얼굴은 오늘날까지도 잘 알려져 있다. 놀랍게도 그토록 공개적으로 유명인들을 협박하던 아레티노는 극히 조용하게 베네치아의 매춘부와 거지들을 도와주었다.

③ **명예심**: 개인주의적으로 발전되었으면서 내적으로 신앙심을 잃고 흔들리는 르네상스 인간이 자신을 통제하는 최후의 도덕적인 힘은 '명예심Ehrgefühl'이었다. 명예심은 수단 방법을 가리지 않고 명성만을 추구하는 명성욕과는 다르다. 명예심은 물론 이기심이나 명성욕 또는 큰 죄악들과 아주 쉽게 결합될 수 있지만, 동시에 개인의 품성 안에 남아 있는 온갖 고귀한 요소와도 결합될 수 있다.

명예심이란 '(이기심에 의해 다소 흐려진) 양심'이라는 정도의 뜻인데, 우리는 이것이 오늘날에도 서양인의 행동의 기준이 되고 있음을 알아볼 수 있다. 현대의 보통 서양인은 개인주의와 명예심이 그런대로 균형을 이룬 인간인 것이다.

"우리 시대는 과거보다 도덕적으로 더 우월하지 않다"

야코프 부르크하르트는 『세계 역사의 관찰』에서 문화를 다루면서 오늘 우리가 지닌 도덕성의 잣대로 과거 시대를 바라보는 것을 경계한다. 무엇보다도 먼저 생각할 점은 우리가 아는 역사 시대를 통해 인간의 영혼이나 두뇌가 본질적으로 증가하거나 발전하지 않았다는 점이다. 따라서 우리가 특별히 도덕적으로 진보된 시대에 살고 있다는 생각은 매우 웃기는 것이다. 가능성으로서의 도덕성은 인류의 역사 시대에 조금도 더 높아지지 않았고, 전체 척도로는 존재하지도 않는다. 심지어 지적인 발전이 커졌다는 것조차도 의심스럽다.

루소 시대 이후로 비로소 인간은 과거 전체를 놓고 도덕적으로 판단하겠다는 망상을 품게 되었다. 이는 물론 인간이 본질적으로 선하다는 생각을 출발점으로 삼는다. 마치 인간의 선함이 이전에는 제대로 발언 기회를 갖지 못했다는 듯이 말이다!

35

르네상스 미술의 발전*

달라진 눈길

조토Giotto di Bondone(1266~1337)는 르네상스의 맨 앞장에 선 화가였다. 그는 새로운 기법을 개발한 것은 아니라도 새로운 눈길로 그림 속 인물들을 보여주었고, 관객의 눈길을 전혀 다르게 의식했다. 그의 그림들은 사람들의 눈길이 달라진 것을 분명하게 보여준다. 중세의 그림들, 특히 그리스도나 성모의 그림들은 즉석에서 예배를 드릴 수 있을 만큼 성스럽게 묘사되는 것이 일반적이었다.

조토도 다른 중세 화가들처럼 그리스도의 생애와 성모의 생애 등을 담은 뛰어난 연작 그림들을 남겼다. 다만 그는 거룩한 인물을 그릴 때도 평범한 인간의 이야기처럼 표현했다. 그가 그린 〈그리스도의 죽음을 애도함Lamentation(The Mourning of Christ)〉을 보자. 여기서 죽은 그리스도의 시신을 놓고 애통해하는 사람들의 모습을 보면, 이들은 그리스

* 이 장은 필자가 번역한 미학자 하인리히 뵐플린의 『르네상스의 미술』(1898)에 들어있는 내용을 전체적으로 요약한 것이다.

하기아 소피아에 있는 중세 모자이크인 <성모자와 황제들>(위)과 조토의 <그리스도의 죽음을 애도함>(아래, 1304~1306년, 파도바, 스크로베니 예배당Cappella degli Scrovegni). 그때까지의 그림에서 성모나 그리스도는 극히 성스럽게 묘사되었다면 조토의 그림에서는 그들 역시 보통 사람과 비슷한 감정을 지닌 것으로 묘사되었다. 심지어 천사들도 인간처럼 대성통곡한다.

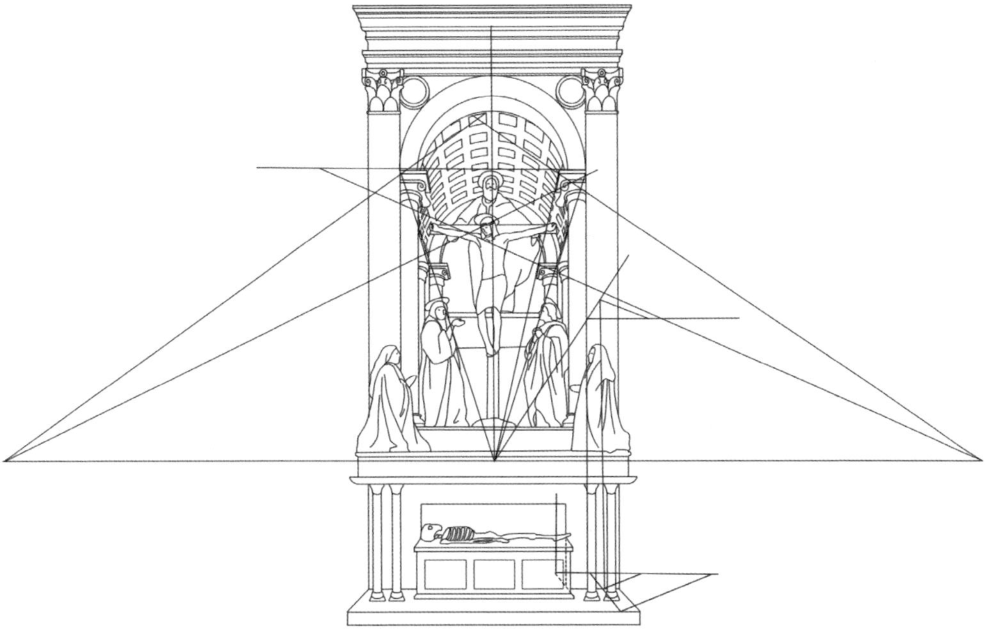

마사초의 <삼위일체The Holy Trinity>(왼쪽, 1426~1428년경, 피렌체, 산타 마리아 노벨라 성당)와 그 그림을 원근법 개념으로 분석한 도면(오른쪽, © 오수진). 대칭symmetry, 축axis, 초점focus, 깊이depth, 관점point of view 등이 드러나 있다. 덕분에 2차원 평면이 마치 3차원 입체처럼 보인다.

도를 신으로 경배한다기보다는 그냥 사랑하는 사람의 죽음을 슬퍼하고 있다. 물론 그리스도와 그를 둘러싼 인물들이 대부분 성인들이니 머리에 후광이 나타난다. 또한 하늘의 천사들도 나타나지만, 심지어 이 천사들도 인간의 감정을 담아 그야말로 대성통곡하는 중이다. 죽은 이가 사흘 뒤에 부활하는 신이라는 느낌은 잘 드러나지 않는다.

다른 그림에서 술에 취한 아브라함은 그냥 술 취한 노인으로 보인다. 이것은 한편으로 불경스러운 것이지만, 다른 한편으로는 성서의 이야기를 우리가 이해할 수 있는 인간의 이야기로 바꾸어서 바라보게 해준 것이었다. 거룩한 존재나 성서의 인물 이야기가 평범한 인간의 이야기처럼 바뀐 것이니, 이것은 관점의 중대한 전환이었다. 그림의 주인공만이 아니라 그림을 바라보는 사람의 관점과 몰입이 중요해지기 시작했다.

15세기 초에 태어난 마사초는 원근법을 거의 창안하다시피 하면서 미술에서 완전히 새로운 표현의 길을 열었다. 그때까지의 그림들이 2차원 화폭에서 2차원적인 표현만이 가능했다면, 28살에 요절한 이 젊은 화가는 그림에 깊이와 축을 만들어내면서 3차원의 모습을 표현하기 시작했다. 피렌체의 산타 마리아 노벨라 성당에 남긴 그의 그림은 15세기와 16세기 화가와 화가 지망생들에게는 필수 방문 코스였다. 화가들은 이곳으로 찾아와서 마사초의 그림을 연구했다. 그리고 그런 연구는 머지않아 르네상스의 회화에서 활짝 피어나게 된다.

15세기의 라파엘로 전파前派

미술에서도 고대의 영향이 나타났다. 중세 화가들은 주로 성서 이야기를 그렸다. 이는 르네상스 화가들도 마찬가지다. 하지만 15세기가 되면서 새로운 모습도 등장했으니 바로 고대 그리스와 로마의 세계였다. 고

그리스 신화의 신들이 등장한 그림. 산드로 보티첼리, <봄>, 1478년경, 피렌체, 우피치 미술관.

대 건축물이나 폐허, 또는 고대 조각상들이 그림의 배경에 나타나기 시작한 것이다. 이어서 그리스 신화 세계도 등장했다. 우리 한국인이 가장 좋아하는 화가들 중의 한 사람인 산드로 보티첼리Sandro Botticelli의 그림들을 예로 들면 이 시대의 그림들을 이해하기가 비교적 쉬울 것 같다.

그는 수많은 성모와 성인 그림들을 남겼다. 하지만 우리 기억에 가장 뚜렷하게 남아있는 것은 피렌체에 있는 〈봄Primavera〉과 〈비너스의 탄생〉일 것 같다. 이 그림들에는 르네상스 시대 전체를 통틀어도 가장 아

초상화 속 젊은 여성의 물결치는 머리카락은 화려한 머리장식에 의해 다시 더 잘게 나뉘었다. 의상도 마찬가지. 전체적으로 활달한 움직임과 리듬감이 느껴진다. 이는 뒷날 전성기 화가들과는 전혀 다른 라파엘로 전파의 특징에 속한다. 젊음과 리듬, 움직임, 상세한 세부 묘사 등을 볼 수 있다. 산드로 보티첼리, <젊은 여인의 초상Portrait of a Lady>, 1480년경, 프랑크푸르트 암 마인, 슈타델 미술관Städel Museum.

름다운 소녀들이 등장한다. 우리는 그 섬세한 아름다움에 경탄하다 못해 탄식할 정도다. 바람에도 흔들릴 듯 가냘프고 여리여리한 소녀들의 아름다움! 신비롭게 여체를 감싼 베일 또는 섬세한 무늬의 의상, 그리고 구석구석에서 우리 눈길을 사로잡는 수많은 아름다운 세부들!

우피치 미술관의 보티첼리 방들은 전 세계에서 온 관광객으로 발 들일 틈이 없을 정도다. 하지만 큰 전시실의 한쪽 벽면을 가득 채운 보티첼리의 거대한 그림 앞에 막상 서면 우리 눈길은 갈피를 잃는다. 책이나 컴퓨터 화면에서 자주 보던 익숙한 그림이지만 실제로 만나보면 너무 거대해서 우리 눈길이 통제할 수 있는 한계를 벗어나기 때문이다. 또한 구석구석을 채운 정교한 장식들이 너무 많아서 그것을 일일이 감상하고 경탄하려면 오랜 시간을 두고 여러 번 바라보아야 할 거라는 거의 절망적인 느낌이 몰려온다. 바쁜 관광객은, 나중에 책이나 컴퓨터로 보지, 하고는 그냥 그림을 떠나는 수밖에 없다.

이것이 바로 15세기 이탈리아 르네상스 회화에 나타난 고대의 특징이다. 성서 이야기 말고 고대 그리스 로마 신화의 인물들이 주인공으로 등장한 것은 쉽게 알 수 있지만, 그렇다 해도 이런 특징이란 게 과연 무엇인지 얼른 이해하기는 어렵다. 그것은 라파엘로 이후 화가들의 그림과 비교를 해야만 비로소 윤곽이 분명해지는 것들이기 때문이다.

16세기 전성기 르네상스의 회화와 미술

우리에게도 잘 알려진 저 유명한 라파엘로, 미켈란젤로, 레오나르도 등이 16세기 전성기 르네상스를 대표하는 화가들이다. 개별적인 인물과 사물, 세부 항목의 묘사에 치중하던 15세기의 눈길은 15세기 말에야 비로소 전체적이고 종합적인 관찰력과 표현력을 갖추게 되었다. 고전의 아름다움을 이해하기란 생각보다 쉽지 않은 일이라고 한다. 관찰자도 어느 정도의 미적인 기준과 판단력을 갖추어야 비로소 보이는 것이기 때문이다.

15세기 말~16세기 그림에서는 전체의 통일성 안에서 주인공의 특성과 특징이 가장 중요해진다. 의상이나 장식 등 세부 묘사가 지나치게 화려해서 주인공의 특성을 가리지 않게 조절한다. 또한 인물 모습과 동작의 묘사에서도 집중적으로 강조되는 부분과 보조적으로 처리되는 부분이 구분된다. 인물들 상호관계도 마찬가지다. 인물이나 사건의 배경이 되는 건축물 또는 풍경도 전체의 통일성과 각각의 역할에 맞도록 강약을 두고 표현된다.

그림 테두리 안에서 이렇듯 균형 있게 묘사된 부분들은 서로 합쳐져서 하나의 완벽한 구성Komposition을 이룬다. 전에는 전체 구성에 별 도움이 되지 않고 그냥 눈을 즐겁게 하려고 산만하게 제시되던 장식적인 아름다움과 세부들이 16세기 주요 그림들에서는 모조리 배제되었다. 완벽하게 하나의 통일체로 만들어진 그림 속 세계는 다시 그림이 배치될 장소에 따라 그림 밖 세계와도 조화를 이루도록 배려되었다. 그러니까 고전 시대에 나온 벽화 또는 패널화는 모두 점점 더 그것이 자리 잡은 건물 또는 환경의 특성을 고려해서 구성되었다. 이것이 미학자 하인리히 뵐플린Heinrich Wölfflin의 관찰이다.

비례와 구성에 담긴 고전 미술의 비밀

16세기 회화는 고대를 주제로 삼은 것만이 아니라 성서 이야기에서도 이런 구성의 특징을 뚜렷하게 드러낸다. 이것은 고대 그림이나 건축물을 단순히 모방하는 것만으로는 이룩할 수 없는 일이다. 르네상스 화가들은 여러 세대를 두고 고대를 묘사하고 흉내 내다가 천천히 고대 예술품에 나타난 아름다움을 표현하는 형식의 비밀을 알아냈고, 그에 따라 자신들의 작품에서도 전체가 균형을 이루는 아름다움을 표현할 수 있게 되었다. 이것이야말로 고전 르네상스가 스스로 성취한 고대의 특성이다. 이것을 가장 잘 실현한 사람들이 레오나르도, 미켈란젤로, 라파엘로를 주축으로 하는 16세기 예술가들이었다.

뵐플린이 설명해 주는 르네상스 고전 미술의 아름다움을 조금만 더 구체적으로 살펴보자. 고대 예술품이나 건축물의 비밀은 부분들에 있지 않고, 부분들이 모여 전체를 이루는 비례Proportion에 있다. 르네상스는 스스로 고대의 미적 비례에 도달했지만, 고대 방식으로 되돌아가지 않고 당시의 '현대'가 되었다.

안정된 비례는 전체적으로 보아 단순하고 장중하고 느긋하다. 이것은 보는 감각이 완전히 형성되고 나서야 나타날 수 있는 형식으로서, 고대 그리스나 르네상스나 가리지 않고 고전Klassik이란 고요함, 위대함, 무거움이 그 특징이다. 이것은 젊음과 청춘이 아니라 성숙함이다. 라파엘로의 초상화 두 점을 보자. 로마에 있는 〈라 포르나리나La fornarina〉(또는 〈젊은 여인의 초상〉)와 에스파냐 수도 마드리드에 있는 프라도 미술관의 보물 〈어느 추기경의 초상〉을 보라. 두 그림 모두 배경 장식이 깔끔히 사라지고 어두운색 배경에 주인공만 그려져 있다. (1인 초상화와 여러 명이 등장하는 그림은 물론 다르지만 전체 구성을 지배하는 원칙은 동일하다.)

풍만하고 성숙한 나체 여인을 그린 〈라 포르나리나〉에서는 어두운 색깔을 배경으로 아름다운 여인의 얼굴과 몸의 피부 색깔이 전체를 지배하며 아래쪽에 붉은 치마가 조금 보일 뿐이다. 색상은 극히 단순한데 그 색상들은 잘게 나뉘지 않고 큼직하게 덩어리를 이루었다. 몸 중간에 걸쳐진 베일은 보티첼리의 소녀들을 감싼 베일과는 달리 동작의 느낌을 거의 전달하지 않는다. 소녀가 아닌 성숙한 젊은 여인이 나직한 교태와 미소를 머금은 입술과 느긋하고 침착한 눈길로 우리를 응

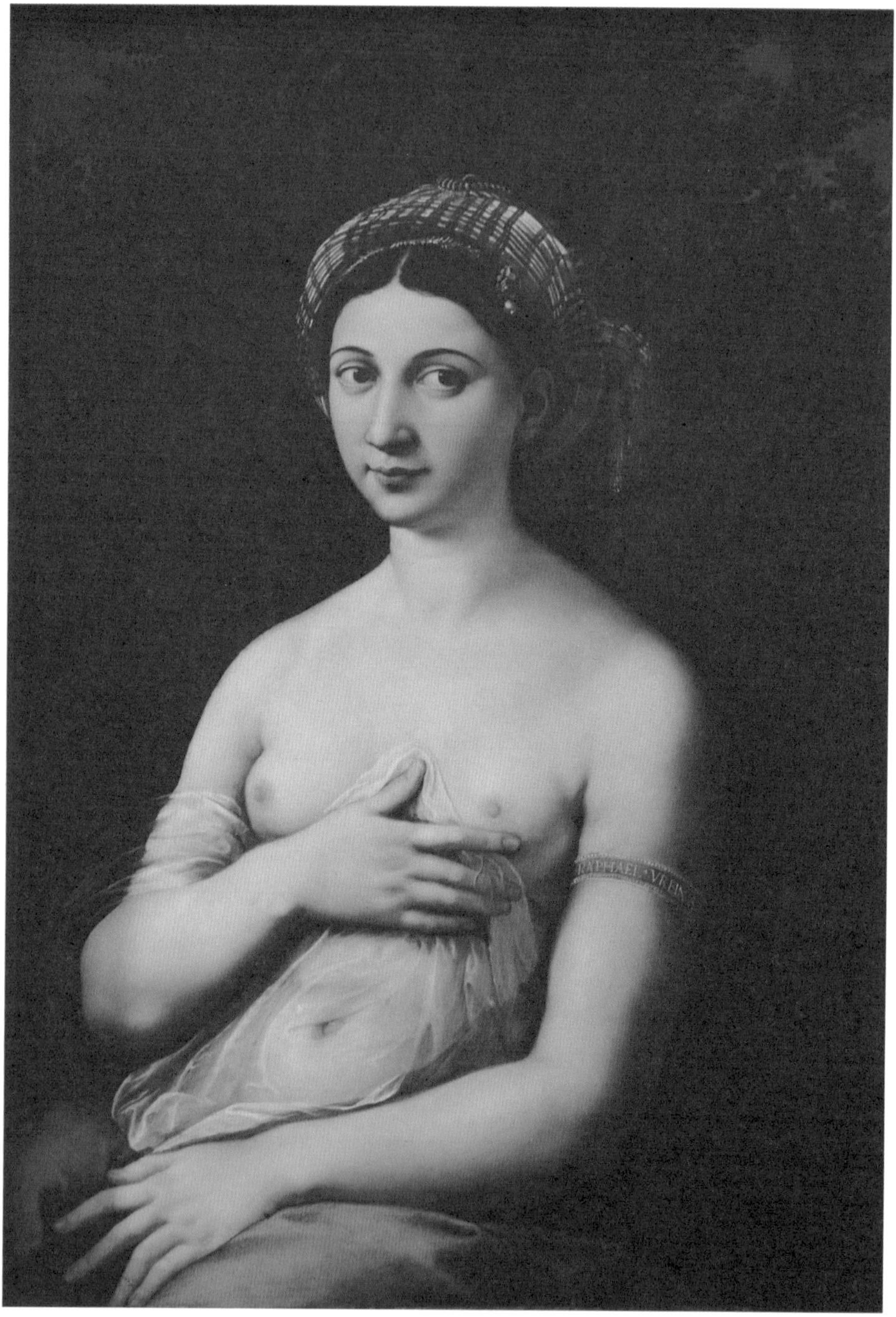

라파엘로의 두 초상화에는 배경 장식이 모두 사라지고 어두운 배경에 주인공만 그려져 있다. 고전이 가진 고요함, 위대함, 무거움을 잘 보여준다. 왼쪽이 <라 포르나리나>(1518~1519년, 로마, 국립고전미술관Galleria Nazionale d'Arte Antica), 오른쪽이 <어느 추기경의 초상>(1510~1511년, 마드리드, 프라도 미술관)이다.

시하고 있다.

〈어느 추기경의 초상〉에서도 어두운 색깔을 배경으로 모자와 어깨에 두른 케이프의 붉은색이 전체를 지배한다. 추가된 것이라곤 그의 창백한 얼굴과 흰색 팔뿐이니 역시 색상은 극히 단순하다. 그런 만큼 전체 구도는 장중하고 무거우며 느긋하다. 우리의 눈길을 사로잡아 다른 곳으로 분산시킬 그 어떤 펄럭임이나 서두름, 바쁜 동작도 드러나지 않는다. 관찰자의 눈길은 저절로 추기경의 얼굴을 향하게 되고, 그중에서도 우리를 바라보는 침착하고 예리한 그의 눈길에 붙잡히게 된다. 온화하지만 어딘지 날카롭고, 온전히 정신성을 드러내는, 늙지도 젊지도 않은 이 얼굴을 오래 바라본 사람은 다시는 그것을 잊을 수 없으며, 고귀한 감동을 받게 된다. 여기서 우리는 '추기경'이라는 성직자 직분에 잘 어울리는 한 인물을 만나고 있으며, 개성이 뚜렷한 르네상스의 한 개인을 본다.

이어서 안토니오 로셀리노Antonio Rossellino와 미켈란젤로의 〈성모자〉 부조를 보라. 이들은 15세기와 16세기 미술의 차이를 분명하게 보여준다. 로셀리노의 부조에는 수많은 장식들이 들어있어서 우리 눈길을 여기저기로 분산시키지만, 미켈란젤로의 작품은 거의 둥근 틀을 벗어날 정도로 주제에만 집중되어 있다. 성모와 아기가 두드러지게 전체를 지배하며 성모 뒤에 있는 아이(어린 세례 요한)는 희미하게 처리되어 있다. 성모의 의상이나 아기 예수의 몸은 로셀리노의 작품에서보다 훨씬 큰 덩어리를 이루고 있다. 세부 사항을 대담하게 생략한 이 작품은 얼마나 뚜렷한 주제의식을 보이는가! 그리고 얼마나 강렬하게 관찰자의 눈길을 사로잡는가!

여기 설명한 이들 몇몇 작품만으로도 우리는 16세기 미술의 단순성과 명료함, 성숙함과 풍요로움, 통일성과 필연성을 분명하게 느낄 수 있다. 작품에 등장하는 관점의 이동이 아주 뚜렷하다. 이런 발전 과정을

15세기 미술을 대표하는 안토니오 로셀리노의 <성모자>(위)와 16세기 미술을 대표하는 미켈란젤로 부오나로티의 <성모자>(아래, 1503~1505년경, 피렌체, 바르젤로 국립미술관Museo nazionale del Bargello).

거친 전성기 르네상스는 고대의 모방에 그치지 않고 스스로 현대의 고전이 되었다.

36

에스파냐가 영토를 되찾고 콜럼버스가 신대륙을 발견하다

책과 도서관

15세기에도 유럽 곳곳에 중세가 그대로 남아있었다. 하지만 동시에 여기저기서 새로운 눈길과 혁신들이 나타났다. 거대한 대포를 쉽사리 운반할 수 있게 개선하고, 거대한 범선을 만들고, 나침반을 개선하는 등의 기술적 혁신들은 앞서 이미 보았다. 이 모든 것은 콜럼버스가 바다로 나가기 전에 이루어진 일이었다.

하지만 그뿐만이 아니었다. 1440년 무렵에는 요하네스 구텐베르크Johannes Gutenberg에 의해 활자 인쇄술이 개발되었다. 이 신기술은 앞으로 유럽의 정신을 변화시킬 거대한 혁신의 하나였다.

그때까지 책들은 필사본에 의존하고 있었다. 그러니까 일일이 사람 손으로 베끼고 제본해서 한 권씩 책을 만들어냈다. 주로 수도원에서 수도사들이 이 일을 맡아서 했다. 수도사들은 필사본 여백에 또는 아예 자리를 만들어서 흥미로운 세밀화miniature들과 온갖 장식들을 그려 넣었다. 이렇게 탄생한 아름다운 필사본들이 오늘날까지 전해지고 있다. 책이란 정신의 내용을 전달할 뿐만 아니라 아름다움을 담은 예술

SRIPTORVM PRINCEPS EGO·NEC OBITURA DEINCEPS LAVS MEA NEC FAMA·QVIS
SIM MEA LITTERA CLAMAT
TE TUA SRIPTVRA QVEM SIGNAT PICTA FIGVRA
PREDICAT EADWINUM FAMA PER SECULA VIVUM · INGENIUM CUIUS LIBRI DECUS INDI
CAT HVIVS · QVEM TIBI SEQUE DATUM MVNVS DEUS ACCIPE GRATUM

품으로서, 그야말로 정신의 산물이자 고단한 노동의 산물이었다.

위대한 고대 그리스인들이 남긴 저술을 모조리 모아놓고 연구를 계속한 그리스 학문의 중심지는 프톨레마이오스 왕국의 수도인 이집트의 알렉산드리아였다. 아프리카에 자리 잡았어도 이 나라는 고대 그리스 제국의 일부로서, 통치자들과 귀족들은 그리스 사람들이었다. 이 거대한 왕국의 마지막 왕이 바로 저 유명한 클레오파트라다.

클레오파트라의 뒤를 이어 이곳을 지배하던 로마 제국이 멸망하고, 7세기에는 아프리카 북부가 아랍인의 지배 아래로 들어갔다. 알렉산드리아의 유명한 박물관과 도서관에 들어있던 고대 유산은 오늘날 그 행방을 알 길이 없다. 중세 시대에 고대 그리스 정신과 아리스토텔레스에 대한 중요한 연구 상당수가 아랍인들의 손에서 나왔다. 중세 초기에 유럽은 기독교에 필요한 것을 빼고는 고대에 대해 무심했다. 이 기간에 특히 에스파냐에 거주하던 아랍인들이 유럽 문화와 직접 접촉하면서 특별한 학문적 성과들을 상당수 내놓았다.

고대 그리스 저술들은 유럽의 여러 수도원이나 대학들에서 보존되기도 했지만 상당수는 이름만 남았는데, 르네상스 시대 인문주의자들은 이런 고대 서적 일부를 되찾아왔다. 이들 전문 인력은 아랍 세계로 들어가서 살 수 있는 것들은 사고, 일부는 베끼고, 가능하면 훔치기까지 했던 모양이다. 오늘날 전해지는 고대 그리스의 문학과 철학과 역사 관련 저술들 일부는 르네상스의 통치자들과 인문주의자들이 노력한

문서 작성은 수도원에서 가장 중요한 과제의 하나였다. 수도사들은 문서 베끼기와 번역을 통해 고대 지식이 완전히 망각되는 것을 막았다. 수도사들의 작업장에서 소중한 문헌들, 책에 그려진 세밀화들, 그리고 프레스코화들이 탄생했다. 그렇게 만들어진 많은 필사본들이 오늘날까지 전해진다. 『에드윈 시편Eadwine Psalter』에 실린 세밀화(R.17.1, f.283v), 12세기, 케임브리지, 트리니티 칼리지Trinity College.

야코포 산소비노Jacopo Sansovino가 설계한 베네치아의 산 마르코 도서관Libreria San Marco(도서관 설립은 1468년, 건축물 건립은 1537~1588년). 르네상스 통치자들과 인문주의자들은 중세 때 아랍인의 손에 넘어간 고대 저술들을 되찾기 위해 많은 노력을 기울였다.

결과 유럽 세계로 돌아온 것들이다.

르네상스 통치자들은 이렇게 모은 귀한 책들을 보존하기 위해 도서관을 건설했다. 그리고 필사본을 다시 만들었다. 하지만 당시에 고대어를 할 수 있는 사람은 극히 드물었으니, 서둘러 중세의 교양어인 라틴어로 번역하고, 이어서 이탈리아어로도 번역했다. 이런 거대한 번역작업은 물론 인문주의자들의 몫이었다.

번역된 서적들은 당연히 다시 필사본으로 제작되어 도서관에 보존

미켈란젤로가 1530년에 설계한 라우렌치아나 도서관Biblioteca Medicea Laurenziana 계단실(위, ©sailko)과 도서관 내부(아래, © StuartCahill). 그는 레오 10세 교황 시절에 메디치 예배당을 건설하면서 이 도서관도 같이 건립했다.

고대 알렉산드리아의 도서관과 박물관

기원전 4세기부터 프톨레마이오스 왕가가 다스리던 알렉산드리아(이집트 도시)는 고대 세계의 문화 중심지였다. 이곳에는 당대 과학자들이 모여서 일하던 박물관과 함께, 놀라운 규모의 도서관이 있었던 것으로 알려져 있다. 고대 세계의 그리스 저술들과, 페르시아와 인도에서 들어온 조로아스터교 및 불교 관련 서적들까지 보관되었다고 한다. 당대 지식인들이 모조리 알렉산드리아로 모여들어 각종 연구를 진행했고, 여기서 고대 그리스어 문법이 거의 완벽하게 정리되었다. 또한 그리스어의 변천에 대해서도 매우 깊이 있게 연구되었다.

서양학은 시작 부분에서 이미 사유와 철학의 도구Organon인 '언어'에 대해 깊이 성찰했다. 아리스토텔레스의 논리학이 그것이다. 뒤이어 알렉산드리아에서 고대 그리스 문법을 정리하면서 기원전 8세기와 기원전 5세기 그리스어의 차이를 정밀하게 밝혔다. 다시 말해 문헌학이 확립되면서 고대 문헌들을 위한 정밀한 접근과 해석의 길을 닦아놓은 것이다. 이것은 서양학과 중국학의 가장 큰 차이이다.

되어야 했다. 하지만 이런 작업은 얼마나 품과 돈이 많이 들고 번거로운 일이었던가! 이 긴급한 순간에 독일에서 구텐베르크의 인쇄술이 세상에 나왔다. 역시 르네상스 시대 기술 혁신의 하나였다. 이제는 필사본을 만드는 대신 인쇄소에서 인쇄를 하면 책을 훨씬 빠른 속도로 대량생산하는 것이 가능해졌다. 가장 아름다운 인쇄를 할 수 있는 인쇄소들이 베네치아에서 등장했다.

이렇게 인쇄된 책에 대해 당시 사람들은 처음에 그다지 열광하지 않았다. 필사본보다 성의 없고, 덜 아름다워 보였기 때문이다. 그래서 처음 인쇄본들은 가운데 글자 부분만 인쇄하고, 여백에는 다시 사람 손으로 온갖 장식과 그림을 그려넣어서 필사본처럼 보이게 만들었다.

이런 굴곡을 거쳤지만 책을 인쇄하는 일은 차츰 실용적으로 변했다. 이제는 도서관마다 많은 책들을 소장할 수 있고, 부자가 아니라도 책을 소유할 수 있게 된 것이다. 15세기 중반에 나타난 인쇄술은 1517년 루터의 종교개혁을 성공하게 만든 하나의 원동력이었다. 루터는 성서를 도이치어로 번역했는데(구약의 원전은 히브리어, 신약의 원전은 고대 그리스어), 그가 번역한 성서는 곧바로 인쇄되어 사람들 사이에 널리 퍼지면서 사람들이 직접 성서를 읽을 수 있게 해주었다. 이것은 정신 혁명을 만들어낸 기술의 혁신이었다. 물론 중요한 도시들은 저마다 도서관을 세웠다. 중세의 '암흑' 시대는 이제 빠른 속도로 끝나고 있었다.

에스파냐가 '레콩키스타'를 완수하다(1492)

711년에 무슬림이 이베리아반도를 점령한 직후부터 서고트 지배자들과 이베리아반도 주민들은 이들 이교도 지배자들에게서 영토를 회복하려는 노력을 시작했다. 에스파냐의 국민성인으로 꼽히는 전설의 성 야고보(=산티아고)까지 가세하여 무슬림을 물리치려는 노력이 계속되었다. 리오하Rioja의 산악지대 클라비호Clavijo의 전투(844)에서 산티아고 성인이 기독교도 편에 동참하여 무슬림을 많이 무찔러 '무어인 학살자Matamoros'라는 별명까지 얻었다는데, 후세에 와서 조사해 보니 그 시기에 이런 전투는 아예 없었다고 한다. 어쨌든 무슬림 지배자에게 빼앗긴 영토를 회복하는 것은 에스파냐 사람들의 오랜 꿈이었다.

1474년에 이사벨Isabel은 레온과 카스티야의 여왕이 되었다(이사벨 1세). 그녀는 아빌라의 성 아나Santa Ana 수도원에서 체육을 포함한 뛰어난 교육을 받았고, 매우 독립적인 여성으로 성장했다. 이복 오빠가 강요하는 결혼을 피해 달아나서 스스로의 판단에 따라 아라곤의 왕세자인 페르난도Fernando(이후 페르난도 2세)와 혼인했다(1469). 이사벨이

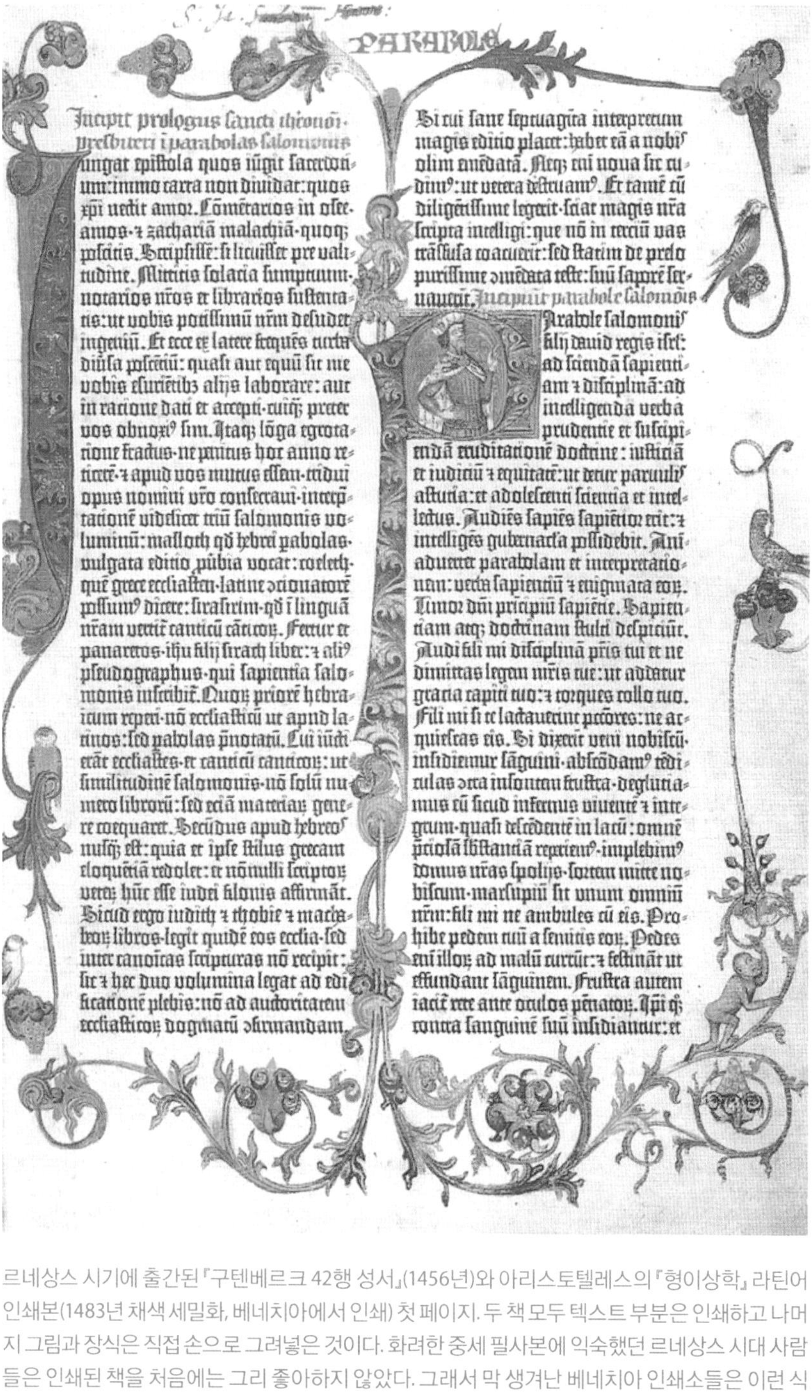

르네상스 시기에 출간된 『구텐베르크 42행 성서』(1456년)와 아리스토텔레스의 『형이상학』 라틴어 인쇄본(1483년 채색 세밀화, 베네치아에서 인쇄) 첫 페이지. 두 책 모두 텍스트 부분은 인쇄하고 나머지 그림과 장식은 직접 손으로 그려넣은 것이다. 화려한 중세 필사본에 익숙했던 르네상스 시대 사람들은 인쇄된 책을 처음에는 그리 좋아하지 않았다. 그래서 막 생겨난 베네치아 인쇄소들은 이런 식으로 책을 만들었는데, 사람의 손으로 만들어진 것처럼 보이게 하려는 의도였다. 그 결과 베네치아 인쇄소 책들은 그 자체가 예술이자 전통이 되었다.

Liber primus metaphysice.

먼저 청혼했다고 알려져 있다. 두 사람은 결혼 후에 각기 제 나라의 왕이 되었고, 덕분에 카스티야, 레온, 아라곤 왕국이 통합되면서 통일 에스파냐 왕국을 위한 기틀이 마련되었다. 영토의 크기는 이사벨의 것이 페르난도의 것보다 훨씬 거대했다. 그녀는 강력한 여성이었던 만큼 강력한 통치 의지도 지닌 왕이었다.

1482년에 이사벨이 통치하는 카스티야 왕국은 이베리아반도에 마지막으로 남은 무슬림 영토인 그라나다 왕국을 점령하기 위한 전쟁을 시작했다. 1489년에 그라나다 왕국은 몹시 위축되어 수도인 그라나다와 그 부근 몇 개 도시들만 남았다. 이사벨 여왕과 페르난도 왕은 1491년에 그라나다시를 포위했고, 1492년에 그라나다 조약을 통해 이 도시를 넘겨받았다.

그라나다 왕국을 점령한 두 왕은 그곳 영토에 남아있던 개종하지 않은 유대인과 무슬림을 모조리 쫓아냈다. 그리고 기독교도 귀족들과 수도원장, 주교들을 그라나다 지역으로 이주시켜서 조직적으로 이교도를 탄압하고 쫓아내는 정책을 취했다. 영토 탈환 뒤에 기독교도 주민의 입주를 추진했던 것이다.

이들 부부 가톨릭 왕들은 교황의 칙서에 따라, 통합된 에스파냐 왕국에 종교재판 제도를 도입했다. 그들의 뒤를 이은 에스파냐 왕들은 유럽에서 가장 지독한 종교재판과 이교도 및 이단 탄압 정책을 계속해서 펼쳤다. 이는 오랜 이교도 지배 이후에 영토를 회복하면서 나타난 현상이니, 우리는 이로써 이 나라에서 한동안 무시무시한 가톨릭 절대주의가 기승을 부린 배경을 이해할 수 있다.

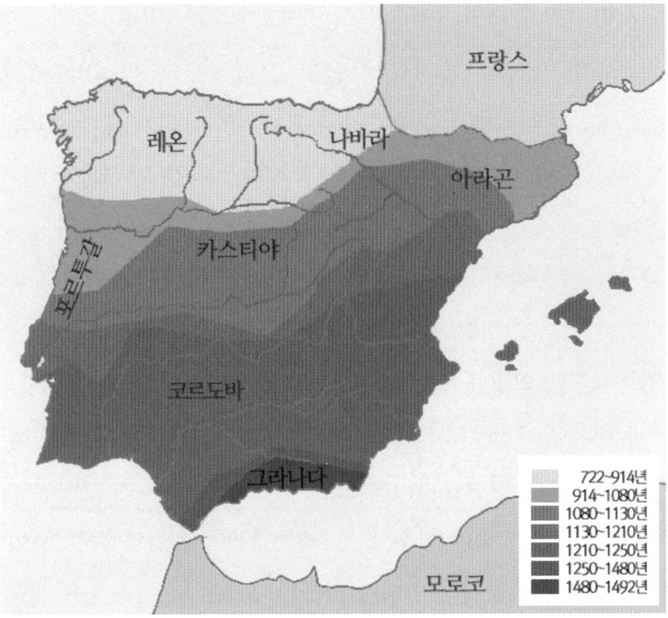

이베리아반도에서 진행된 레콩키스타(국토회복운동) 과정. 북쪽으로 쫓겨났던 가톨릭 왕국들이 긴 세월에 걸쳐 계속 남쪽으로 내려오다가 1492년 마침내 그라나다 왕국(무슬림)을 점령한다.

15세기 이베리아반도 상황. 카스티야 왕국의 공주 이사벨과 아라곤 왕국의 왕자 페르난도가 결혼하면서 이 두 왕국을 합친 거대한 가톨릭 왕국이 탄생한다.

콜럼버스를 후원하고 에스파냐 제국을 탄생시키다

이탈리아 제노바 출신 뱃사람인 크리스토퍼 콜럼버스Christopher Columbus는 이사벨 1세 여왕의 후원을 받아 1492년에 아메리카대륙을 발견했다. 실은 그보다 500년 전에 이미 바이킹 사람들이 아메리카대륙에 도착했고, 콜럼버스는 아메리카대륙의 본토가 아닌 중앙아메리카의 섬에 도착한 것에 지나지 않았지만, 그런데도 콜럼버스 이후에 아메리카 본토도 발견되어 재빨리 유럽 식민지가 되었기 때문에 이것은 역사적으로 엄청난 중요성을 갖는 사건이다.

유럽은 오래전부터 인도, 중국과 무역을 해왔다. 그곳에서 생산된 비단silk과 각종 향신료가 유럽으로 넘어왔는데, 이는 값비싼 사치품에 속했다. 14세기 중반 이후로 오스만 제국이 유럽과 동양 사이의 무역에 개입하면서 물건값이 더 올라갔다. 포르투갈 사람들은 어떻게든 아프리카대륙을 돌아서 인도로 가는 뱃길을 찾아내 이 문제를 해결하려고 오랫동안 고심하고 있었다.

콜럼버스는 서쪽 방향으로 계속 나아가면 언젠가 동아시아에 도착하리라는 생각을 지녔다. 지구가 평평하다고 믿던 시절부터 지구가 둥글다는 생각도 함께 존재해 왔다. 콜럼버스는 그런 생각에 기대어 나름대로 준비를 하고 지도도 그리고 여러모로 계획을 세웠다. 다만 그는 동양까지의 거리를 실제보다 훨씬 짧게 계산했다. 실제로는 2만km에 이르는 거리를 4,500km 정도일 것이라고 여겼던 것이다.

어쨌든 그가 이런 대담한 구상을 실현하기 위해서는 어떤 나라 또는 왕의 후원이 반드시 필요했다. 1484년에 그는 포르투갈 국왕에게 자신의 기획안을 제출했지만, 비현실적인 것으로 여겨져서 거부당했다. 이어서 그는 에스파냐의 이사벨과 페르난도 왕에게도 역시 같은 기획안을 제출했다. 왕궁의 신하들 중에는 그의 계획에 열렬히 호응하는 이도 있었지만 에스파냐의 두 왕, 특히 이사벨 여왕은 그라나다 왕국을 되찾는 일 외에는 여념이 없어서 콜럼버스의 계획에는 큰 관심이 없었다.

1492년 초에 드디어 에스파냐의 영토 회복이 이루어지고 이어서 콜럼버스와의 협상이 벌어졌는데 그의 요구가 지나치게 높았던 탓인지 결렬되고 말았다. 그는 에스파냐와의 협상을 포기하고는 자기에게 더 나은 조건을 제시했다는 프랑스를 향해 출발했다. 그가 출발한 직후에 여러 사람의 권고를 받은 여왕이 다시 그를 불러들였고 (그는 아직 그라나다에서 멀지 않은 곳에 있었으니 바로 돌아와서) 마침내 1492년 4월 17일에 에스파냐 군주와 콜럼버스 사이에 산타페 협정Capitulaciones de Santa Fe이 체결되었다. 콜럼버스는 자기가 가져온 귀중품 판매의 10퍼센트를 받고, 또한 발견한 영토의 총독직과, '세계 해양 제독'이라는 칭호를 받기로 했다. 그는 같은 해 8월에 출항했고 이것은 세계의 역사를 바꾼 발걸음이었다.

중세가 끝나고 근대로 접어들면서 에스파냐가 맨 먼저 유럽에서 패권을 차지했다. 그것은 콜럼버스의 아메리카대륙 발견이 에스파냐에 엄청난 부와 영토를 가져왔기 때문에 가능한 일이었다. 곧이어 나타나는 유럽 열강들의 대립과 전쟁은 많은 경우 식민지의 지배권을 놓고 벌어진 싸움이었다.

중세의 끝

우리 책은 유럽이 대서양에서 출발하여 신세계로 진출한 시작 지점인 1492년을 중세가 끝나는 연도로 잡았다. 물론 중세는 그렇게 단순하게 끝나지 않았다. 앞서 이미 말했듯이 르 고프는 18세기 말에야 중세가 끝난다고 주장하는 판이니 더욱 그렇다.

그래도 앞에서 나온 여러 설명들에서 시대의 거대한 변화를 알리는

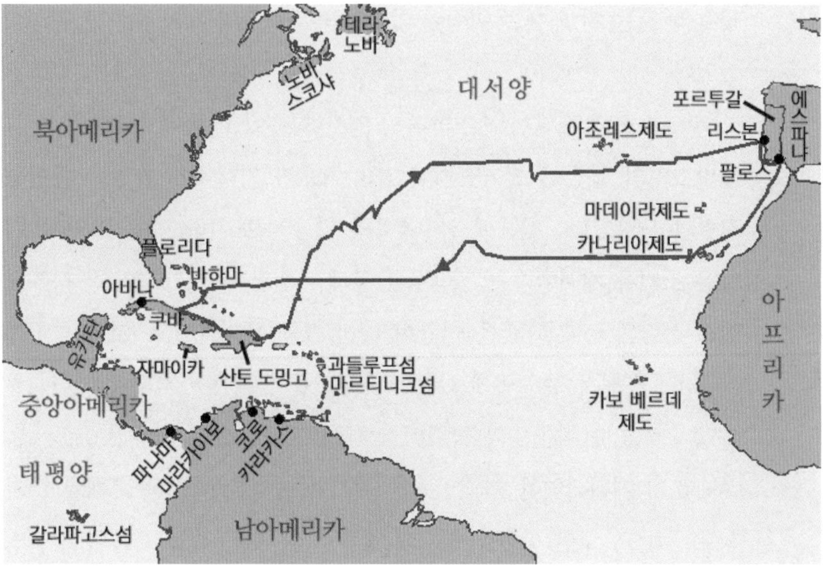

콜럼버스의 항해. ©Phirosiberia

몇 가지 현상들을 볼 수 있다. 벌써 오래전에 시작된 이탈리아의 르네상스는 아직도 한창 진행 중이었다. 사람들의 관점이 그야말로 놀라울 정도로 변하는 중이었다.

여기 덧붙여서 15세기 중엽에 나타난 구텐베르크 인쇄술을 생각해야 한다. 종교개혁(1517)을 주도한 마르틴 루터Martin Luther는 교황의 파문을 받고 나서 독일 중부의 바르트부르크 성에 숨어 성서를 번역했다. 그의 번역이 아무리 훌륭했더라도 널리 전파될 수 없었다면 아무 소용도 없었을 것이다. 하지만 루터의 성서는 곧바로 인쇄되어 널리 전파되었다. 루터의 개혁 사상과 그가 번역한 성서는 새로운 인쇄술을 통해 널리 퍼지면서 당시 사람들의 생각을 바꾸었다. 그것은 거대한 정신의 혁명이 되었다.

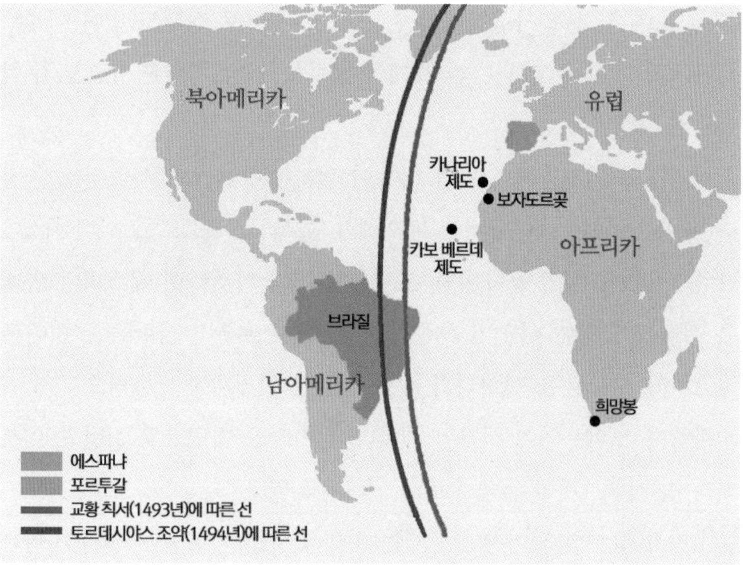

1494년 토르데시야스 조약에 따른 영토 분할선. 에스파냐와 포르투갈은 이 조약에 따라 세계를 둘로 나눠 가지기로 했다. 선을 기준으로 동쪽 땅이 포르투갈 것, 서쪽 땅이 에스파냐 것이라는 내용이었다. 이에 따라 브라질은 포르투갈 식민지가 되었고 포르투갈어를 쓰게 되었다.

그사이 뱃사람들과 모험가들은 부지런히 대서양의 항구들을 출발해서 동양으로 가는 뱃길을 찾아냈다. 콜럼버스는 서쪽으로 아메리카 대륙을 향해 갔고, 포르투갈의 모험가들은 아프리카 남단 희망봉을 돌아 인도로 가는 뱃길을 알아냈다. 이제 서유럽 세계는 지중해를 거치지 않고도, 큰 대포를 실은 거대한 범선을 타고 인도와 직접 거래할 무역로를 찾아낸 것이다. 배들은 이미 총포를 갖추었다.

처음에는 무역로만 알아냈지만, 자기들이 훨씬 뛰어난 항해술과 무기를 가졌음을 확인한 유럽인들은 곧바로 새로 찾아낸 지역을 자기들의 영토, 즉 식민지로 삼기 시작했다. 에스파냐와 포르투갈은 한동안 멋대로 세계를 양분해서 나누어 가졌고, 교황청의 승인까지 받았다(토르데시야스 조약Treaty of Tordesillas). 동양 세계는 물론 그에 대해 까맣게 몰랐다. 다른 대륙 사람들이야 알든 모르든 아무 상관도 없이 이제부터 유럽인들이 주도하는 전 세계의 변화는 엄청 거대한 규모로 무척 빠르게 진행된다.

머지않아 마젤란의 도착과 더불어 필리핀이 에스파냐의 영토가 된다('필리핀'이라는 나라 이름은 '펠리페의 영토'라는 뜻으로 그 안에 에스파냐 왕 이름 펠리페가 들어있다). 포르투갈 사람 마젤란이 에스파냐 함대를 이끌고 모험에 나섰기 때문이다. 또한 포르투갈 사람들은 멋대로 아프리카 사람들을 잡아다가 새로 발견된 신세계에 노동력으로 팔기 시작했다. 노예무역이 시작된 것이다. 신기술을 바탕으로 그야말로 지식과 정보와 그것의 전달 속도가 권력이 되었다.

그리고 당연한 일이지만 중세는 이제 끝났다. 새로운 시대의 지식과 정보와 속도는 이전 시대의 그것과는 완전히 달랐다.

참고 문헌

Asbridge, Thomas, *The First Crusade: A New History*, New York: Oxford University Press, 2004.

Bartlett, Robert (hrsg.) *Die Welt des Mittelalters. Kunst, Religion, Gesellschaft. Enzyklopädie mit 800 Bildern*, Stuttgart: Belser Verlag, 2001.

Bernt, Günter(übers. und hrsg.), *Carmina Burana*(Lateinisch/Deutsch, Ausgewählt), Stuttgart: Philipp Reclam jun. GmbH, 1992, 2012.

Bishop, Morris, *The Middle Ages*, New York: American Heritage Publishing, 1968, 1996.

Chrétien de Troyes, *Perceval*(Altfranzösisch/Deutsch), Felicitas Olef-Krafft(übers. und hrsg.), Stuttgart: Philipp Reclam jun., 1991.

Delouche, Frédéric(hrsg.), *Das Europäische Geschichtsbuch: Von den Anfängen bis ins 21. Jahrhundert*, Stuttgart: Klett-Gotta, 2011.

Hesse, Hermann, *Narziß und Goldmund*, Berlin: Suhrkamp, 2012.

Holmes, George(ed.), *The Oxford History of Medieval Europe*, London: Oxford University Press, 1988.

Johannsen, Rolf H., *50 Klassiker Architektur vor 1900*, Hildesheim: Gerstenberg Verlag, 2003.

Kluge, Manfred und Rudolf Radler(hrsg.), *Hauptwerke der deutschen Literatur: Einzeldarstellungen und Interpretationen*, München: Kindlers Literatur Lexikon, 1974.

Le Goff, Jacques, *Das Mittelalter für Kinder*, Ursula Vones-Liebenstein(übers.), München: C. H. Beck, 2007.

Le Goff, Jacques, *Das Mittelalter in Bildern*, Renate Warttmann(übers.), Stuttgart: Klett-Cotta, 2002.

Loud, G. A., *The Age of Robert Guiscard: Southern Italy and the Northern Conquest*, London: Taylor & Frances(Routledge), 2000.

Maric, Vesna, *Sicily*, Lonely Planet, 2008.

Rabe, Cordula, et al., *Camino de Santiago: Way of St. James from the Pyrenees to Santiago*, München: Bergverlag Rudolf Rother, 2011.

Rud, Mogens, *Der Teppich von Bayeux und die Schlacht bei Hastings 1066*, Karl-Erich Brink(übers. aus dem Dänischen), Copenhagen: Christian Fjlers, 2004.

Steinsieck, Wolf(übers. und kommentiert), *Das altfranzösische Rolandslied*(Zweisprachig), Stuttgart: Philipp Reclam jun., 1999.

듀런트, 윌, 『문명 이야기 5-1: 르네상스』, 안인희(역), 서울: 민음사, 2011.

듀런트, 윌, 『문명 이야기 5-2: 르네상스』, 안인희(역), 서울: 민음사, 2011.
들루슈, 프레데리크(편), 『새 유럽의 역사: 유럽 공동의 역사 교과서』, 윤승준(역), 서울: 까치, 1995.
보카치오, 조반니, 『데카메론: 상』, 한형곤(역), 서울: 범우사, 2000.
보카치오, 조반니, 『데카메론: 하』, 한형곤(역), 서울: 범우사, 2002.
뵐플린, 하인리히, 『르네상스의 미술』, 안인희(역), 서울: 휴머니스트, 2002.
부르크하르트, 야코프, 『세계 역사의 관찰』, 안인희(역), 서울: 휴머니스트, 2008.
부르크하르트, 야코프, 『이탈리아 르네상스의 문화』. 안인희(역), 서울: 푸른숲, 1999. 개정판 2002.
안인희, 『게르만 신화, 바그너, 히틀러』, 서울: 민음사, 2003.
요한젠, 롤프 H., 『클라시커 50 서양건축』, 안인희(역), 서울: 해냄, 2003.
주경철, 『대항해 시대』, 서울: 서울대학교출판문화원, 2008.
주경철, 『문화로 읽는 세계사』, 서울: 사계절, 2005.
츠바이크, 슈테판, 『광기와 우연의 역사』, 안인희(역), 서울: 휴머니스트, 2004.
치폴라, 카를로, 『대포, 범선, 제국』, 최파일(역). 서울: 미지북스, 2010.
켈리, 존, 『흑사병 시대의 재구성』, 이종인(역), 서울: 소소, 2006.
푸어만, 호르스트, 『중세로의 초대』, 안인희(역), 서울: 이마고, 2003.
화이트, 마이클, 『최초의 과학자: 레오나르도 다 빈치』, 안인희(역), 서울: 사이언스북스, 2000.

찾아보기

ㄱ

ㄴ

ㄷ

ㄹ

ㅂ

ㅅ

ㅌ

ㅍ

ㅎ

신들과 전쟁, 기사들의 시대

중세 이야기

초판 1쇄 발행 | 2021년 3월 20일
초판 2쇄 발행 | 2021년 9월 20일

지은이 안인희
발행인 강혜진 · 이우석

펴낸곳 지식서재
출판등록 2017년 5월 29일(제406-251002017000041호)

주소 (10909) 경기도 파주시 번뛰기길 44
전화 070-8639-0547
팩스 02-6280-0541

블로그 blog.naver.com/jisikseoje
네이버 포스트 post.naver.com/jisikseoje
페이스북 www.facebook.com/jisikseoje
트위터 @jisikseoje
이메일 jisikseoje@gmail.com

ISBN 979-11-90266-02-4(03900)